K-민국

이승만 박정희 김대중

'해방전후사의 인식'과 '반일종족주의'를 넘어

K-민국

이승만 박정희 김대중

이상도 지음

좋은땅

《해방전후사의 인식》과 《반일종족주의》를 넘어 K-민국으로

　우리는 K-팝, K-뷰티, K-푸드, K-방산, K-조선처럼 한국이 자랑하고 세계적으로 경쟁력이 있다고 생각하는 분야에는 K를 붙인다. 즉, K는 한국을 상징한다. 1948년 8월 대한민국 정부가 출범한 후 한국은 분단과 전쟁을 겪은 가난한 나라에서 세계 10대 경제 부국으로 성장했다. 2021년 국제통화기금(IMF)에 따르면 한국의 GDP(국내총생산)는 1조 8천억 달러로 미국, 중국, 일본, 독일, 영국, 인도, 프랑스, 이탈리아, 캐나다에 이어 세계 10위다. 1, 2차 세계대전 이후 독립한 수많은 국가 중에서 이른바 중진국 함정을 빠져나와 선진국 대열에 합류한 나라는 한국과 대만, 이스라엘, 아일랜드 정도다. 한때 세계의 칭송을 받았던 멕시코나 브라질, 아르헨티나 등 많은 나라는 중진국에서 탈출하지 못했다. 중국과 인도, 러시아는 인구가 많고 땅이 넓어서 국력은 강하지만 선진국이라고 부르지는 않는다. 또 우리는 국민 손으로 대통령을 뽑는 민주화된 나라이자, 언론·종교·사상의 자유를 폭넓게 누리는 국가 중 한 곳이다. 문화나 스포츠, 과학 분야에서도 세계적 수준에 올라 있다. 대한민국은 지난 75년 동안 세계에 내놓을 수 있는 성과를 이뤘다. 그렇기에 우리는 우리 스스로를 K-민국이라 부를 충분한 자격이 있다.

그럼 K-민국은 누가 만들었을까? 그 주역은 국민이지만 지도자의 중요성을 강조하지 않을 수 없다. '칭기즈 칸'이라는 걸출한 지도자가 있었기에 몽골제국은 탄생했다. 사실상 왕조 국가로 전락한 북한을 보면 지도자가 얼마나 중요한지 알 수 있다.

역사는 성공한 자와 실패한 자를 구분한다. 518년의 역사를 가진 조선에는 태조 이성계부터 순종까지 모두 27명의 왕이 있었다. 나라의 기틀을 다진 태종, 한글을 창제하고 조선의 영토를 넓힌 세종, 부국강병책을 펼친 세조는 유능한 왕이지만 일본과 청나라에 국토를 유린당한 선조와 인조, 조선을 멸망으로 이끈 고종은 무능한 왕이었다. 미국도 초대 워싱턴부터 현직인 조 바이든까지 모두 42명의 대통령이 있지만 성공했다고 불리는 사람은 워싱턴, 링컨, 루스벨트, 레이건 정도다. 워싱턴은 영국과의 독립전쟁에서 승리해 미국의 기틀을 다졌고, 링컨은 남북전쟁을 통해 분단을 막아내고 노예제를 폐지해 국민을 통합했다. 루스벨트는 2차 세계대전을 승리로 이끌었고, 레이건은 소련과의 냉전에서 승리해 미국을 세계 최고의 강국으로 만들었다. 반면 우리에게 이름도 낯선 쿨리지, 하딩, 카터, 닉슨은 실패했거나 무능한 대통령으로 불린다.

20대 대통령 윤석열은 2022년 5월 10일 용산 대통령실에서 집무를 시작했다. 언론은 이를 '용산시대(龍山時代) 개막'이라 썼다. 대통령이 청와대(경무대)를 떠난 건 대한민국 정부가 출범한 지 74년, 정확히는 1948년 8월 15일부터 2022년 5월 9일까지 73년 8개월 25일 만이다. 윤석열의 용산 집무를 용산시대라고 한다면 앞선 74년은 무엇이라 불러야 할까? 저자는 역대 대통령이 청와대(경무대), 1995년 철거된 중앙청(구 조선총독부 청사), 정부 서울청사 등 주로 광화문 일대에서 국정을 수행했다는 점에서 이를 '광화문시대(光化門時代)'라 부르고자 한다. 광화문시대가 대한민국 현대사 1기라면 용산시대는 현대사 2기다.

광화문시대에는 이승만(1~3대), 윤보선, 박정희(5~9대), 최규하, 전두환(11~12대), 노태우, 김영삼, 김대중, 노무현, 이명박, 박근혜, 문재인 등 모두 12명의 대통령이 재임했다. 분명 이들 중에도 성공한 대통령과 실패한 대통령, 무능한 대통령이 있을 것이다. 우리는 대통령의 업적을 평가할 때 정치와 도덕적 잣대로만 판단하는 경향이 있다. 예를 들어 집권 혹은 통치과정에서 도덕적 문제가 있다고 생각하면 그가 남긴 업적도 무조건 깎아내린다. 하지만 도덕을 빼놓을 수는 없지만 가장 중요한 건 역시 성과다. 집권 때 도덕과 정의를 외쳤던 사람이 실상 남겨 놓은 게 없거나 심지어 부도 위기, 또는 국민을 갈가리 찢어 놓은 경우도 있다.

개인적으로 광화문시대를 대표한다고 생각하는 사람은 이승만, 박정희, 김대중이다. 우리는 우리도 모르는 사이에 그들이 꿈꾸고 만든 나라에서 살고 있다. 그들이 만들고 싶었던 나라는 대통령 취임사에 잘 나와 있다. 이승만은 새 나라 건설, 박정희는 가난 탈출과 단합, 김대중은 민주주의와 화해였다. 이들이 만든 법과 제도, 문화는 우리 사회에 뿌리를 내렸다. 이승만은 한미동맹을 체결했고, 경자유전(耕者有田) 즉, '농지는 농사짓는 사람이 갖는다'는 토지제도의 대원칙을 수립했다. 또 초등학교 의무교육을 통해 문맹을 해소했다. 박정희는 한국을 세계 10대 강국으로 이끌었다. 자동차·조선·철강·전자(반도체)·기계 등 중화학공업을 육성했고, 자주국방으로 K-방산의 토대를 놓았다. KIST(한국과학기술연구소)를 설립해 과학의 나라를 만들었고, 일본과 국교를 정상화하고 경부고속도로를 건설했다. 가장 효율적이라는 의료보험, 성공적인 산림녹화, 새마을운동을 통해 '하면 된다'는 정신혁명도 이룩했다. 김대중은 인권과 남녀평등, 기초생활보장제 등 복지, 지식 정보화와 공기업 민영화에 큰 획을 그었다. 한류라 불리는 K 문화의 융성은 대일 문화 개방과 관련이 깊다.

이들은 성리학을 기반으로 수백 년간 이어 온 오랜 사회체제와 정신세계를 바꾼 주체였다. 대한민국은 조선 말부터 세 차례의 큰 변화를 겪었다. 조선 말인 1895년 갑오경장 때 법적으로 신분제가 폐지됐지만 천여 년 동안 이어진 질서가 하루아침에 없어지지 않았다. 신분제 해체는 일제 식민지시대를 거쳐 이승만의 토지개혁, 그리고 6·25전쟁을 통해 뿌리를 내렸다. 토지개혁 후 지주·소작관계가 사라지면서 농민들은 땅의 주인이 됐다. 지켜야 할 땅이 있는 농민 출신 군인들은 6·25전쟁 때 목숨을 걸고 북한군과 싸웠다. 하지만 신분제 해체에도 불구하고 문관만 우대하고 상인과 공인을 천대하는 사농공상

(士農工商)의 정신세계는 그대로 남아 있었다. 이는 박정희가 집권한 후 군인이 주류가 되고 장사하는 사람이 부자가 되고 과학자가 나라를 이끄는 걸 보면서 깨지기 시작했다. 박정희가 육성한 공고생들은 어엿한 중산층이 됐다. 이를 보면서 사농공상의 정신세계는 서서히 허물어졌다. 남존여비(男尊女卑)라는 조선의 오랜 폐습은 식민지, 전쟁, 경제개발을 통해 서서히 바뀌었다. 그러다가 김대중 때 법과 제도적으로 차별적 요소를 대거 없애면서 속도는 빨라졌다. 이제는 남성 역차별이라는 이야기가 나올 정도로 남녀차별 문제는 개선됐다.

생각보다 세 사람은 공통점이 많다. 대통령이 되기 전 이승만은 당대 최고의 국제전략가였고, 박정희는 우리나라 최고의 엘리트 군인, 김대중은 해방 후 한때 해운업자로 부를 자랑했던 인재였다. 사형수나 무기수로 목숨을 잃을 뻔한 위기를 겪었지만 이를 극복하고 최고의 자리에 올랐다. 대한민국 대통령으로 영광의 자리를 누렸지만 끝이 좋지 않은 점도 같다. 이승만은 국민의 손에 강제로 끌려 내려왔고, 박정희는 부하의 총에 맞아 숨졌고, 김대중은 퇴임 후 대북송금 특검의 칼을 맞았다. 공교롭게도 결혼을 모두 2번 한 것도 같다. 하지만 세 사람은 성인(聖人)이 아니다. 권력을 유지하는 과정에서 과도한 국가적 폭력을 행사하기도 했고, 인생 곳곳에 배신과 기회주의, 탐욕의 흔적도 보인다. 이승만은 대통령 연임 제한을 철폐한 '사사오입개헌'과 3·15부정선거, 조봉암 사법살인의 책임에서 자유롭지 않다. 5·16으로 집권한 박정희는 유신헌법으로 민주주의를 파괴했다는 지적을, 김대중은 북한에 준 돈이 핵무기 개발자금으로 전용돼 현재의 안보 위기를 초래했다는 비판을 피하기 어렵다.

그러나 이승만, 박정희, 김대중은 대한민국 역사를 상징하는 국립 서울현충원에 묻혔다. 이는 우리 사회가 이들을 우리 역사의 주인공으로 인정했다는 의미다. 또 세 사람은 역사 속에서 화해했다. 이승만은 박정희의 남로당 전력에도 불구하고 조선경비사관학교 동기 중 그를 가장 먼저 소장으로 승진시켰다. 한국 현대사에서 '건국'이란 말은 나라의 정통성을 상징한다. 박정희는 이승만 장례식 조사(弔詞)에 건국이란 단어를 3번이나 쓰면서 건국대통령으로 예우했다. 박정희의 딸 박근혜는 아버지 시대에 고초를 겪었던 김대중에게 화해의 인사를 건넸다. 김대중은 1997년 박정희의 공을 인정하고 박정희기념도서관을 지었다.

이 책을 쓰기로 결심한 건 2019년 3월 1일 박정희기념도서관이 22년 만에 문을 여는 걸 보면서다. 당시는 해방 후 한국 역사를 기회주의가 득세하고 정의가 패배했다는 자학적 역사관, 그리고 한국의 문제점을 과하게 지적하는 헬조선을 외치는 목소리가 최고조에 달했던 때였다. 김대중이 지은 박정희기념도서관 개관을 보면서 더 이상 우리가 갈등만 지속하고 자학적 역사관으로 스스로를 망쳐서는 안 된다고 생각했다. 대한민국에 필요한 건 진정한 화해와 통합이다. 또 자학적이고 친북적인 역사관, 그리고 우리 사회에 뿌리 깊게 박힌 위정척사(衛正斥邪)적 사고에서 벗어나야 할 때가 됐다.

위정척사(衛正斥邪)는 조선 말인 1800년대 후반 외국의 세력 및 문물이 들어오자 개방과 개화사상에 반대한 사회운동이다. 위정(衛正)이란 성리학과 성리학적 질서를 수호하는 것, 척사(斥邪)란 간사함을 물리친다는 뜻이다. 위정척사 운동은 조선이 멸망한 후 왕정복고를 외치는 복벽주의(復辟主義) 독립운동으로 이어졌다. 그러다가 3·1운동 후 공화정을 주장하는 사람이 다수를 차지하면서 사라졌다. 하지만 그 유산은 여전히 우리 정신세계와 행동에 큰 영향을 주고 있다. 광화문거리는 세계 10대 강국 한국 현대사를 보여 주는 개선문이다. 한국을 찾는 외국인 관광객 중에서 80% 이상이 서울에 오고 대부분은 광화문거리를 방문한다. 광화문거리는 한국인들에게는 자부심을, 외국 관광객에게는 한국을 이해하는 창이다. 그러나 현재 광화문거리의 중심은 완전히 조선이다. 광화문 사거리 교보문구 옆에는 고종 즉위 40년을 기념하는 칭경비가 있고, 오른쪽 광화문광장에는 이순신 장군 동상, 그 뒤는 세종대왕 동상이다. 광화문광장 왼쪽에는 세종대왕의 이름을 딴 세종문화회관이, 광화문광장 지하는 세종대왕과 이순신 장군 기념관이다. 발굴이 진행 중인 의정부 터는 국가지정문화재 사적이다. 광화문 앞에는 불과 57년간 존재했던 월대(月臺)를 다시 만들면서 광화문 앞 도로는 기어가는 뱀처럼 휘어졌다. 이 때문에 국민들은 교통 불편을 감수해야 하는 후조선(後朝鮮) 백성 처지가 됐다. 과도한 경복궁 복원에 대한 집착은 제2의 위정척사(衛正斥邪), 복벽주의와 다름없다.

1979년 발간된 《해방전후사의 인식》, 그리고 2019년 이를 비판한

《반일종족주의》는 한국 현대사를 대표하는 책이다. 이제 대한민국의 미래를 위해 이를 뛰어넘어야 한다. 한국 현대사는 성공한 역사다. 지난 75년 우리는 세계에 내놓을 수 있는 K-민국을 만들었다. 우리가 자부심을 갖고 자랑할 수 있는 나라는 조선이 아닌 대한민국이다. 그렇기에 더 이상 광화문거리를 후조선의 거리로 꾸며서는 안 된다. 이를 위해 K-민국의 주역인 이승만, 박정희, 김대중에게 광화문거리를 열어야 한다. 그 방법은 동상, 거리명 등 다양할 것이다. 이 책이 그런 단초를 제공하는 계기가 됐으면 한다.

다만 이 책은 이승만, 박정희, 김대중만의 이야기는 아니다. 4대 공적연금과 방위산업, 원전과 같은 국가사업은 자리 잡는 데 수십 년의 세월이 걸렸다. 박정희가 계획한 국민연금은 전두환이 실시했고, 박정희가 기초를 다진 방위산업은 노태우와 이명박의 불곰사업(러시아 무기 도입)으로 날개를 달았다. 우리 손으로 항공기를 만들겠다는 박정희의 꿈은 전두환, 김대중, 박근혜를 거쳐 초음속 전투기 KF21의 탄생으로 이어졌다. 원전은 이승만이 기초를 다지고 박정희가 처음 건설했다. 이를 이어 받아 독자적인 한국형 원자로를 개발한 주역은 전두환, UAE에 수출해 원전 수출국 반열에 오르게 한 건 이명박이었다.

5년여간 글을 쓰면서 세 사람과 관련된 책과 기사, 그리고 대통령기록관과 국가기록원 기록 등 많은 자료를 찾았다. 혹여 사실관계가 다른 건 전적으로 저자의 책임이다. 세 사람을 묶는 책을 쓴다고 했을 때 자칫 구설(口舌)에 휘말릴지 모른다며 만류하는 사람이 많았다. 그동안 이들을 바라보는 우리 사회의 시선과 분위기를 볼 때 당연한 걱정이었다. 하지만 이제는 그런 시각에서 벗어날 때가 됐다고 본다. 그동안 노심초사한 아내와 두 아들, 그리고 이제는 볼 수 없는 부모님께 감사의 인사를 전한다.

2023년 가을
인왕산을 바라보며

목차

1장 이승만, 박정희, 김대중의 삶과 죽음

1. 출생과 성장

1-1 이승만

1-2 박정희

1-3 김대중

2. 고난과 도전, 그리고 성취

2-1 이승만

2-2 박정희

2-3 김대중

3. 대한민국 최고 권력자, 대통령이 되다

3-1 이승만

4-2 박정희

4-3 김대중

2장 K-민국··· 이승만, 박정희, 김대중이 남긴 나라

1. 국익 외교의 지평을 열다

1-1 한미동맹, 70년 번영의 기초

1-2 한일관계의 제1장전과 제2장전

2. 세계 10대 강국의 길을 걷다

2-1 세계 5대 공업국 한국

2-2 세계로 뻗어 간 K-방산

3장 이승만, 박정희, 김대중의 화해

4장 K-민국, 조선에서 대한민국으로

이승만, 박정희, 김대중의 삶과 죽음

이승만은 조선국 백성으로, 박정희와 김대중은 일본 식민지 신민으로 각각 태어났다. 이승만은 과거시험을 봤던 선비이자 조선 말 신학문을 배워 미국에서 박사 학위를 취득한 당대 최고의 지식인이다. 박정희는 대구사범학교 졸업 후 만주군관학교, 일본 육사, 조선경비사관학교를 나와 6·25전쟁 때 북한의 남침 경로를 정확하게 예측한 한국 최고의 군사 전문가다. 김대중은 목포상업학교를 나와 목포와 부산에서 해운업을 하다 정치에 투신한 정치 엘리트다. 해방정국에서 승리한 이승만은 1~3대 대통령으로 11년간 집권하면서 대한민국의 기초를 세웠다. 5·16으로 집권한 박정희는 5~9대 대통령으로 18년간 한국을 이끌면서 한국이 10대 강국으로 성장하는 데 결정적으로 기여했다. 4번의 도전 끝에 15대 대통령이 된 김대중은 인권과 남녀평등, 복지, 정보화에 뚜렷한 족적을 남겼다. 하지만 이들의 말년은 불행했다. 이승만은 4·19로 물러나 하와이에서 쓸쓸하게 숨졌고, 박정희는 믿었던 부하의 총에 쓰러졌다. 김대중은 노벨평화상을 수상하며 화려한 시간을 보냈지만, 비밀리의 북한에 돈을 보낸 것이 드러나 특검의 칼날을 맞았다. 하지만 세 사람은 대한민국을 상징하는 동작동 국립 서울현충원에 묻혔다. 이는 이들이 대한민국 현대사의 주인공이라는 의미다. 현충원 내 가까운 이웃으로 묻혀 있는 이들은 역사 속에서 화해했다.

1. 출생과 성장

1-1 이승만

과거시험에 떨어진 왕족의 후예

이승만은 고종 12년인 1875년 3월 26일 황해도 평산군에서 아버지 이경선, 어머니 김말란 사이에 3남 2녀 중 막내로 출생했다. 손위 두 형이 사망하면서 이승만은 6대 독자로 자랐다. 어릴 적 이름은 어머니가 꾼 용꿈에서 영감을 받아 지은 승룡(承龍)이었다. 그러다가 '늦게 왕이 될' 사주라 하여 이름을 승만(承晩)으로 바꿨다. 그 덕분이었는지 이승만은 73살에 대한민국 초대 대통령이 됐다. 1877년 부친 이경선은 아들의 공부를 위해 황해도에서 서울로 이사했다. 이들은 남대문 밖 청계천 근처인 염동, 낙동을 거쳐 도동 우수현(雩守峴)에 정착했다. 우수현은 우수선생(牛首先生)이란 학자가 살았던 데서 유래한다. 이승만의 호인 우남(雩南)은 우수현에서 나왔다. 우남은 우수현의 남쪽이라는 뜻이다.

서울역 인근 후암삼거리. 점심시간을 맞아 횡단보도 앞 도동집에서 사람들이 식사를 하기 위해 줄을 서 기다리고 있다. 도동은 현재 사라졌다. 이승만은 동자동에서 후암동 고개 인근에서 어린 시절과 청년기를 보냈다.

이승만이 살았던 도동 우수현 집이 정확히 어딘지는 모른다. 다만 도동이라는 지명을 통해서 대략적인 위치는 짐작할 수 있다. 이곳이 도동으로 불린 건 복숭아나무가 많았기 때문이다. 처음에는 복숭아 골로 불리다 한자인 복숭아 도(桃)를 지명으로 사용하면서 도동이 됐다. 현재 행정구역 개편으로 동자동에 통합돼 도동이란 동은 없다. 다만 현재 철거가 진행 중인 서울 밀레니엄 힐튼호텔 앞 도로의 명칭이 도동삼거리이고, 후암동삼거리에 〈도동집〉이라는 간판을 건 음식점이 있어 이 일대가 도동이었다는 걸 알 수 있다. 즉, 이승만은 현재 동자동에서 후암동 고개 인근에서 어린 시절과 청년기를 보냈다.

이승만은 왕족의 후예다. 조선의 창업주 이성계의 18대손이자 3대 임금 태종의 장남인 양녕대군 16대손이다. 조선은 왕족이라도 관료가 돼야 제대로 힘을 행사할 수 있는 사회였다. 왕족도 권력을 얻으려면 과거시험에 합격하거나 왕족이나 고위직 출신 자제에게 주는 음직(蔭職)을 통해 관료가 돼야 했다. 그렇지 않으면 최악의 경우 농사를 지으면서 평범하게 살아야 했다. 대표적인 인물이 조선 25대 왕인 철종 이원범이다. 철종은 조선 21대 왕 영조에 의해 뒤주에 갇혀 비극적으로 죽은 사도세자의 증손자다. 사도세자와 후궁 숙빈 임 씨 사이에서 태어난 그의 할아버지 은언군(恩彦君)이 역모죄로 사약을 받고 죽으면서 철종은 19살까지 유배지인 강화도에서 농사를 짓고 살았다. 왕족이지만 어린 시절 글도 제대로 배우지 못했고, 왕이 된 후에도 세도정치에 휘둘렸다.

이승만 집안도 철종처럼 5대조부터 벼슬길이 끊겨 권력이 없던 건 마찬가지였다. 기울어진 집안을 다시 일으키는 길은 이승만이 과거에 당당히 합격해 관직에 나가는 것이었다. 이승만은 5살부터 양녕대군의 종손(宗孫) 이근수 대감이 세운 도동서당을 다녔다. 이승만은 어려서부터 머리 좋기로 소문난 천재였다. 집안에서는 당당한 합격을 기대했다. 그러나 13살부터 19살까지 11번 치른 과거시험에서 모두 떨어졌다. 그의 낙방이 실력보다 조선 말 혼란했던 나라 사정상 돈을 주거나 권력을 이용해 합격한 사람이 많았던 탓일 수도 있지만 어떤 이유든 이승만은 크게 실망했다. 더구나 이승만은 15세 때 박승선과 결혼까지 한 상태였다.

2월 동학농민혁명, 7월 갑오개혁, 8월 청일전쟁이 터진 1894년은 조선의 운명을 바꾼 격동의 해다. 이승만에게 결정적 영향을 미친 건 조선의 개방 선언인 갑오개혁이었다. 갑오개혁으로 청나라에 대한 사대 정책 변경, 정치제도와 관료제 개편, 신분제 폐지와 함께 과거시험도 없어졌다. 조선의 관료가 되겠다는 이승만 평생의 꿈이 사라졌다.

기자 이승만 특종, '러시아의 영토 침탈 폭로'

1885년 7월 선교사 아펜젤러가 세운 배재학당은 우리나라 최초의 서양식 근대 학교다. 배재학당이 명성을 얻은 건 1887년 고종이 나라의 인재를 배양하라는 뜻으로 '배재학당'이라는 교명과 간판을 하사하면서다. 1895년 조선 정부는 다수의 위탁생을 배재학당에 입학시켰다. 과거시험 폐지로 방황하던 이승만에게 서당에서 함께 공부했던 동료 신긍우가 신학문을 배울 것을 권유했다. 1895년 4월 이승만은 배재학당 영어과에 입학했다. 이승만이 배재학당에서 만난 스승이 갑신정변의 주역 서재필이다. 갑신정변은 1884년 12월 4일 김옥균과 서재필 등이 청나라로부터의 독립과 조선의 개화를 목표로 일으킨 쿠데타였다. 3일 만에 실패하면서 역적이 된 서재필은 일본을 거쳐 미국으로 도망갔다. 서재필은 미국에서 조선인 최초의 의사가 됐다. 갑오개혁으로 서재필의 귀국이 허용됐다. 조선으로 돌아온 서재필은 1896년 7월 자강(自强)을 통한 자주독립을 주장하며 독립협회를 만들었다. 또 배재학당에서 서양의 역사와 지리, 정치를 가르쳤고, 협성회를 만들어 서구의 의회제도, 국한문 혼용 등 사회적 성격이 뚜렷한 주제를 놓고 토의했다. 협성회 서기를 맡은 이승만은 서구의 역사와 정치제도, 자유와 평등을 배웠고 민주주의에 눈을 떴다.

이승만은 배재학당에서 후배들을 가르치는 조교로 임명될 정도로 탁월한 학습 능력을 보였다. 1897년 7월 8일 서울 정동 감리교회에서 배재학당 졸업식이 열렸다. 법무대신 한규설 등 조선 정부 각료 7명, 미국 공사관 공사 씰, 영국 총영사 조던 등 축하객만 6백여 명에 달하는 대규모 행사였다. 이날 최고의 스타는 졸업생을 대표해 영어로 '조선의 독립'이란 연설을 한 이승만이었다.

그는 "독립이란 진정하고 영구적이며 지속적이어야 한다."고 주장했고 독립신문은 "이승만이 영어로 조선의 독립 문제를 연설하는 데 뜻이 훌륭해 외국 사람들이 매우 칭찬들 하더라."고 보도했다.

배재학당을 졸업한 이승만은 1898년 1월부터 한글 주간신문인 협성회회보를 창간해 주필을 맡았다. 그는 역동적인 웅변가, 타고난 선동가였다. 이승만은 3월 한국 최초의 현대시 고목가(枯木歌)를 지어 협성회회보에 게재했다. 고목가는 열강의 조선 침략과 수구파의 행태를 비판하는 풍자시다. 대한제국을 늙은 나무, 수구파 관료들을 딱따구리, 외세의 위협을 비바람, 협성회 등 개화파 인사는 새를 잡는 포수로 비유해 조선 말 어지러웠던 시대를 비꼬았다. 4월에는 우리나라 최초의 일간신문인 매일신문을 창간해 기자 겸 주필로 일했다. 그 무렵 이승만은 대한제국과 러시아·프랑스 사이에 합의한 비밀 협약

문서를 입수했다. 러시아가 전남 목포, 그리고 평양 인근 진남포 조계지(租界地) 사방 10리의 육지와 섬을 모두 사고, 프랑스는 평양의 석탄 광산을 채굴해 경의선 철도 부설 공사에 사용한다는 내용이었다. 조계는 개항 후 외국인이 자유롭게 거주하며 치외법권을 누릴 수 있는 곳이다. 현재 부산과 인천에 있는 차이나타운이 조계의 흔적이다.

이승만은 5월 16일 입수한 협약 내용을 매일신문 2개 면에 걸쳐 크게 보도했다. 현재로 치면 이승만의 특종이었다. 러시아와 프랑스는 비밀 협약이 누출됐다며 조선 정부에 강력히 항의했다. 외부(현 외교부)는 이승만을 소환했다. 이에 그는 "우리가 나라를 위하지 말고 외국을 도와 말을 해야 옳단 말이오!"라며 관리들에게 당당히 맞섰다. 이 시기를 즈음해 신문사 경영권 갈등이 불거졌다. 이승만은 매일신문을 그만두고 8월 천도교의 이종일과 함께 제국신문을 창간해 편집과 논설을 맡았다.

황제에 맞선 공화주의자, 무기수 이승만

1896년 2월 고종은 일본의 눈을 피해 경복궁에서 탈출해 러시아 공사관으로 갔다. 이른바 아관파천(俄館播遷)이다. 고종은 약 1년간 러시아 공사관에 머물렀다. 이를 계기로 러시아는 고종의 재정고문과 군사교관을 차지했다.

일본과 청나라(중국)를 제치고 가장 큰 영향력을 행사하게 된 러시아는 노골적으로 이권 확보에 나섰다. 디젤 선박이 등장하기 전이었던 당시 강대국들은 증기기관 선박 운항을 위해 세계 중요 항구에 석탄 저장고를 확보하는 게 중요했다. 러시아는 현재 부산 영도인 절영도(絶影島)를 조차(租借)해 석탄저장고로 사용하려 했다. 조차는 다른 나라 영토의 일부를 빌리는 것으로 해당 지역 통치권은 빌린 나라가 행사한다. 영국이 백 년간 통치권을 행사하고 1997년 중국에 돌려준 홍콩이 대표적인 조차지다.

하지만 러시아가 각종 이권에 개입하는 등 조선을 쥐락펴락하는 걸 본 지식인과 백성들은 분노했다. 독립협회는 1898년 3월 10일 서울 종로에서 만민공동회를 열어 절영도 조차(租借) 반대, 일본의 국내 석탄고 기지 철수, 한로은행(韓露銀行) 폐지 등을 요구했다. 만민공동회는 백성 1만 명이 모인다는 뜻이다. 당시 서울 인구는 18만 명 정도로 백성 1만 명이 모이는 건 엄청난 일이었다. 마치 직선제 개헌 요구, 촛불집회 때 수십만 명이 시청과 광화문광장에 모여 정부를 규탄한 것과 비슷했다. 홍정후(洪正厚)와 함께 만민공동회 최고의 연사였던 이승만은 러시아의 이권침탈을 강력하게 공격했다. 결국 조선 정부는 이들의 요구를 받아들여 러시아 군사고문관, 한로은행(韓露銀行)을 폐지했다. 또 러시아와 일본은 조선 내정에 간섭하지 않는다는 내용의 니시-로젠 협정을 체결했다. 다만 이 과정에서 조선의 개혁을 꿈꿨던 서재필은 5월 미국으로 추방됐다.

독립협회는 조선 정부에 대한 개혁 요구를 멈추지 않았다. 독립협회는 10월 28일 조선 정부 인사들과 함께 관민공동회(官民共同會)를 개최해 국정개혁을 촉구하는 헌의6조(獻議六條)를 고종에게 올렸다. 하지만 이는 수구파의 반발을 불러왔다. 수구파는 독립협회가 고종을 폐위하고 공화제(共和制)를 수립하려 한다는 전단을 뿌렸다. 이에 고종은 11월 4일 경무청(警務廳)과 친위대(親衛隊)를 투입해 이상재 등 독립협회 간부 17명을 체포했다. 황제를 내쫓고 독립협회 회장 윤치호를 대통령으로 하는 공화제 국가를 세우려 했다는 혐의였다. 이 소식을 들은 이승만은 백성 수천 명을 규합해 시위를 벌였다. 이승만은 독립협회 간부를 풀어 달라고 요구하면서 수구파 전위대인 보부상들과 몽둥이를 들고 싸웠다.

사태가 악화되자 고종이 한 발 물러섰다. 고종은 11월 24일 독립협회 회장 윤치호를 한성판윤(서울시장)에 임명하고 황제 자문기관인 중추원(中樞院) 의관에 독립협회 간부 17명을 임명하는 것으로 사태를 해결했다. 중추원은 의회, 의관은 의원과 비슷한 역할이었다. 윤치호는 중추원 부의장, 23세의 이승만도 종9품 의관으로 임명됐다. 이승만은 요즘으로 치면 주목받는 차세대 청년 정치인이 됐다.

한성감옥에 갇힌 이승만(왼쪽 첫 번째 중죄수 복장). 1903년 찍은 사진이다. 모진 옥중생활 중에서도 살아 있는 눈빛이 인상적이다. (출처: 이승만기념관)

　1898년 12월 15일 중추원이 문을 열었다. 16일 소집된 1차 중추원 회의에서 이승만 등 젊은 의관들은 일본에 망명한 개화파 11명의 사면과 그들의 수장인 박영효를 중추원 의장에 임명할 것을 요구했다. 고종의 전임인 조선 25대 왕 철종은 자식들이 잇따라 요절하면서 사실상 딸 하나만 뒀다. 그 사위가 바로 박영효였다. 고종에게 박영효는 갑신정변을 일으킨 반역자이자 황제 자리를 위협할 수 있는 인물이었다. 고종과 수구파 대신들은 젊은 의관들의 의도를 의심했다. 고종은 12월 25일 독립협회를 해체했다. 사태는 고종의 다섯째 아들인 의화군(의친왕) 이강을 황제로, 내각 수반에 박영효를 앉히려 한 '무술년 정변'으로 확대됐다.

고종과 귀인 장 씨 사이에서 태어난 이강은 그 무렵 일본 '게이오 의숙'에서 공부했고, 1899년 미국으로 유학을 갔다. 신분상 충분히 후계자가 될 수 있는 위치였다. 그러나 당시는 전제왕권시대. 내각 수반이란 말은 영국과 같은 입헌군주제를 의미했고 공화국은 입에 올려서는 안 되는 금기어였다. 황제 고종은 46세로 건재했고, 고종과 황후인 민비 사이에서 태어난 적자(嫡子) 이척이 황태자(후일 순종 황제)로 그 뒤를 받치고 있었다.

위험을 느낀 이승만은 몸을 피했지만 1899년 1월 9일 체포돼 경무청 구치소에 갇혔다. 석방 논의가 진행 중이던 1월 30일 이승만과 최정식, 서상대 세 사람은 권총 두 자루로 간수를 위협하며 탈옥했다. 권총을 구해 준 사람은 후일 한글학자가 되는 주시경(당시는 주상호)이다. 주시경은 이승만의 배재학당 동기이자 독립협회 동지였다. 그러나 이승만은 탈옥 직후 체포됐고, 배재학당 동기로 매일신문을 함께 만들었던 최정식도 4월 24일 붙잡혔다. 강원도 횡성군수를 지낸 서상대만 만주를 통해 중국으로 탈출했다. 당시 유력 신문인 황성신문이 "이승만은 사형을 면하기 어렵다."라고 할 정도로 사형은 확정적이었다. 감방 동료였던 최정식은 "승만아. 잘 있거라. 너는 살아남아 우리가 함께 시작한 일을 끝맺어다오."라는 말을 남기고 먼저 처형됐다. 하지만 7월 11일, 최종 공판에서 곤장 100대와 종신(무기)형이 선고됐다. 이승만은 기적적으로 목숨을 건졌다.

한성감옥에 수감된 이승만은 불굴의 의지로 감옥생활을 견뎠다. 감옥에서 이승만은 기독교 신앙을 받아들였다. 감옥서장 김영선의 도움으로 옥중학교를 설립해 어른과 어린이 죄수에게 성경과 찬송가, 한글, 한문, 영어 등을 가르쳤고, 『뎨국신문』과 『신학월보』에 수시로 기고하는 등 언론 활동을 계속했다. 또 우리나라 최초의 영한사전을 편찬하고, 첫 번째 저서 《독립정신》을 집필했다. 이승만은 이 책에서 "독립을 위해서는 모든 백성이 개화돼야 한다."며 나라가 망하게 된 원인을 독립정신의 결여에서 찾았고, "러일전쟁은 대한제국의 편파적인 외교 활동이 원인이 됐다."며 고종을 비판했다. 독립정신의 원고가 완성된 것은 1904년 6월이다. 대한제국도 언젠가는 자유주의와 공화주의에 토대를 둔 국가가 되어야 한다는 위험한 문서였다. 원고는 몰래 반출돼 1905년 한성감옥 동지였던 박용만이 미국으로 가져갔다. 독립정신은 1910년 미국에서 출간되면서 빛을 봤다.

한국인 최초의 미국 정치학 박사

1904년 2월 8일 러시아제국과 일본제국 사이에 러일전쟁이 터졌다. 러시아가 승리할 것으로 본 고종은 압록강 어구의 용암포를 러시아에 빌려줬다. 하지만 전황은 그의 생각과 달리 일본이 유리했다. 마음이 다급해진 고종은 미국의 도움을 얻어 조선의 독립과 황실의 안전을 보장받고 싶었다. 이승만은 1904년 8월 9일 고종의 사면령으로 풀려났다. 감옥에 갇힌 지 5년 7개월 만이었다. 조선 정부는 만민공동회 최고의 연사이자 영어 실력이 출중한 이승만을 대미 밀사로 임명했다. 이승만이 미국의 수도 워싱턴에 도착한 건 그해 12월 31일이었다. 이승만은 워싱턴포스트 인터뷰, 존 헤이 국무장관 면담 등을 통해 조선의 독립을 호소했다. 마침내 1905년 8월 시어도어 루스벨트 대통령을 만날 수 있었다. 이승만은 조선을 도와줄 것을 요청했고, 루스벨트는 주미 대한제국 공사관을 통해 서류를 접수하라고 했다. 하지만 공사관은 이를 돕지 않았다. 이승만은 몰랐지만 대한제국의 운명은 이미 기울어진 상태였다. 이승만 면담 전인 7월 미국과 일본은 필리핀과 대한제국에서 서로의 지배를 인정하는 카쓰라·태프트 밀약을 체결했다. 이승만의 밀사 임무는 실패했다.

이승만은 1910년 6월, 프린스턴대학교에서 박사 학위
(국제정치학)를 받았다. (출처: 이승만기념관)

이승만은 귀국을 미룬 채 선교사들의 도움을 받아 공부를 시작했다. 조지워싱턴대에서 학사, 하버드대에서 석사 학위를 받은 그는 프린스턴대 박사 과정에 입학했다. 당시 프린스턴대 총장이 훗날 28대 미국 대통령이 되는 우드로 윌슨이었다. 윌슨은 재임 당시 파나마 운하, 멕시코 문제 등에 있어 국제협조주의를 추진했고, 제1차 세계대전 참전을 결정했다. 윌슨은 주위 사람들에게 이승만이 장차 조선의 독립을 찾을 애국자라 소개하고, 집으로 초대해 가족들과 함께 시간을 보내는 등 적극 도왔다. 이승만은 1910년 6월 박사 학위를 받았다. 조선인 최초의 미국 국제정치학 박사였다. 논문 제목은 '중립에 대한 미국의 영향(Neutrality as Influenced by the United States)'이었다. 내용은 근대 서양에서 전시중립의 개념이 국제법 지위에 오르게 된 역사적 과정을 추적한 것이었다. 논문은 프린스턴대학 출판부에서 단행본으로 출간됐다.

1-2 박정희

동학으로 몰락한 하급 무관의 아들

박정희는 1917년 11월 14일 경북 선산군 구미면 상모리에서 태어났다. 조선이 일본에 병합된 지 7년 후였다. 현재 주소는 경북 구미시 박정희로 107(상모사곡동)이다. 5남 2녀 중 막내로 아버지는 박성빈, 어머니는 백남의다. 박성빈은 조선 말 하급 군관인 효력부위(效力副尉)를 지냈다. 효력부위는 조선 품계상 정9품 무관직이다. 세자의 호위를 담당하는 세마(洗馬), 궁궐이나 성의 문을 지키던 수문장, 서울 치안에 투입되는 사용(司勇)이 정9품 무관이었다. 박성빈은 동학(현 천도교)교도로 30~50가구의 신자들을 이끄는 접주였다. 1894년 2월 전봉준 등은 교조 최제우(崔濟愚)의 억울한 죽음을 풀어달라는 신원(伸冤)이 받아들여지지 않자 동학농민혁명을 일으켰다. 봉기의 또 다른 원인은 가혹한 농민수탈이었다. 접주였던 박성빈도 이에 가담했다.

동학군은 초기에는 전주성을 점령하는 등 기세를 올렸지만 정읍 황토현 전투 패배를 기점으로 압도적인 화력을 갖춘 관군에 진압됐다. 박성빈은 살아남았지만 역적이 됐다. 벼슬길이 끊긴 그는 술을 마시면서 세월을 보냈고 집안 생계는 아내인 백남의가 챙겼다. 박씨 일가는 박정희가 태어나기 1년 전인 1916년 경북 성주(星州)에서 선산군 상모동으로 이사했다. 상모동 일대는 백씨 집성촌으로 이들이 농사지을 땅 1400평을 빌려줬다. 집안 형편은 어려웠지만 백남의는 똑똑한 막내아들 박정희 교육에 각별했다. 박정희는 1926년 구미 보통(초등)학교에 입학했다. 당시 초등학교 취학율은 17% 정도였다. 의무교육이 아니어서 농촌에서는 꽤 큰 돈인 매달 40~60전을 수업료로 내야 했다. 이 때문에 평범한 가정에서 학교를 보내는 건 쉬운 일은 아니었다. 박정희는 구미읍까지 8㎞를 걸어 다녔다. 박정희는 산수(수학), 역사, 지리에서 만점을 맞는 등 공부를 잘했고, 급장으로서 학급을 이끄는 리더십도 있었다.

구미 박정희 생가. 1993년 2월 경상북도 기념물 제86호로 지정됐다. 정면에 보이는 초가집이 박정희가 태어난 곳이자 공부방이 있던 집이다. 박정희는 대구사범학교를 졸업하고 구미보통학교 교사가 되는 1937년까지 이곳에서 살았다. 인근에 새마을운동기념관이 있는 등 현재 이 일대는 구미를 대표하는 관광지다.

박정희는 1932년 4월 대구사범학교에 진학했다. 구미보통학교에서 대구사범학교에 간 사람은 박정희가 처음이었다. 동기 9명이 시험을 쳤지만, 혼자만 붙었다. 당시 조선에는 경성(서울), 평양, 대구에만 사범학교가 있었다. 사범학교를 졸업하면 바로 교사가 될 수 있어 전국의 수재들이 몰렸다. 식민지 조선인에게 교사는 안정적이고 인기 있는 직업이었다. 대구사범학교 입학생은 모두 백 명으로 조선인이 90명, 일본인이 10명이었다. 사범학교 시절 박정희 성적은 1학년 때 97명 중 60등이었다. 이후에는 더 떨어져 졸업할 때까지 하위권을 맴돌았다. 이는 어려웠던 집안 사정으로 인해 등록금을 내지 못해 자주 결석했던 탓이 크다. 성격도 밝지 못하고 냉소적이었다. 하지만 흥미가 있던 군사교육 교련에서는 주임인 아리카와 중좌의 총검술 시범 조교로 활동하는 등 탁월한 실력을 보였다. 스포츠에도 뛰어나 검도에서는 적수가 없었고 복싱과 육상도 즐겼다. 음악에도 소질이 있어 고향에 갈 때는 나팔을 들고 가 새벽마다 불곤 했다.

장래가 촉망되는 장교, 만주군관학교 수석 및 일본 육사 3등

1937년 대구사범학교를 졸업한 박정희는 경북 문경공립보통학교 교사가 됐다. 하지만 그는 의무복무기간 3년을 채우자마자 그만두고, 1940년 4월 군인이 되기 위해 만주국 육군군관학교(신경군관학교) 2기로 입교했다.

육군군관학교는 2년제였던 봉천군관학교와 달리 만주국이 심혈을 기울여 설립한 4년제 사관학교였다. 육군군관학교 합격생은 만계 240명, 일본계 240명 등 총 480명이었다. 조선인은 만주, 중국, 몽골인 등과 함께 만계로 분류됐다. 입학 성적은 만계 240명 가운데 15등이었다. 박정희를 포함해 조선인 입학생은 총 11명이었다. 박정희는 검도, 유도, 승마 등 운동에서 탁월한 실력을 보였고 다른 교과목도 우수했다. 육군군관학교 예과 2년 수석졸업생은 박정희였다. 1942년 3월 만주국 황제 푸이는 박정희에게 금시계를 상으로 줬다. 만계 성적 우수자에게 일본 육사 본과에 진학할 수 있는 특전이 주어졌다. 일본 육사는 도쿄 근방 가나가와 현에 있다. 그해 10월 일본계 졸업생 전원과 박정희 등 조선인 4명을 포함한 만주·조선계 성적 우수자 70여 명이 일본 육사 3학년 유학생대로 편입했다.

일본 육사를 졸업하고 수습사관 시절 박정희 모습이다. 이때 계급은 일본 헌병 조장(원사에 해당)이었다. 박정희는 수습사관을 마치고 만주군 육군 소위가 된다. (출처: 위키디피아)

박정희는 일본 육사 57기와 동기가 됐다. 박정희는 일본 육사에서도 뛰어난 생도였다. 임관 직전 남군과 북군으로 나눠 벌이는 모의 전투가 진행됐다. 남군 참모장을 맡은 박정희를 보고 일본인 동기 간베는 "부대 통솔을 잘하고 머리가 뛰어난 사람."이라고 평했다. 1944년 4월 20일 박정희는 일본 육사 졸업 때 유학생 생도 3등으로 교육총감상을 받았다. 박정희는 만주군관학교를 수석 졸업하고, 일본 육사를 우수한 성적으로 졸업한 장래가 촉망되는 군인이었다.

박정희는 왜 군인이 됐을까?

일본은 전통적으로 사무라이 즉, 군인이 통치하는 나라였다. 천황이 있었지만 실제 통치는 막부가 담당했다. 과거 군국주의시대 일본에서 군인의 사회적 지위는 상당히 높았다. 일본은 1868년 메이지유신으로 공식적으로 신분제가 폐지됐지만 사회에서는 여전히 황족, 화족(귀족), 사족(무사), 평민으로 구분했다. 이때 평민 출신이 사족으로 대우받는 방법은 고등관(高等官)이 되는 것이다. 고등관은 기차를 타더라도 3등이 아니라 2등칸 이상을 탈 정도로 고등관의 사회적 지위는 아래 직위인 판임관, 고원, 용인과는 큰 차이가 있었다. 이는 월급을 비교 해봐도 알 수 있다. 예를 들어 하(부)사관 최고 계급인 조장은 판임관 2등이었다. 전투수당을 제외한 조장의 연봉은 360원, 소위는 850원으로 소위가 두 배 이상 많았다. 고등관 6등인 대위는 1900원으로 소위의 2.2배였다. 고등관이 되는 방법은 문관과 무관이 달랐다. 문관은 고등문관시험에 합격한 후 1년 정도 시보 생활을 하면 고등관 대우를 받았다. 당시 군수가 고등관 7등이었다. 그런데 군국주의 사회였던 일본은 무사를 우대했던 전통이 남아 있어서 군인이 문관보다 더 높은 대우를 받았다. 소위는 고등관 8등이었다. 당시 소위 임관과 현재 육사를 나와 소위가 되는 것과 비교할 때 사회적 위치나 대우에서 현격하게 차이가 난다. 그래서 일본은 물론 식민지였던 조선, 대만에서 능력과 야망이 있는 젊은이들은 고등관이 되려고 노력했다.

일본 육사는 천황 중심의 체제변혁과 부국강병을 주창한 요시다 쇼인(吉田松陰)의 제자 야마다 아키요시 등이 1874년 프랑스 사관학교를 본떠 '육군사관학교 조례'를 만들면서 시작됐다. 1875년 1기가 입학했고, 1945년 8월 15일 태평양전쟁에서 패할 때까지 일본제국 간부 5만 2천 명을 양성했다. 일본 육사에 조선인이 들어간 건 1886년 박유굉이 처음이지만 임관 직전 자살하면서 졸업하지는 못했다. 본격적으로 일본 육사에 조선인이 들어간 건 1896년이다. 8기생 8명을 시작으로 11기 21명, 15기 8명이 대한제국 관비유학생으로 입교했다. 23기 1명, 26기생 18명, 27기생 25명은 대한제국 유학생으로 입교했다가 나라가 망하면서 일본 육군 소위로 임관했다.

또 왕공족(王公族) 특별 케이스로 29기 영친왕 이은, 30기 엄주명(영친왕 외사촌), 42기 의친왕 아들 이건이 입교했다. 왕공족은 일본과 병합된 후 구 조선 황족이 갖게 된 신분이다. 이들을 포함해 11기부터 42기까지 일본 육사에 들어간 사람은 총 75명이다.

1929년 45기로 의친왕 아들 이우, 그리고 이형석이 입교했다. 일반인에게 일본 육사 진학이 허용된 건 대한제국이 망한 후 이형석이 처음이었다. 이는 식민통치가 그만큼 공고해졌고 중국 대륙 침략을 앞두고 장교 육성이 필요했기 때문이다. 4년 후인 1933년부터 본격적으로 조선인 입교가 허용됐다. 채병덕과 이종찬을 시작으로 1945년까지 매년 조선인이 일본 육사에 들어갔다. 기수로는 49기부터 61기까지다. 조선인 입교생이 없던 해는 1935년 딱 한 해였다. 또 만주국

사관학교를 마치고 일본 육사로 편입하는 길도 있었다. 1929년부터 1945년까지 2년제 만주(봉천)군관학교 출신 초급장교 3명, 그리고 4년제인 육군(신경)군관학교 예과 2년을 마친 22명이 편입했다. 1929년 이후 일본 육사에 들어간 사람은 왕공족 이우, 봉천·신경군관학교 편입생을 포함해 총 72명이다. 조선인 입교가 본격 재개된 1933년 이후 일본 육사에 들어간 사람은 1년 평균 4.4명에 불과했다.

조선 말 관비유학생과 왕공족, 1929년 이후 입교자를 모두 합쳐 일본 육사에 들어간 조선인은 총 147명으로 파악된다. 하지만 일본 방위성 산하 방위연구소는 만주국 봉천과 신경군관학교 편입생을 포함해 일본 육사를 졸업한 조선인을 11기부터 61기까지 144명이라고 밝힌 바 있어 우리 연구 기록보다 더 적다. 그만큼 조선 젊은이가 일본 육사에 들어가는 건 어려운 일이었고, 반대로 일본 육사를 나오면 탄탄한 미래가 보장된다는 뜻이었다. 당시 똑똑한 조선 청년들은 빠른 성공을 위해 일본 육사나 만주군관학교 진학을 노렸다. 후일 김종신 청와대 공보비서관이 박정희에게 "각하는 왜 만주에 가셨습니까?"라고 물었다. 이에 박정희는 "긴 칼을 차고 싶어서 갔지."라고 대답했다.

만주, 조선 청년들의 엘도라도(꿈의 도시)

만주국은 일본 관동군에 의해 건국된 괴뢰(傀儡/허수아비)국으로 1945년 8월 일본의 패망과 함께 사라진 나라다. 관동군(關東軍)은 1931년 9월에 '만주사변'을 일으켜 중국 북동부를 점거한 뒤 1932년 3

월 1일 '만주국'을 만들었다. 관동군은 최고지도자인 집정(執政)에 청나라 황제에서 폐위된 푸이를 앉혔다. 하지만 만주국은 독일·이탈리아·교황청·에스파냐·헝가리·폴란드가 승인한 어엿한 정식 국가였다. 만주국 영토는 현재 중국 요령성과 길림성, 흑룡강성, 내몽고자치구의 동부 지역을 포괄하는 광대한 지역이다. 총면적은 130만㎢로 한반도의 6배에 해당한다. 1945년 8월 당시 인구는 3800만 명, 수도는 신경(지금의 창춘)이었다. 만주국은 산업개발 5개년 계획을 통해 만주 벌판을 공업지대로 탈바꿈시켰다. 1943년 당시 만주는 중국 전체에서 석탄 49.5%, 철광 87.5%, 철강(강재) 93%, 시멘트 66%, 전기(발전) 72%를 생산했다. 이를 위해 관동군은 만주 일대에 거미줄처럼 철로를 깔았다. 만주의 철도 길이는 중국 전체의 절반을 차지했다. 만주국은 철도를 통해 러시아와 유럽으로 연결되는 길목이었다. 일본 도쿄에서 국제열차를 타고 시모노세키에 도착한 후 바다를 건너 조선의 부산과 서울, 만주의 신경과 하얼빈, 러시아의 모스크바를 거쳐 유럽의 중심 프랑스 파리까지 15일이면 갈 수 있었다. 일본이 태평양전쟁에서 진 후 국민당과 중국 공산당은 중국 대륙을 놓고 1946년부터 1949년까지 국공내전을 벌인다. 이 전쟁에서 중국 공산당이 승리할 수 있었던 결정적 요인 중 하나는 소련 덕에 공업지대였던 만주를 차지했기 때문이다.

만주국은 당시 야망이 있던 조선의 젊은이들에게는 꿈의 도시 즉, 엘도라도였다. 다민족 국가였던 만주국은 5족 협화 즉, 일본인, 조선인, 한인(중국), 만주인, 몽골인 5개 민족이 협력하는 국가를 지향했다. 그래서 관직이나 학교 등에 민족별 쿼터를 뒀다. 당시 만주국에서 살던 조선인은 약 2백만 명이었다. 일본은 조선인을 일본인에 이은 2등 국민으로 대우했다. 조선인은 일본인에게 차별 대우를 받았지만, 중국인보다 높은 지위였다.

만주국 내 고급 관료로 승진할 수 있는 길도 열려 있었다. 한때 만주국에 근무하는 조선인 관료는 3천여 명에 달했고, 이 중 고위 관료인 고등관 이상 조선인이 2백여 명이었다. 박정희가 다녔던 육군(신경)군관학교도 마찬가지였다. 조선인은 5기부터 만계가 아닌 일본계로 대우해 조선인 생도는 일본인과 같이 졸업 후 전원 일본 육사에 편입할 수 있었다. 이 덕택에 1943년에 입학한 5기 5명, 1944년에 입학한 6기 7명이 일본 육사로 전원 편입했다. 다만 1945년 일본이 패전하면서 이들은 본과 2년의 수업연한을 제대로 채우지 못했다.

또 만주에 조선인을 대거 이주시켜 좋은 농토를 차지하도록 했다. 연길과 훈춘 등 만주 주요 지역의 국유지를 포함한 공지(公地)는 주로 조선인이 경작했다. 이는 일본이 조선에 대한 식민지배 초기 동양척식회사를 통해 일본 농민을 대거 이주시킨 것과 비슷했다.

1-3 김대중

서자 출신 하의도 소년

김대중은 1924년 1월 6일 전라남도 신안군 하의도에서 아버지 김운식과 어머니 장수금 사이에서 태어났다. 가계는 조금 복잡하다. 김운식에게는 김순례라는 본부인이 있었다. 김대중의 어머니 장수금은 후처였다. 즉, 김대중은 둘째 부인에게 태어난 서자(庶子)다. 애초 김순례가 1남 2녀, 장수금이 3남 1녀를 낳아서 김대중은 4남 3녀 중 2남이었다. 하지만 아버지 김운식이 1960년 6월 김순례와 이혼하면서 김대중은 적자(嫡子)이자 둘째 아들로 바뀌었다. 그의 출생연도는 주민등록증과 호적상으로는 1925년 12월 3일이다. 하지만 김대중은 생전자신의 출생일을 음력으로 1923년 12월 3일이라고 했다. 이를 양력으로 환산하면 1924년 1월 6일이 된다. 김대중이 태어난 하의도는 목포에서 약 57㎞ 떨어져 있는 섬이다. 생가는 하의면 소재지에서 북쪽으로 약 3.7㎞ 떨어진 후광리(後廣里)다. 김대중의 호 '후광'이 여기에서 나왔다. 원래 하의도는 전체가 대한제국 황제 고종의 딸인 덕혜옹주 소유였다. 덕혜옹주가 1931년 쓰시마 번주 가문의 37대 당주(當主/당대 주인)이자 백작인 '소 다케유키'와 정략결혼을 하면서 조선총독부가 농업과 이민사업 등 식민지 경영을 목적으로 설립한 동양척식회사로 소유권이 넘어갔다. 하의도 이장을 지낸 김대중의 부친 김운식은 농민들을 대표해 동양척식회사에 진정을 내거나 항의를 한 것으로 전해진다.

수석 입학, 목포공립상업학교

목포시 목포진역사공원 인근 '소년 김대중 공부방' 모습. 1층은 객줏집, 2층은 공부방으로 사용했다. 하의도에 살던 김대중은 공부를 위해 도회지인 목포로 이사했다. 그는 목포 제1공립보통학교(현 북교초등학교), 목포공립상업학교(현 목상고)를 졸업했다.

김대중은 작은 섬마을에 살았지만, 부모의 교육열은 높았다. 김대중 어머니 장수금은 하의도 집과 농토를 팔아 학비로 댈 정도로 교육에 관심을 쏟았다. 유년기에는 서당인 '덕봉강당'에서 소학과 천자문 등을 배웠다. 당시 훈장이었던 초암선생이 김대중의 총명함을 높이 평가했다는 기록이 전해진다. 또 부친에게 오던 조선총독부 기관지 매일신보를 통해 세상의 소식을 접했다. 김대중은 1934년 하의도에 하의공립보통학교(현 하의초등학교)가 생기자 2학년에 편입했다. 이어 1936년 가을 목포로 이사해 목포 제1공립보통학교 4학년으로 전학했다. 현재 목포 북교초등학교다.

당시 목포는 서남해안을 대표하는 상업·금융·어업의 중심지였다. 영사관, 조선식산은행과 동양척식회사 목포지점 등 굵직한 기관들이 많았다. 목포 제1공립보통학교는 일본인 자녀가 주로 다니던 학교로 학생 중 절반 이상이 일본인이었다. 김대중은 신문사 주최 글짓기 대회에 입상하는 등 글짓기에 재능을 보였고, 1939년 목포일보 사장상을 받고 수석 졸업했다. 그해 김대중은 5년제 목포공립상업학교 취업반에 수석 입학했다. 입학생은 164명으로 조선인과 일본인이 각각 절반이었다. 지역 신문에 입학생 명단이 실릴 정도로 목포뿐 아니라 영암, 신안 등 인근 지역에서 우수한 학생들이 몰렸다. 이는 목포상업학교를 졸업하면 목포에 있는 총독부 기관이나 금융기관에 쉽게 취업이 가능했기 때문이다. 당시 목포는 전국 7대 도시에 들어가는 큰 곳이었다.

김대중은 독서광으로 정치와 역사, 영어에 관심이 많았다. 작문에도 뛰어났고 웅변에도 소질을 보였다. 당시 작성된 김대중의 학적부에는 "언변이 늘 정확, 명료하다."라고 기록돼 있다. 김대중에게 영향을 준 교사는 3학년 담임 노구치 진로쿠(野口戭六)로 "삶의 원칙을 확고하게 지키되 유연하지 못하면 승리하지 못한다."고 가르쳤다. 이 말에 큰 감명을 받은 김대중은 '선비적 문제의식과 상인적 현실 감각'을 지닌 삶을 추구했다.

만주 건국대 진학의 꿈과 징병

김대중은 은행 취업을 목표로 했던 취업반이었지만 1941년 3학년 때 대학 진학을 목표로 하는 진학반으로 옮겼다. 그는 일본 본토에 있는 대학 진학도 고려했다가 목표를 만주 건국대학으로 바꿨다. 건국

대학은 만주국이 관리 양성을 위해 세운 국립대학이다. 1938년 5월 개교해 1945년 8월 폐교 때까지 만주국의 최고학부로 존재했다. 학비와 생활비를 나라에서 지급하고, 졸업하면 만주국 고위 관리가 될 수 있어 조선의 젊은이에게 인기가 높았다. 건국대학에는 일본, 조선, 대만, 만주, 중국, 몽골, 러시아인 등 다양한 민족의 학생들이 입학했다. 1년 총 입학생은 150명, 조선인은 약 10명이었다. 국무총리를 역임한 강영훈(1922~2016), 육군참모총장과 국회의원을 지낸 민기식(1921~1998) 등이 이 학교를 졸업했다. 그러나 만주 건국대학 진학은 성공하지 못했다. 김대중은 자서전에 1941년 12월 7일 태평양전쟁이 시작돼 일본군에 징집될 것을 우려해 건국대학 진학을 포기했다고 밝혔다. 그의 말대로 징병 때문이었는지 아니면 실력 등 다른 요인 때문이었는지 알 수 없지만 태평양전쟁이 영향을 미친 건 확실하다.

3·1운동이 일어나는 1919년 전후까지 구 대한제국 출신 군인 등은 거세게 저항했고 이들은 조선 내 무장투쟁이 어려워지자 만주, 중국 본토, 러시아의 연해주로 이동했다. 이런 사정 등을 감안해 일본은 식민지배 초기 조선인의 군 입대를 허용하지 않았다. 그러다가 식민통치가 공고해진 1938년 3월부터 육군특별지원병제를 통해 조선인 입대를 허용했다. 그러자 군 제대 후 경찰관이나 소방관 채용 등의 특전을 이용해 성공하려는 젊은이들이 몰려들었다.

조선총독부 법제국 자료에 따르면 1938년부터 1943년까지 육군특별지원병에 지원한 사람은 80만 3317명, 실제 입소자는 17604명이다. 6년간 연평균 경쟁률은 45.9대 1이었다. 첫해인 1938년 경쟁률은 7.4대 1이었지만 갈수록 경쟁률이 높아지면서 1942년에는 56.5대 1을 기록했다. 지원자 대비 합격 비율은 2.2%로 백 명이 지원하면 2명 정도만 합격했다. 일부 지원자는 첫해 지원했다가 떨어지자 재수를 해서 합격하기도 했다. 특히 전남의 지원자 비율은 13.5%로 경북(14.1%)에 이어 전국에서 두 번째로 높았고, 적격자로 입대한 사람은 2273명으로 가장 많았다. 이는 호남 지역에서 육군특별지원병을 통해 신분제 한계를 뛰어넘으려는 젊은이들이 많았다는 걸 의미한다.

태평양전쟁 초기 싱가포르와 필리핀까지 점령했던 일본군은 1942년 6월 미드웨이해전에서 패하면서 미군에 밀리게 된다. 병력이 부족해진 일본은 1943년 8월 1일 조선에 일반징집령을 내렸고, 대학생에게 허용했던 징병유예도 폐지했다. 징병 1기 4만 5000명에 대한 징집은 1944년 9월부터 시작됐다. 서울대 객원연구원을 지낸 정안기에 따르면 육군특별지원병(1938년~1943년), 해군특별지원병(1943년 5월), 학도지원병(1944년), 징병 1~2기(1944년~1945년)를 통해 전쟁에 투입된 조선인 출신 일본군은 육군 9만 4978명, 해군 2만 1316명 등 총 11만 6294명이다. 1943년부터 조선 주둔 상비사단인 19, 20사단, 임시 편성된 30, 49사단이 필리핀과 뉴기니, 버마(미얀마) 등 미군과 전투가 치열했던 남방전선에 투입됐다. 이들 사단은 전투에서 궤멸될 정도로 피해를 입었다. 일본군으로 입대했던 조선인 중에 중일전쟁과 태평양전쟁 당시 전사한 사람은 육군 5870명, 해군 308명 등 총 6178명이다. 전사자 대부분은 육군특별지원병이었다.

김대중은 태평양전쟁이 한창이던 1943년 12월 목포공립상업학교를 졸업했다. 원래는 1944년 초에 졸업할 예정이었지만 전시특별조치로 인해 졸업일이 앞당겨졌다. 김대중은 일본인이 운영하던 해운회사인 전남기선에 경리 담당 사원으로 입사했다. 그 무렵 김대중은 징집을 늦추기 위해 생년월일을 1925년 12월 3일로 바꾼다. 김대중은 자서전에 "우리 면에서 호적 정정 신청을 낸 사람 중 유일하게 나만 받아들여졌다."고 했다. 그의 나이를 두고 후일 여러 논란이 나온 이유다. 전쟁이 계속됐으면 징병 3기였던 김대중도 전쟁터로 갔을 것이다. 하지만 1945년 8월 15일 일본이 패망했다. 김대중이 전쟁터로 갈 일은 없었다.

적산(敵産)을 인수한 청년 사업가

1945년 8월 15일 일본이 항복하자 미 트루먼 대통령은 '만주와 북위 38도선 이북 조선 주둔 일본군은 소련군 극동사령관에게, 38도선 이남 조선과 필리핀 주둔 일본군은 미군 태평양사령관에게 항복하라'는 내용의 일반명령 제1호를 내렸고, 이는 영국과 소련에게도 각각 전달됐다. 명령을 받은 태평양사령관 맥아더 장군은 오키나와에 있던 미 24군단을 '남조선 주둔군'으로 선정했다. 한반도 진주는 소련이 빨랐다. 8월 12일 나진항을 점령한 데 이어 24일 소련군 25군 병력 20만 명이 평양에 들어왔다. 미군의 진주는 상대적으로 느렸다. 일본이 항복한 지 24일 뒤인 1945년 9월 8일 미군이 인천에 상륙했다. 다음 날인 9일 미 육군 남조선 주둔군(US Army Forces in Korea) 사령관 하

K-민국 이승만 박정희 김대중

지 중장이 서울로 왔다. 하지는 조선총독 아베 노부유키(阿部信行)에게 항복을 받고 통치권을 인수했다. 당시 한반도 주둔 일본군은 남한 17만 9천여 명, 북한 16만 8천여 명 등 총 34만 7000여 명이었다. 미국과 소련은 일본군 무장해제와 민간인 철수를 맡았다. 미군은 1945년 8월부터 1946년 말까지 남한에서 총 57만 1765명의 일본인을 돌려보냈고, 소련의 통치를 받은 북한에서 돌아간 일본인은 30만 4469명이었다.

9월 9일 서울에 도착한 미군은 군정법령 33호를 공포해 일본인이 남긴 재산을 미군정 재산으로 귀속시켰다. 미군은 일본인을 본국으로 돌려보내면서 그들이 갖고 있던 조선 내 자산은 정부나 민간을 막론하고 그대로 둘 것을 명령했다. 그들에게 허용된 건 천 엔의 현금과 등에 짊어질 수 있는 화물이 전부였다. 조선에서 수십 년 동안 살던 민간인들도 빈털터리로 돌아가면서 이들이 갖고 있던 토지, 가옥, 광산, 점포, 공장, 차량, 기계류 등 막대한 자산이 그대로 남았다. 이를 귀속재산, 통상 적산(敵産, enemy property)이라 부른다. 1946년 미국과 일본이 조선에 남긴 재산을 조사한 결과 총 52억 달러였다. 이는 당시 대한민국 국부의 85%에 달할 정도로 막대했다. 북한은 당시 세계에서 가장 좋은 시설로 유명했던 흥남 전기화학 콤비나트, 70만 kW(킬로와트)의 수풍댐을 비롯한 수력 발전소 등 30억 달러에 달하는 재산을 차지했다. 남한에 있는 귀속재산은 용산 철도 시설, 조선총독부 건물, 각종 공장 등 22억 달러로 파악됐다.

목상고에 있는 김대중 동상. 뒤에 보이는 건물은 과거 수업
이 이뤄지던 교사다. 목포상업전수학교로 개교했고 김대중
이 다닐 때는 목포 공립상업학교, 현재 이름은 목상고다. 김
대중은 목포상고를 1943년 12월 졸업하고 일본인 회사였
던 전남기선에 취직했다. 그는 해방 후 전남기선 운영권을
차지했다.

　미군정은 관리인을 임명해 귀속재산인 공장이나 사업장을 운영했
다. 미군정은 3년간 귀속재산 중 약 15% 정도를 불하(拂下) 즉, 민간
에 팔아서 운영비로 사용했고 나머지는 1948년 8월 15일 출범한 대한
민국 정부에 인계했다. 1947년부터 팔린 적산기업은 약 2700여 개였
다. 일본인 사업가와 관리자가 철수한 상황에서 관리인이 되거나 업
체를 인수하는 데는 직원 등 연고가 있는 사람이 유리했다. 이 때문에

적산을 인수해 성공한 기업가가 많다. 조선유지 인천공장(조선화약
공판)은 직원이었다가 관리인이 된 김종희 한화그룹 창업주에게 불
하됐다.

선경직물은 직원이던 최종건 SK 창업주에게 넘어갔다. 관동기계제
작소 관리인이던 김연규는 제작소를 인수해 대한중기공업을 창업했
다. 현재의 세아베스틸이다. 김대중도 이런 사람들 중 한 명이었다.
일본인이 운영하던 전남기선도 목포 지역 적산기업이었다. 일본인이
철수한 후 조선인 노동자 20여 명이 운영을 맡았다. 목포상업학교를
나온 똑똑한 청년 김대중이 운영위원장에 이어 관리인이 됐다. 이후
김대중은 전남기선 운영권을 차지했고, 다시 목포에서 가장 큰 조선
소인 대양조선공업 경영권까지 맡았다. 해방 후 그는 목포의 실력자
인 해군 목포파견대장 예춘호, 목포경찰서 정보과장 정순석 등과 어
울리는 잘나가는 사업가였다.

2. 고난과 도전, 그리고 성취

2-1 이승만

미국 도피와 하와이 독립운동

이승만은 런던, 파리, 모스크바를 거쳐 시베리아 횡단열차를 타고 1910년 10월 10일 서울에 도착했다. 고국을 떠난 지 6년여 만에 조선인 최초의 미국 정치학 박사라는 화려한 경력을 갖고 돌아왔다. 그러나 이승만이 귀국하기 직전인 8월 29일 대한제국은 일본과 병합돼 망했다. 조선인으로 떠났지만 돌아왔을 때는 나라가 없었다. 이승만은 나라가 없어진 것은 슬프지만 임금, 양반, 상투가 없어진 건 시원하다고 말했다. 이승만은 오랜 기간 미국에서 살면서도 일본이 망하는 1945년까지 독립의 꿈을 꾸며 무국적자로 살았다. 이승만은 황성기독교청년회(서울 YMCA)의 학생부 간사와 부설학교의 학감(교장)으로 일했다. 미국인 총무 질렛과 같은 대우를 받는 고위직으로 미국인들은 한국인 총무로 불렀다. 이승만은 표면적으로는 기독교 교육을 했지만, 궁극적 목표는 민족계몽을 통한 국권 회복이었다. 1911년 5월 전국 전도여행을 떠난 그는 학생들에게 나라를 잃은 울분과 비통

함을 쏟아냈다. 조선총독부는 이승만의 움직임을 예의주시했다. 고종 황제에 맞선 투옥 경력, 대중을 휘어잡는 화려한 말솜씨, 미국 박사 학위, 배후에 미국 선교사들이 버티고 있는 이승만은 문제를 일으킬 소지가 많았다.

1910년 12월 이른바 '안악사건'이 터졌다. 이토 히로부미(伊藤博文)를 암살한 안중근의 사촌 안명근(安明根)이 선천 일대를 중심으로 군자금을 모금해 항일투쟁에 사용하려다 붙잡힌 사건이다. 평안북도 선천은 미국 북장로교가 세운 신성학교, 미국 의료기관인 미동병원이 있던 기독교 중심지였다. 수사 과정에서 1907년 초에 안창호 등이 비밀리에 조직한 항일단체인 신민회(新民會)의 존재가 드러났다. 조선총독부를 대변하던 매일신보와 경성일보는 사건을 미국인 선교사들의 선동에 의한 것으로 공격했다. 일제는 사건을 1910년 12월 평안북도 선천역 압록강 철교 준공식에 참석한 초대 조선총독 데라우치 마사타케(寺內正毅) 암살 미수사건으로 확대했다.

1911년 9월 독립협회를 만든 윤치호를 비롯해 6백여 명이 체포됐고, 체포된 사람 대부분이 기독교(개신교) 신자였다. 심문 도중 3명이 숨지고 135명이 옥살이를 했다. 미국인 선교사들이 막고 있었지만 이승만도 체포될 위험이 있었다. 신변의 위협을 느낀 이승만은 미국에서 열리는 감리교 평신도대회 참석을 명분으로 1912년 3월 26일 조선을 떠났다. 그가 미국에서 돌아와 머문 기간은 1910년 10월부터 1912년 3월까지 약 1년 6개월이었다.

이승만이 1918년에 설립한 남녀공학의 한인기독학원(Korean Christian Institute)의 학생과
교직원 일동. 왼쪽 끝에 흰색 양복을 입은 이승만의 모습이 보인다. (출처: 이승만기념관)

미국에서 정착한 곳은 미국령 하와이였다. 이승만은 한성감옥 수감
당시 의형제를 맺었던 박용만의 초청으로 1913년 2월 3일 하와이의
주도 호놀룰루에 도착했다. 하와이에는 사탕수수와 파인애플 농장에
서 일하는 조선인 7천 4백여 명이 있었다. 항공편이 없었던 당시 하와
이는 조선에서 미국으로 가려면 꼭 거쳐야 하는 곳이었다. 한인이 많
고 미국 본토보다 조선이 가까운 하와이는 독립운동의 최적지였다.
이승만은 감리교단이 운영하던 한인기숙학교를 맡아 9월 15일 남녀
공학인 한인중앙학원으로 재개교했다.

그가 한국어와 한국 역사를 가르치는 등 열정적으로 학교를 운영하
자 36명이던 학생이 6개월 만에 120명으로 늘어났다. 하지만 미국 사
회에 동화하는 교육을 원한 감리교단은 한국어와 역사를 가르치는 것

K-민국 이승만 박정희 김대중

을 반대했다. 이승만은 3년 만에 한인중앙학원을 그만두고 교포들의 지원을 받아 한인여자대학, 한인기독학원을 설립해 교육활동을 계속했다. 또 이승만은 1913년 9월 교민 계몽과 교육을 목적으로 백 쪽 분량의 순 한글 월간지『태평양잡지』를 창간했다. 태평양잡지에는 하와이 교민 소식, 정치, 종교, 과학에 관한 논설, 독자 기고문이 실렸다. 잡지는 곧 하와이 한인사회의 여론을 좌우하는 중요한 언론으로 성장했다. 아울러 미국 감리교단과 손을 끊고 1918년 7월 29일 호놀룰루에 어느 교파에도 속하지 않는 독립적인 교회를 세웠다. 12월 23일 교회 명칭을 한인기독교회(The Korean Christian Church)로 지었다. 한인기독교회는 이승만을 중심으로 한 새로운 민족교회였다. 이승만은 교육과 언론, 종교 활동을 통해 하와이 내에서 가장 강력한 한인 지도자로 성장했다. 하와이 한인은 1년에 5달러씩 인두세와 특별세를 내그를 지지했다. 이를 기반으로 이승만은 중국 상하이(상해) 임시정부 대통령에 취임하고 미 본토에서 미국인들을 상대로 독립운동을 펼칠수 있었다.

대한민국 임시정부 대통령 이승만과 탄핵

이승만은 독립운동 초기부터 주목받는 인물이었다. 1919년 3·1운동을 전후해 모두 7개의 임시정부가 수립됐다. 특히 3월 17일 러시아 블라디보스토크 대한국민의회(연해주 임시정부), 4월 11일 중국 상하이 임시정부, 4월 23일 서울에 세워진 한성 정부의 세력이 컸다. 이승만은 대한국민의회에서는 국무총리 겸 외무총장, 상하이에서는 내

각 수반인 국무총리, 한성 정부에서는 집정관 총재로 추대됐다. 1919
년 9월 6일 3곳의 임시정부를 통합해 중국 상하이에서 대한민국 임시
정부가 수립됐다. 임시정부 대통령은 이승만이었다. 이승만이 미국
에 있었지만 재정과 명망 등을 고려해 대통령으로 추대하는 데 큰 이
견은 없었다. 이어 9월 11일 새 헌법이 공포되었다. 미국에서 구미위
원부를 중심으로 활동하던 이승만의 취임이 늦어지자 의정원은 결의
안을 통해 부임을 촉구했다.

1920년 12월 28일 상하이 교민단이 베푼 환영회. 꽃다발을 건 이승만 양옆에 안창호와 이동
희 모습이 보인다. 이승만은 두 사람과 임시정부 방향을 두고 갈등을 벌였다. (출처: 이승만기
념관)

하지만 30만 달러의 현상금이 걸려 있는 이승만이 중국으로 가는
건 쉬운 일이 아니었다. 하와이에서 시체운반선을 타고 상하이로 가
는 길을 선택한 이승만은 1920년 12월 밀항에 성공했다. 이승만은 12

월 5일 대통령에 취임했다. 그러나 임시정부는 재정적 어려움에다 독립노선, 좌우 대립은 물론 출신지 간 알력이 극심했다. 신채호를 중심으로 한 북경파, 이동휘의 고려공산당, 신규식 중심의 민족주의 그룹의 반발이 심했다. 이들은 이승만이 국제연맹의 한국 위임통치를 미월슨 대통령에게 청원한 것을 집중 공격하기 시작했다. 신채호는 자신이 주장하는 폭력혁명론 외 다른 의견을 맹렬히 비판하며 임시정부를 떠났다. 이동휘가 이끄는 고려공산당은 임시정부 기구를 세계 각지로 분산하고 대통령제를 소련처럼 위원제로 바꾸자고 주장했다. 무장투쟁을 주장하는 이들의 공세에 외교론으로 맞선 이승만은 수세에 몰렸다. 미국 내 사정도 좋지 않았다. 이승만이 중국에 올 때 구미위원장 자리를 넘겨줬던 현순이 반란을 일으켰다.

그때 미 국무장관 휴즈가 1921년 11월 워싱턴에서 군비 축소를 논의하는 회의를 연다고 발표했다. 미국, 영국, 중국, 일본, 프랑스, 이탈리아, 벨기에, 네덜란드, 포르투갈 등 9개 나라가 참석해 해군 군비 축소와 아시아·태평양 지역의 현안을 논의하는 회의였다. 이승만은 이를 민족자결주의에 근거한 외교를 통한 독립운동의 마지막 기회로 생각했다. 이승만은 1921년 5월 18일 중국을 떠났다. 중국에 온 지 약 6개월 만이었다.

8월 워싱턴에 도착한 이승만은 서재필, 정한경, 돌프(Fred A. Dolph) 등과 함께 조선의 독립을 의제로 넣기 위해 노력했다. 그러나 이미 망한 조선의 이야기를 들어주는 나라는 없었다. 국제사회는 팽창주의를 추구하는 일본의 목소리에 더 귀를 기울였다. 서재필과 정한경은 "가망 없는 독립운동을 더 이상 못 하겠다."며 생업으로 돌아갔고, 이 승만도 9월 조용히 하와이로 갔다. 임시정부에서 이승만의 위상은 완전히 추락했다. 평소 사이가 나빴던 여운형 등 고려공산당 이르쿠 츠파와 안창호가 이끄는 서북파 등이 이승만 축출을 시도했다. 1922 년 6월 임시정부 의정원은 이승만 불신임안을 의결했고, 3년 여 후인 1925년 3월 그를 탄핵함으로써 대통령직을 박탈했다. 날개가 꺾인 이 승만은 하와이에서 한인기독학원 등 교육 사업에 주력했다. 1925년 3 월 이승만은 동포들의 돈을 모아 동지식산회사를 세우고 하와이에서 가장 큰 섬인 '빅 아일랜드'에 땅을 샀다. 하와이 이민 1세대들의 노후 를 영위하고 독립운동 자금을 마련하기 위해서였다. 하지만 숯과 목 재를 팔아 자립하려던 한인촌 건설 계획은 6년 만에 파산하면서 실패 했다. 외교를 통한 독립 무산과 탄핵, 사업 실패, 하와이 내 대한인교 민단 주도권 다툼까지 벌어지면서 이승만은 1931년 11월 워싱턴으로 쓸쓸히 떠났다.

태평양전쟁, 민족을 구원할 지도자가 되다

이승만이 독립운동 무대에 다시 복귀한 건 1932년이다. 이는 이승 만이 임시정부 대통령이었을 때 경무국장이었던 김구와 관련이 깊 다. 지도부 붕괴로 해체 위기에 몰린 임시정부는 1926년 12월 김구를 국무령으로 뽑고 재건을 시도했다. 자금난을 겪던 김구는 1928년 하 와이에 있던 이승만에게 지원을 요청했고, 이승만이 이에 응하면서

K-민국 이승만 박정희 김대중

인연이 이어졌다.

김구는 1932년 이봉창 의거와 윤봉길 의거 등 한인애국단 활동을 통해 중국(중화민국)의 지원을 받게 된다. 이봉창 의거는 1월 도쿄에서 일왕이 탄 마차에 폭탄을 던진 사건이고, 윤봉길 의거는 4월 상하이 홍커우 공원 기념식장에 폭탄을 던져 다수의 일본군 간부를 살상한 사건이다.

위상을 회복한 임시정부는 1933년 스위스 제네바에서 열리는 국제연맹 회의에서 한국의 독립을 탄원하기로 했다. 김구는 1932년 11월 10일 독립을 탄원할 전권대사로 이승만을 임명했다. 당시 국제 현안은 일본의 만주 점령. 일본은 1931년 9월 만주를 침략한 데 이어 1932년 3월 관동군 주도로 만주국을 세웠다. 이에 중국이 반발하자 국제연맹은 영국 리튼(Lytton)을 위원장으로 하는 조사단을 만주에 파견해 조사했다. 1933년 1월 제네바에 도착한 이승만은 탄원서와 기자회견을 통해 "만주국은 일본의 괴뢰국으로 만주에 사는 백만 조선인은 침략의 피해자다. 조선인은 일본이 물러가기를 바라며 조선의 독립만이 극동에서의 평화를 담보할 수 있다."고 주장했다. 비록 조선의 독립이 공식 의제가 되지는 못했지만 이런 주장은 여론을 환기하는 데 상당한 영향을 미쳤다. 2월 24일 일본의 만주 침략을 규탄하는 '리튼 보고서'가 채택됐다. 일본은 이에 반발해 국제연맹을 탈퇴했다. 이승만의 외교가 빛을 발휘했다.

그러나 국제정세는 갈수록 악화되고 있었다. 1937년 7월 7일 북경 근처 다리인 노구교(蘆溝橋)에서 벌어진 충돌을 계기로 중일전쟁이 시작됐다. 미국은 군사적 팽창주의를 택한 일본을 견제하기 위해 미일통상조약을 폐기했다. 유럽에서는 히틀러의 독일이 1939년 9월 1일 폴란드를 침공하면서 2차 세계대전이 시작됐다. 이승만은 1939년 3월 워싱턴에서 구미위원부 활동을 재개했다. 1940년 3월 임시정부 주석에 취임한 김구는 1941년 4월 이승만을 주미외교위원부 위원장으로 임명했다. 이승만은 국제정세를 고려할 때 미국과 일본은 전쟁이 불가피하다고 봤다. 1941년 8월 이승만은 일본의 야망을 알리고 미국 사회에 퍼져 있던 친일 분위기를 반전시키려는 목적으로《일본 내막기》(日本內幕記/Japan Inside Out)를 출간했다. 이승만은 이 책에서 일본이 알래스카나 하와이를 공격할 수 있다고 주장했다. 1941년 12월 7일 일본이 하와이 진주만 해군기지를 공격하면서 태평양전쟁이 시작됐다. 이승만의 책은 미국 전체를 뒤흔드는 베스트셀러가 됐다.

　전쟁이 시작되자 이승만은 임시정부 명의로 대일선전포고를 하고 미국에 임시정부 승인을 요청했다. 이어 1942년 1월 한미협회를 조직해 한국의 독립을 지원할 미국 내 세력을 구축했다. 한미협회 회장 해리스 목사와 M.프레스톤 굿펠로우 대령 등은 이승만이 미국의 소리(VOA)를 통해 조선의 독립을 촉구하는 연설을 할 수 있도록 주선했다. 미 국무부가 운영하는 단파방송인 VOA는 현재도 북한 등을 대상으로 자유를 촉구하는 방송을 한다. 6월 13일 한민족의 단결과 일본

　　　　　　　　　　　　　K-민국 이승만 박정희 김대중

에 대한 저항을 촉구하는 총 7분 정도의 이승만의 연설이 송출됐다.

"나는 이승만입니다. 미국 워싱턴에서 해내 해외에 산재한 우
리 2천 3백만 동포에게 말합니다. 얼마 아니해서 벼락불이 쏟
아질 것이니, 일황 히로히토의 멸망이 멀지 아니한 것을 세상
이 다 아는 것입니다. 우리 독립의 서광이 미치나니, 일심합력
으로 왜적을 파하고 우리 자유를 우리 손으로 회복합시다. 나
의 사랑하는 동포여, 이 말을 잊지 말고 전파하여 준행(遵行/그
대로 좇아서 행함)하시오. 분투하라! 싸워라! 우리가 피를 흘
려야 자손만대의 자유 기초를 회복할 것이다. 싸워라! 나의 사
랑하는 2천 3백만 동포여!"(항일 단파방송/이승만기념관)

이승만의 방송 소식은 국내 지식인들에게 은밀히 퍼져 나갔다. 이
를 처음 전달한 사람은 미국 유학 시절 대한인동지회 활동을 하면서
이승만의 독립운동을 도왔던 동아일보 기자 홍익범이었다. 1942년
말 경성방송국 직원을 통해 그의 연설이 전국적으로 퍼졌다. 이를 확
인한 조선총독부는 3백여 명을 체포했다. 이 가운데 41명이 옥살이를
했고, 홍익범은 고문 후유증으로 사망했다. 연설 내용이 알음알음 알
려지면서 이승만은 민족을 구원하러 올 신비한 지도자로 조선인들 사
이에 강렬히 기억됐다.

첫 부인과의 별거와 파란 눈의 새 아내

이승만의 첫 부인은 박승선이다. 이승만은 생전 박승선에 대해 언급하거나 기록으로 남겨둔 게 거의 없다. 다만 얼굴은 1904년 11월 이승만이 미국으로 떠나기 전 아버지 이경선, 후일 태산으로 개명한 아들 봉수와 찍은 가족사진으로 확인된다. 박승선은 1899년 이승만이 한성감옥에 갇혔을 때 덕수궁 앞에 자리를 깔고 "남편 대신 자신을 옥에 가두라."고 요구할 정도로 강단이 있는 여인이었다.

두 사람의 관계가 틀어진 건 아들 문제였다. 이승만은 아들을 미국에서 공부시키려 했고, 한성감옥 수감 동료 박용만이 1905년 5월 태산을 데리고 왔다. 하지만 태산은 9개월 만에 디프테리아로 죽는다. 이승만은 비망록에 "1906년 2월 25일 오후 7시 태산이가 필라델피아 시립병원에서 죽었다."며 비통해했다. 1910년 10월 조선으로 돌아온 이승만은 집을 나와 YMCA 회관 3층에 다락방을 얻어 따로 살았다. 1912년 이승만은 고종사촌의 도움으로 복숭아밭을 사주고 떠난 후 그녀를 찾지 않았다.

이승만의 두 번째 부인은 '프란체스카 도너'다. 1900년 오스트리아 빈에서 태어난 오스트리아인이다. 그녀는 빈상업전문학교를 졸업하고 영국 스코틀랜드에서 3년간 유학해 영어통역사, 타자속기사 자격을 취득한 재원(才媛)으로 철물 무역과 청량음료 공장을 하는 아버지의 사업을 물려받을 예정이었다. 두 사람이 만난 건 1933년 2월 21일 스위스 제네바의 뤼씨호텔이었다. 이승만은 국제연맹에서 한국의 독립을 탄원하기 위해 왔고, 프란체스카는 어머니와 함께 여행 중이었다. 자동차 경주 선수와 결혼했던 프란체스카는 남편이 떠나면서 혼자가 됐다. 이승만과 프란체스카는 1934년 10월 8일 미국에서 결혼식을 올렸다. 당시 이승만의 나이는 59세, 프란체스카는 34세였다. 두 사람의 결혼에 대해 강력한 지지기반이었던 하와이 교포들은 이승만에 전보를 보내 "서양 부인을 데리고 오면 모든 동포가 돌아설 것."이라고 경고했다. 하지만 1935년 1월 24일 두 사람이 하와이에 도착하자 9백여 명이 모여 잔치를 열어 줄 정도로 환영했다.

강원도 고성 화진포 이승만 대통령 화진포기념관 내 이승만과 프란체스카를 재현한 모습이다. 기념관은 1954년 27평 규모로 신축해 1960년까지 대통령 별장으로 사용했다. 이승만은 휴가 때 이곳에서 낚시를 즐겼다. 재임 당시 사용했던 라디오, 이승만이 쓴 책인 《일본내막기》, 프란체스카가 입었던 한복 등이 전시돼 있다.

이승만은 프란체스카와 결혼하면서 안정을 찾았다. 프란체스카는 한복을 입고 김치와 고추장을 담갔고 남편의 건강을 챙겼다. 또 공문서부터 편지까지 각종 문서를 작성하는 비서 역할을 했다. 아울러 능란한 사교로 워싱턴 저명인사의 부인들과 교제하면서 이승만을 도왔다. 해방을 맞아 이승만은 1945년 10월 귀국했고, 약 5개월 후인 1946년 3월 프란체스카가 한국에 왔다. 그는 혼란스러운 해방정국에서 남편의 영문 구술을 타자기로 쳐서 외교문서로 작성하는 등 비서와 아내 역할에 충실했다. 1948년 7월 이승만이 대한민국의 초대 대통령이 되자 프란체스카는 첫 영부인이 됐다. 프란체스카는 경무대(청와대)에서 살다가 1960년 4·19로 이승만이 물러나자 이화장으로 돌아왔다. 이후 남편과 함께 하와이로 가서 이승만이 숨지는 1965년까지 곁을 지켰다. 그해 9월 하와이에서 고국인 오스트리아로 갔다가 1970년 5월 한국으로 다시 왔다. 양아들 이인수 가족과 생활하다 1992년 3월 숨져 국립 서울현충원에 있는 남편 곁으로 갔다.

2-2 박정희

광복군 평진대대 중대장

박정희는 1944년 7월 1일 만주군 6군관구 보병 8단에 배치됐다. 8단은 만주 서남 지역인 열하성 반벽산(半壁山)에 주둔하고 있었다. 1개단은 3개 대대로 편성됐고 병력은 약 4천 명이었다. 현재 우리 군으로 치면 여단급 부대다. 부대 임무는 중국 공산당 소속 11, 12단 등 팔로군(빨치산) 토벌이었다. 8단에서 박정희의 보직은 단장 부관이었다. 부대 단기(團旗) 관리와 작전참모로 예하 부대에 작전명령을 하달하는 임무였다. 직책상 직접 전투에 나갈 일은 거의 없었다. 더구나 당시 만주에는 팔로군이 거의 궤멸된 상태였다. 관동군 기록에 따르면 만주에 남아 있던 빨치산 병력은 3백 명 이내였다. 앞서 관동군은 1939년 10월부터 1941년 3월까지 팔로군을 상대로 대규모 작전을 벌였다. 이때 대부분은 사살되거나 포로로 잡혔고, 일부는 러시아 땅으로 탈출했다. 1945년 7월 1일 박정희는 중위로 진급했다. 하지만 한 달 뒤 만주 지역 정세가 급변한다. 8월 8일 소련은 1941년 4월 일본과 맺었던 중립조약을 파기하고 전쟁을 선포한다. 이어 9일 만주와 사할린으로 진격했다. 만주군 8단은 14일 소련군을 막기 위해 내몽골 뒈룬(多倫)으로 출동했다. 그러나 일본은 8월 6일 히로시마, 9일 나가사키에 원자폭탄을 맞자 15일 미국에 항복했다. 이틀 후인 17일 관동군도 소련에 항복했다. 이로써 박정희가 복무하던 만주군도 붕괴됐다. 박정희는 8단 단장인 중국인 당제영에게 장교의 상징인 군도와 권총,

쌍안경을 빼앗기고 무장해제됐다. 8단 소속 조선인 장교였던 신현준 상위(대위), 이주일 중위, 방원철 중위도 마찬가지였다.

일본이 패전하자 만주와 중국 전선에 있던 일본군, 만주군 출신 조선인 장병들이 베이징이나 상하이로 몰려들었다. 일본군 입대가 허용된 1938년 이후 조선인 출신 일본군은 약 11만 6천여 명이다. 일본의 전력이 우세했던 만큼 중일전쟁에 투입된 병력은 남방전선보다 상대적으로 적었다. 학계에서는 종전 당시 중국 대륙에 있던 일본군 내 조선인 장병의 수를 약 4만 명 이내로 본다.

임시정부는 이들을 흡수해 광복군으로 재편성한 후 조선으로 진격할 계획을 세웠다. 이를 위해 김학규를 부대장으로 하는 광복군 3지대를 만들었다. 3지대 산하에 설치된 동북판사처장에는 중국군 소장 출신인 조종사 최용덕(崔用德)이 임명됐다. 최용덕은 1948년 정부 수립 후 2대 공군참모총장으로 공군의 산파 역할을 하게 된다. 최용덕은 베이징 시내 북신교(北新橋)에 있던 제지공장을 병영으로 확보하고 장병들을 모았다. 부대 이름은 주(駐) 평진대대였다. 평진은 북평(北平)과 천진(天津/텐진)에서 각각 따온 말로 북평은 베이징의 옛 이름, 천진은 베이징으로 연결되는 항구도시다.

1945년 9월 8단 출신 조선인 장교 박정희, 신현준, 이주일 세 사람이 베이징에 도착했다. 장교 경험자를 찾던 광복군은 정규 사관학교를 나온 이들을 마다할 이유가 없었다. 만주군 상위(대위) 출신 신현준이 대대장, 중위 이주일과 박정희가 각각 1중대장과 2중대장, 일본 군 소위 출신 윤영구가 3중대장을 맡았다. 당초 광복군 지휘부는 만 주 육군군관학교와 일본 육사를 우수한 성적으로 졸업한 박정희에게 지휘를 맡기려 했던 것으로 전해진다. 이와 관련, 대한민국 초대 해 병대 사령관을 지낸 신현준은 자신의 회고록에 "당시 상부에서 박정 희 중위에게 부대 지휘를 맡기려 했지만, 박정희가 '형님께서 대대를 통솔해야 한다'라고 한 적이 있다."라는 글을 남겼다. 평진대대를 비 롯해 중국 전역에서 임시정부가 확보한 조선인 출신 장병은 약 5천여 명이었다.

> "광복군 중 확인 가능한 인원은 북경 1300여 명, 남경 8백여
> 명, 상해 1300여 명을 합친 3400여 명이다. 그 밖에 광주, 항주
> 등지의 확인되지 않은 수를 합하면 5000명이 넘었을 것으로
> 판단된다."(염인호,《또 하나의 한국전쟁》)

하지만 광복군을 앞세워 조선에 진격하려던 임시정부의 계획은 미 국과 소련이 반대하면서 무산됐다. 미군정은 임시정부와 광복군을 인정하지 않았다. 광복군 중에 나름 대오를 갖춘 건 1946년 5월 26일 광복군 참모장 이범석의 지휘 아래 입국한 5백여 명이 전부였다. 이 는 북한 지역도 마찬가지였다. 중국에서 항일투쟁을 했던 조선독립 동맹은 1500여 명의 조선의용군을 북한에 보냈다. 이들은 1945년 10 월 중순 단동을 거쳐 신의주에 도착했지만 소련군에게 무장 해제된 후 11월 초 중국으로 철수해야 했다. 천진에서는 난민들이 모두 6차

례에 걸쳐 조선으로 떠났다.

약 8개월간 평진대대 중대장으로 있던 박정희도 군복을 벗고 조선
인 난민들과 함께 귀국했다. 그가 미군이 제공한 수송선을 타고 부산
에 도착한 건 1946년 5월 8일이다.

그러나 해방 후 고국의 현실은 혼란스러웠고 신탁통치 문제로 어지
러웠다. 고향에 돌아온 박정희는 할 일이 없었다. 여기저기서 교사를
그만두고 군인이 됐다가 실업자만 됐다는 소리가 나왔다. 4개월간 허
송세월을 보내던 그가 다시 선택한 건 군인의 길이었다. 박정희는 9
월 24일 서울 태릉에 있던 조선경비사관학교(육사 전신) 2기생으로
입교했다. 2기생 263명의 평균연령은 22세였다. 만주군 중위 출신 박
정희가 29세로 가장 나이가 많았다. 3개월 후인 1946년 12월 24일 박
정희는 3등으로 경비사관학교를 졸업하고 소위로 임관했다. 만주 육
군군관학교, 일본 육사, 조선경비사관학교를 우수한 성적으로 졸업한
박정희는 누가 보더라도 정통 엘리트 장교였다. 춘천 8연대에 배치된
박정희는 경력을 인정받아 대위로 진급했고, 1947년 9월 육사로 이동
해 1중대장 겸 교관을 맡았다. 이어 군내에서 가장 유능한 인재들이
모인다는 육군본부 정보국으로 이동했다. 정보국은 정보수집 능력과
치밀한 작전계획이 필요한 군의 핵심 부서였다. 박정희는 이곳에서
후일 자신을 도와 5·16을 일으킨 혁명 동지이자 부하가 되는 육사 8
기 김종필을 만났다.

남로당 군사부책, 사형 위기를 맞다

1948년 10월 19일 여수 주둔 14연대가 반란을 일으켰다. 14연대 남로당(남조선로동당) 조직책 지창수 등은 4·3사건이 일어난 제주도로 출동 지시를 받자 이를 거부하고 정부를 향해 총을 들었다. 이들은 장교 20여 명을 사살하고 여수·순천 일대를 장악했다. 반란군은 그 일대에 있던 좌익 세력과 함께 경찰관과 기관장, 우익 청년단원, 지역 유지 등을 인민재판에 넘겨 처형했다. 여수에서만 군인과 공무원, 민간인 등 1200명, 순천에서 400명의 인명피해가 발생했다. 정부는 계엄령을 선포하고 반란군토벌전투사령부를 만들어 진압에 나섰다. 사령관은 원용덕, 참모장은 백선엽, 작전장교는 박정희였다. 박정희는 반란군의 퇴로를 정확히 예측하는 등 진압에 큰 공을 세웠다. 박정희는 서울로 돌아온 후 육군본부 작전교육국 과장으로 승진했다.

하지만 얼마 지나지 않아 인생 최고의 위기를 맞는다. 군 지휘부는 제주 4·3사건과 여수 주둔 14연대 반란을 계기로 군에 침투한 좌익 군인 색출에 나섰다. 이는 신생 대한민국의 운명이 걸려 있는 중차대한 일이었다. 조사 결과 국군 8만 병력 가운데 남로당 등과 연계된 좌익군인이 10%였다. 박정희도 이들 중 한 명이었다. 군에 침투한 좌익 군인을 찾아내는 실무 책임자는 1연대 정보주임 김창룡이었다. 11월 11일 김창룡은 박정희를 남로당 연루 혐의로 체포했다. 박정희는 순순히 혐의를 인정하고 남로당 군인들의 명단을 모두 전달하는 등 수사에 협조했다. 박정희가 남로당에 가입한 계기는 조선·동아일보 선산지국장 겸 주재기자였던 셋째 형 박상희의 죽음과 관련이 깊었다. 박정희는 후일 조카인 박상희의 딸 박영옥을 혁명 동지인 김종필과 결혼시킬 정도로 형에 대한 애착이 컸다. 사회주의자였던 박상희는 1946년 10월 1일 대구에서 일어난 좌익폭동 때 경찰의 총에 맞아 사망했다. 어린 시절부터 경제적 후원자이자 정신적으로 의지했던 형의 죽음은 그에게 큰 충격이었다. 남로당 군사부 책임자 이재복이 박상희의 가족을 돌봐주고 있었다. 박정희는 이재복의 권유로 남로당에 가입했다.

당시 정부는 남로당에 연루된 군인은 가차 없이 처단하고 있었다. 박정희가 수사에 협조하고 다른 사람을 남로당 조직에 끌어들인 사실은 없었지만 남로당 군사책이라는 혐의를 벗기는 어려웠다. 군사재판부는 박정희에게 사형을 선고했다. 박정희는 서울 명동 증권거래소 건물에 갇혀 있었다. 함께 재판받았던 최남근 중령, 오일균 소령, 조 모 대위가 수색 사형장에서 처형됐다. 박정희도 마찬가지 운명이 될 처지였다. 이때 박정희가 당시 좌익군인 색출에 전권을 갖던 육본 정보국장 백선엽에게 구명을 요청했다. 봉천군관학교 9기인 백선엽은 박정희의 만주군 2년 선배였다. 그 경위는 2010년 8월 2일 중앙일보가 6·25전쟁 60주년을 맞아 연중기획으로 연재한 백선엽의 글에 자세히 나와 있다.

"죽음의 길로 내몰린, 이제 10여 일이 지나면 수색의 처형장으로 끌려갈 박 소령이 먼저 입을 열어야 했다. 그러나 박 소령은 말이 없었다. 10여 초 흐른 것 같다. 얼굴을 조금 찡그리는 듯 하더니 박 소령이 드디어 입을 열었다. 그의 말은 간단했다. 아무런 수식이 없었다. '한번 살려 주십시오.' 이에 백선엽은 '그럽시다, 그렇게 해보도록 하지요.'라고 약속했다."

그러나 구명은 쉬운 일이 아니었다. 백선엽은 미 군사고문단에 양해를 구하고 육본에 재심을 요청했다. 그러자 박정희의 만주군 선배로 춘천 8연대 시절 연대장이었던 원용덕(초대 헌병사령관 역임), 송요찬(국방부 장관 역임), 김형일 장군 등 많은 사람이 나섰다. 이들은 여수 14연대 반란군 토벌 당시 작전장교로서 탁월한 능력을 보여 준 군 최고 인재 박정희를 죽이지 말 것을 요구했다. 1949년 2월 8일 고등군법회의는 무기징역과 파면, 급료 몰수형을 선고했다. 이어 징역 10년으로 감형했고, 다시 집행을 면제했다. 박정희는 죽음의 위기에서 극적으로 목숨을 건졌다.

6·25전쟁, 다시 군인이 되다

박정희는 백선엽의 배려로 육군본부 정보국 문관으로 복귀했다. 하지만 계급장도 직책도 공식적인 월급도 없는 처량한 신세였다. 백선엽이 정보비 중 일부를 떼서 주는 돈이 월급이었다. 그러나 군사전문가로서 박정희의 정보 분석 능력은 탁월했다. 육본 정보국은 6·25전쟁이 일어나기 6개월 전인 1949년 12월 17일 북한의 남침 준비 상황과 아군의 대책을 건의한 '연말 종합 적정 판단서'를 만들었다. 이 보고서를 만든 핵심 인물이 박정희였다. 적정 판단서의 내용은 당시 정보국에서 함께 근무했던 김종필 전 총리가 남겼다. ▲1950년 봄을 계기로 하여 적정의 급진적인 변화가 예기된다. 북괴는 전 기능을 동원하여 전쟁 준비를 갖추고 나면 38선 일대에 걸쳐 전면 공격을 취할 기도를 갖고 있다고 판단된다. ▲북한이 남침할 때 의정부-서울을 주공으로 삼고, 개성-서울, 화천-춘천-서울 남쪽 노선을 조공으로 삼을 것이며, 주문진과 옹진에서 견제공격을 가할 것이다. ▲소련은 직접 개입하지는 않겠지만 중공은 때에 따라 직접 지원할 것이라는 내용이다. 보고서는 국방부와 유엔 한국위원단, 미 군사고문단에 전달됐다. 한국 정부는 이를 근거로 미 행정부에 북한군의 공격을 막을 수 있는 대전차 무기 등을 요청했으나 미국은 거부했다. 6개월 후 박정희가 예상한 것처럼 북한이 남침을 시작했다. 북한군의 진격 방향, 소련과 중공의 움직임은 '연말 종합 적정 판단서' 그대로였다.

박정희가 다시 군인으로 복귀하게 된 계기는 6·25전쟁이다. 6월 25일 당일 박정희는 어머니 제사를 지내기 위해 고향 구미에 있었다. 전쟁 발발 소식을 들은 박정희는 곧장 열차를 타고 서울로 돌아왔지만, 육본 정보국은 이미 철수해 수원에 있었다. 박정희는 어렵게 다시 한강을 건너 정보국에 합류했다. 군은 남로당 전력이 있던 박정희에 대한 사상적 의구심을 모두 거뒀다. 적정을 분석하고 작전계획을 수립하려면 박정희의 탁월한 능력이 필요했다. 문관이던 박정희는 7월 14일 다시 육군 소령이 됐다. 박정희는 육군본부 전투정보국 전투정보과장을 맡아 전황을 분석하고 작전계획을 짰다. 9월 15일 박정희는 중령으로 승진했다. 마침 그날은 맥아더가 지휘하는 유엔군이 인천 상륙작전에 성공한 날이었다. 유엔군과 국군은 9월 28일 서울을 수복했고 38선 이북으로 진격했다.

1950년 10월 25일 충청과 전라도 지역 빨치산 토벌과 북한군의 잔당 소탕을 위해 9사단이 창설됐다. 박정희는 9사단 참모장으로 이동했다. 그해 말 중공군의 참전으로 전황이 다시 바뀌었다. 유엔군은 1951년 1월 서울을 다시 내주고, 후퇴해야 했다. 박정희의 9사단은 다시 남하하는 북한군과 강원도 강릉, 정선, 평창 등 험악한 산악지역에서 싸웠다. 1951년 3월 14일 9사단은 정선군 임계면 송계리에서 매복 작전을 벌여 2000여 명의 인민군 10사단을 궤멸시켰다. 참모장 박정희가 큰 역할을 했다. 박정희는 4월 15일 대령으로 진급해 대구 육군정보학교 교장으로 이동했다가 12월 육군본부 작전교육국 차장으로 복귀했다. 유엔군과 공산군 간 지루한 공방전이 계속되던 1952년 10월 박정희는 보병에서 포병으로 병과를 바꿨다. 당시 군은 부족한 포병 병력을 증강하기 위해 정예 포병단장 요원으로 고참 대령 20명을 뽑았고 박정희도 그중 한 명이었다. 포병 교육을 마친 1953년 7월 박정희는 광주에서 창설된 3군단 포병단과 함께 강원도 양구로 이동해 그곳에서 휴전을 맞았다.

군정 최고 지도자, 육군 대장 박정희

1953년 11월 25일 박정희는 육군 준장으로 승진했다. 또 미국 오클

라호마주 포트실육군포병학교 고등군사반 유학생으로 결정됐다. 승진과 유학이 함께 이뤄진 겹경사였다. 만주, 일본, 한국에 이어 박정희는 미국에서 네 번째 교육을 받았다. 6개월간 미국에서의 포병 교육은 그의 국제적 안목을 넓힐 수 있는 중요한 시간이었다. 박정희는 1954년 6월 27일 군 최고의 포병 전문가로 귀국했다. 박정희는 2군단 포병사령관에 이어 광주 포병학교장 겸 포병감을 맡았다. 1955년 7월 박정희는 마침내 육군 전투지휘관의 꽃이라는 불리는 사단장이 됐다. 3군단 예하 5사단, 전투 병력을 완전히 갖춘 최정예 사단이었다. 주둔지는 강원도 인제였다. 그러나 그해 겨울 박정희에게 다시 위기가 찾아온다. 1956년 2월 27일 강원도에 폭설이 내렸다. 하루 만에 전방 고지에는 1m가 넘는 눈이 쌓였다. 눈이 그친 29일 기록한 적설량은 3m였다. 당시 전방부대 시설은 열악했다. 눈이 쌓이면서 허술했던 임시막사가 무너지는 등 3군단 전체에서 118명이 죽고 147명이 다쳤다. 박정희도 최선을 다했지만 5사단에서 59명의 사망자가 나왔다. 정일권 육군참모총장이 피해 현장을 방문했다. 박정희는 "각하, 면목이 없습니다."라고 하자, 정일권은 "그래도 박 장군이 있었기에 이 정도로 그쳤다."고 말했다. 박정희를 각별하게 챙겼던 3군단장 송요찬은 "천재지변으로 일어난 일인데 인재를 잃어서는 안 된다."고 말했다. 사태는 육군대학에 입소하는 걸로 마무리됐다.

육군대학을 우등으로 졸업한 박정희는 경기도 포천에 주둔하고 있던 6군단 부군단장으로 갔다. 이어 1957년 9월 두 번째 사단장 직위로 7사단을 맡게 됐다. 공교롭게 주둔지는 첫 번째 사단장을 지냈던 강원도 인제였다. 1958년 3월 1일 박정희는 소장(少將)으로 진급한다. 당시 별 2개 소장은 현재의 군단장급 직위로 군단장, 육본 참모부장, 관구사령관 직책을 수행했다. 최고 지휘부인 연합참모본부총장(현 합참의장), 육군참모총장, 1군사령관, 2군사령관의 계급이 별 3개 중장이었다. 현재 이들 직책의 계급은 모두 대장이다. 당시 유일한 대장은 6·25전쟁의 영웅 백선엽이었다.

6관구사령부 주둔지였던 서울 영등포구 문래근린공원에 있는 박정희 흉상. 모자에 별 두 개가 뚜렷하다. 1961년 당시 별 2개 소장은 현재로 치면 군단장급 직위다.

소장이 된 박정희는 1958년 6월 강원도 원주 제1군사령부 참모장에 이어 1959년 7월 1일 자로 서울 영등포구 문래동에 있던 6관구사령관으로 이동한다. 6관구사령부는 당시 서울을 방어하는 핵심부대로 현재로 치면 수도방위사령부에 해당한다. 1960년 1월 21일 박정희는 부산에 신설된 초대 군수기지사령부 사령관으로 전보됐다. 그해 4·19가 일어나 계엄이 선포되자 부산지역 계엄사령관을 맡았고, 7월 광주 1관구사령관으로 이동했다. 박정희는 민주당 정권이 들어선 후인 9월 10일 요직인 육군본부 작전참모부장으로 영전했다. 하지만 재임 기간은 길지 않았다. 당시 김종필 등 영관급 장교들은 군의 부정선거 관여에 책임을 지고 송요찬 육군참모총장 사퇴를 요구하는 이른바 정군(整軍)운동을 벌였다. 미군은 이들의 배후로 박정희를 지목해 예편을 추진했다. 12월 8일 박정희는 대구 제2군사령부 부사령관으로 좌천됐지만 6개월 뒤인 1961년 5월 16일 6관구사령부에서 쿠데타를 일으켜 권력을 장악했다. 군정 최고 실권 자인 국가재건최고회의 의장이 된 박정희는 8월 중장으로 승진했고 3개월 뒤인 11월 군 최고계급인 대장이 됐다.

육영수와의 결혼과 행복

박정희의 첫 부인은 김호남이다. 박정희가 대구사범학교를 다닐 때인 1936년 4월 결혼했다. 아버지 박성빈이 "죽기 전에 막내아들 박정희가 장가가는 모습을 봐야겠다."라고 해서 이뤄진 혼사였다. 박정희는 19살, 김호남은 16살로 3살 차이였다. 김호남은 선량하고 성실했다. 집안일은 물론 시부모도 극진히 모셨고, 딸 박재옥도 낳았다. 하지만 자신과 비슷한 수준의 신여성을 원했던 박정희는 처음부터 결혼을 탐탁지 않게 생각했다. 박정희는 교사가 된 후 부임지인 문경으로 아내 김호남을 데리고 가지 않았고, 어쩌다 고향에 와도 술을 마신 후 누나나 친구 집에서 잤다. 교사직을 그만두고 만주 육군군관학교에 간 것도 이런 사정과 무관하지 않다. 일본이 패망한 후인 1946년 5월 박정희가 만주에서 실업자 신세로 고향에 돌아왔다. 그때도 김호남은 딸을 키우며 시댁에서 살고 있었다. 그러나 박정희는 9월 조선경비사관학교 입교를 위해 서울로 떠났고 김호남을 찾지 않았다. 두 사람의 관계는 1950년 협의이혼하는 걸로 끝났다.

박정희의 두 번째 부인은 육영수다. 두 사람은 1950년 12월 12일 대구 계산성당에서 결혼했다. 당시 박정희는 33살, 육영수는 26살이었다. 그들이 만난 건 그해 9월 무렵이다. 육군본부 정보국 전투정보과 소속 장교였던 박정희는 임시수도 부산에 있었다. 충북 옥천 부잣집 딸로 서울 배화여고를 나온 육영수도 부산에서 피난 중이었다. 대구 사범학교 후배로 같은 부서에 근무하던 송재천 소위가 이종사촌이던 육영수를 박정희에게 소개했다. 육영수는 박정희가 마음에 들었다.

> "맞선 보던 날 군화를 벗고 계시는 뒷모습이 말할 수 없이 든든했습니다. 사람은 얼굴로써는 남을 속일 수 있지만 뒷모습은 남을 속일 수 없는 법이에요. 얼굴보다 뒷모습이 정직하거든요."(박정희 생애/1998. 4. 조선일보)

하지만 육영수의 아버지 육종관은 가난한 농촌 출신 군인 박정희가 마음에 들지 않았다. 육종관은 미곡도매상, 금광, 인삼가공업을 해서 많은 돈을 번 갑부였다. 더구나 큰형이 승정원 부승지를 지내 양반 출신이라는 자부심도 대단했다. 두 사람의 결혼에 반대한 그는 일체의 경제적 지원도 하지 않았고 결혼식에도 참석하지 않았다.

박정희는 신혼 초부터 장인과 달리 결혼에 찬성했던 장모 이경령, 처제 육예수와 함께 살았다. 박정희의 집은 식구들과 부관, 운전병으로 항상 북적였다. 육영수는 군인 월급을 받아 가계부를 적으면서 알뜰하게 살았다. 육영수는 박정희를 깍듯하게 대했고 정성을 다해 내조했다. 박정희는 육영수와 결혼하면서 심리적으로 안정됐다. 강한 카리스마를 가진 박정희는 부드러운 육영수에게 편안함을 느꼈고 깊이 사랑했다. 훗날 청와대의 안주인이 된 그녀는 깔끔한 내조를 하면서도 박정희에게 사회의 공기를 전해 주는 걸 마다하지 않았다. 그래서 현재까지도 으뜸가는 퍼스트레이디로 국민들에게 기억되고 있다.

서울 중구 신당동 박정희 가옥(국가등록문화재 412호). 마당에는 박정희와 육영수 전신사진 포토존이 있다. 일본식과 서양식을 절충한 '문화 주택'으로 응접실과 안방, 자녀 방, 서재, 부엌 등으로 구성돼 있다. 박정희는 소장 승진을 즈음해 341㎡(약 103평)의 이 주택을 마련했다. 1958년 5월부터 1961년 8월 국가재건회의 의장 관사로 이주하기 전까지 이곳에서 살았다. 박정희는 이 집에서 한국의 역사를 바꾼 5·16을 기획했다.

1974년 8월 15일, 박정희는 육영수와 함께 서울 장충동 국립극장에서 열린 29주년 광복절 기념식에 참석했다. 이때 비극이 발생했다.

K-민국 이승만 박정희 김대중

재일교포 2세 문세광이 박정희를 향해 총을 쐈다. 박정희는 급히 몸을 피했지만 네 번째 총탄이 단상에 앉아 있던 육영수의 머리를 관통했다. 서울대병원에 실려 갔지만 곧 숨졌다. 육영수의 비극적 죽음에 국민은 경악했고 슬퍼했다. 수사 결과 문세광은 박정희 살해를 위해 일본의 한 경찰서에서 권총을 훔쳐 한국에 들어왔다. 배후에는 친북 성향의 재일교포 단체 조총련과 산하 한국청년동맹이 있었다. 북한은 1969년 청와대 습격 사건, 1970년 현충원 폭탄테러 등을 통해 박정희의 목숨을 노렸고 결국 그의 부인을 살해하는 데 성공했다. 박정희를 지탱하던 가장 강력한 축이 무너지면서 심리상태는 점차 황폐해졌다. 박정희도 5년 후인 1979년 10월 26일 부하 김재규에 의해 피살돼 육영수 곁으로 갔다. 박정희와 육영수와 사이에는 박지만(EG 회장), 박근혜(18대 대통령), 박근영(현재는 박근령으로 개명) 등 1남 2녀가 있다.

2-3 김대중

해운업자가 된 극좌 정당 가입자

1945년 8월 15일 해방을 전후해 남한에서 가장 발 빠르게 움직인 곳은 중도 좌파 독립운동가 여운형이 만든 건국준비위원회다. 소련이 빠르게 진격하는 것에 위협을 느낀 조선총독부는 여운형을 만나 치안권과 행정권 이양 문제를 논의했다. 해방 직후 건국준비위원회는 전국에 145개 지부를 두고 활동을 시작했다. 이때 김대중도 건국준비위원회에 가입해 목포지부 선전원을 맡아 격문을 쓰고 벽보와 전단지를 제작하거나 신문 발표용 보도문을 만들었다. 그러나 여운형은 조선공산당 박헌영에게 곧 주도권을 빼앗겼다. 박헌영은 미군 진주를 앞둔 9월 6일 조선인민공화국 출범을 선포했다. 하지만 9월 7일 태평양사령관 맥아더는 "38도 이남 조선 영토와 인민은 당분간 나의 관할을 받는다"는 포고령 1호를 발표해 이를 무력화했다. 조선 주둔군(군정) 사령관은 태평양사령부 산하 24군단장 하지 중장이었다. 9월 9일 서울에 도착한 하지 중장은 조선 총독의 항복을 받고 통치권을 인수했다. 24군단 예하 제7보병사단장 아놀드 소장이 초대 군정장관(軍政長官)으로 임명됐다. 아놀드는 10월 10일 성명을 통해 "38도선 이남에 미군정 외에 어떤 정부도 있을 수 없다."고 발표했다. 미군정은 박헌영의 조선인민공화국이 이에 불응하자 해산령을 내렸고, 11월 14일 목포지부에도 같은 명령이 떨어졌다.

건국준비위원회 활동을 접은 김대중은 1946년 2월 조선신민당에 가입해 목포지부 조직부장을 맡았다. 조선신민당은 조선독립동맹 위원장 김두봉이 1946년 2월 16일 최창익, 한빈 등 중국공산당의 지지를 받는 연안파(延安派) 공산주의자들과 함께 평양에서 창당했다. 주석을 맡은 김두봉은 한글학자 출신으로 북한 정권 탄생에 큰 기여를 했지만 6·25전쟁이 끝난 후 숙청됐다. 조선신민당은 중요산업의 국유화, '무상몰수 무상분배'의 토지정책을 주장한 극좌 계열의 정당이다. 다만 소시민, 지식인, 중산층을 겨냥했다는 점에서 조선공산당보다는 덜 급진적이었다. 조선신민당은 서울에 남조선신민당 중앙위원회, 지역에는 도당과 시당을 두었다. 조선신민당은 창당 6개월 후인 8월 29일 김일성의 북조선노동당(북로당)에 통합됐고, 남조선신민당도 11월 23일 박헌영의 남조선노동당(남로당)에 흡수되면서 사라졌다.

김대중이 남조선신민당에서 어떤 활동을 했는지는 확실하지 않다. 다만 10월 말 목포폭동 때 일부 행적이 드러났다. 미군정은 1946년 5월 위조지폐를 제작해 유포한 '정판사 사건'을 계기로 남로당을 불법 단체로 규정했다. 이어 행정명령 제2호로 남로당의 전위대인 조선민주청년동맹을 해체했고, 6월 좌익계열 신문의 발행을 중지시켰다. 이에 좌익은 총파업으로 미군정에 대항했다. 9월 23일 부산에서 철도파업이 시작됐고 10월 1일 대구 총파업은 대규모 폭동으로 번졌다. 10월 31일 목포에서도 7백여 명이 남교동 등 파출소 3곳을 습격해 불을 질렀고, 노동자 수백 명은 해안통 항무청 근처에서 시위를 벌였다. 11월 목포 일원에 계엄령이 선포됐다. 경찰은 시위를 주도한 조선민주청년동맹 목포지부 위원장 송재경을 구속하고 부위원장 김대중을 배후조종 혐의로 체포했다. 그러나 김대중은 노선 차이로 그해 여름에 이미 남조선신민당을 탈당했고, 시위 당일에는 출산하던 아내 곁을 지켰다며 자신은 전혀 관련이 없다고 주장했다.

그렇다고 혐의가 완전히 풀린 건 아니었다. 결정적으로 김대중을 구해 준 건 장인 차보륜이다. 김대중은 해방 전인 1945년 4월 차보륜의 딸 차용애와 결혼했다. 차보륜은 일제 식민지 시절 목포에서 광선인쇄소를 운영해 부를 일궜고, 해방 후에는 우파 정당인 한국민주당(한민당) 목포지부 부지부장을 지낸 유력인사였다. 그는 피투성이가 된 사위 김대중을 보면서 "무슨 짓들이오. 이럴 수 있는 거요?"라며 경찰에 강하게 항의했다. 차보륜이 경찰에 신원보증을 서면서 김대중은 약 10일 만에 석방됐다. 후일 김대중은 자서전에 조선신민당을 떠난 것은 당내 공산주의자들과 어울릴 수 없었기 때문이라고 썼다.

석방된 김대중은 장인의 권고에 따라 한민당에 입당해 목포시당 상무위원을 맡았다. 이후 그는 사업에 주력했다. 1947년 2월 50톤급 선박 1척을 구입해 목포해운공사를 세웠고, 1948년 말에는 회사 이름을 동양해운으로 바꿨다. 또 1948년 목포일보를 인수해 1950년까지 2년간 경영했다. 1949년에는 대한청년단 목포해양단 부단장을 맡았다. 1950년 김대중은 70톤급 2척, 50톤급 1척 등 3척의 선박을 보유한 유력 해운업자로 성장했다. 그는 목포와 군산, 인천 등 연안 항구 화물을 운송하면서 목포 일대 양곡 대부분을 실어 날랐다.

1950년 6월 25일 전쟁이 터졌을 때 김대중은 서울에 있었다. 김대중은 15일 양곡 수송 문제를 논의하기 위해 상경했다가 전쟁이 터지면서 발이 묶였다. 경기여고 뒤 여관에 숨어 있던 김대중은 마포나루에서 배를 구해 한강을 건넌 후 목포를 향해 걸었다. 20여 일 만에 목포에 도착한 김대중은 얼마 지나지 않아 인민군에게 붙잡혀 목포형무소에 갇혔다. 그를 붙잡은 부대는 목포를 점령한 북한군 6사단이었을 것이다. 김대중은 목숨이 위태로웠다. 인민군 입장에서 좌파정당인 조선신민당을 탈당한 후 우익정당인 한민당에 입당해 해운사를 운영하고 있는 자본가 김대중은 변절자였다. 그의 운명은 맥아더의 유엔군이 9월 15일 인천상륙작전에 성공하면서 바뀌었다. 김대중은 인민군이 서둘러 철수하는 혼란 속에서 극적으로 탈출해 목숨을 건졌다.

김대중은 목포가 수복되자 10월 사업을 재개했다. 갖고 있던 배 세 척 중 한 척은 군이 징발하고 다른 한 척은 떠내려갔지만 한 척은 남아 있었다. 김대중은 이 배로 군수품을 실어 날랐다. 1951년 3월 상호를 목포상선으로 바꿨고, 5월에는 전남해운조합 회장과 한국조선조합 이사를 맡았다. 1952년에는 임시수도였던 부산으로 회사를 옮기고 사명(社名)도 흥국해운으로 변경했다. 유엔군 전쟁물자가 하역되는 부산은 돈을 벌기 좋은 곳이었다. 전쟁으로 인해 물자는 부족하고 수요는 많았다. 일본에서 중고 선박 세 척을 도입해 모두 다섯 척의 배를 가진 김대중은 금융조합연합회와 독점 계약을 맺고 곡물, 비료, 농약 등을 남부지방 곳곳에 운송했다. 다른 사람의 배까지 빌려 수십 척의 선박을 운영할 정도로 사업은 번창했다. 김대중은 정치를 하지 않았으면 재벌이 됐을 것이라고 회고할 정도로 많은 재산을 모았다.

장면과의 인연, 장래가 촉망되는 기린아(麒麟兒)

휴전이 되면서 김대중은 목포로 돌아왔다. 1954년 5월 20일 3대 총선(민의원 선거)이 결정됐다. 젊은 사업가 김대중은 국회의원이 되고 싶었다. 김대중은 목포지부 노동조합의 지원을 받아 전남 2선거구(목포)에 무소속으로 출마했다. 출마자는 모두 10명. 그러나 김대중은 총 3만 3965표 중 3392표를 얻어 낙선했다. 득표율은 9.98%, 등수는 5등이었다. 당선자는 민주국민당 정중섭이었다. 나라 전체로는 6·25 전쟁이 끝난 직후라 반공주의와 국가재건을 외친 이승만의 자유당이 압승을 거뒀다. 당선자 203명 중 56.2%인 114명이 자유당, 무소속이 67명이었다. 반면 제1야당 민주국민당은 당선자가 15명에 불과할 정도로 참패했다. 경기도 개성, 연백은 북한에 빼앗겨 일부 지역구가 사라졌고, 새로 수복한 강원도 양구, 고성 등은 행정권 회복 지연으로 선거를 치를 수 없었다.

낙선 후 김대중은 더 큰 정치판 진출을 위해 목포의 사업을 정리하고 1955년 서울로 이주했다. 그가 서울에서 기회를 잡은 건 정치권의 거물 장면과 인연을 맺으면서였다. 장면은 동성상업고 교장으로 15년간 재직하다 해방 후 정계에 투신해 제헌의원, 초대 주미대사, 국무총리를 지낸 유력인사였다. 장면은 이승만과 결별한 후 1955년 9월 민주당을 창당했고, 1956년 5월 15일 정·부통령 선거에서 자유당 이

기봉을 꺾고 부통령에 당선됐다. 장면의 선거를 도운 김대중은 그의 추천으로 1956년 9월 25일 민주당에 입당해 중앙상임위원이 됐다. 두 사람이 연결된 건 부인 차용애 집안 때문이다. 김삼웅이 쓴 후광 김대중 평전에 이 내용이 나온다.

1954년 5월 20일 제3대 민의원 선거에 무소속으로 나선 김대중. 왼쪽 네 번째 의자에 앉은 사람이 김대중이다. 김대중은 9.98%를 얻어 5위로 낙선했다. (출처: 연세대학교 김대중도서관)

"김대중을 장면에게 추천한 사람은 뒷날 일본에서 한국학원장을 지낸 안중근 연구가 최서면 씨였다. 김대중이 장면을 택한 것은 부인 차용애의 친정이 천주교 집안으로 장면과 같은 교인으로서 명동성당에서 그를 자주 만나게 되었고 정치지도자 중에서 그의 깨끗한 이미지도 크게 작용하였다."

서울대교구 윤형중 신부에게서 교리를 배운 김대중은 1957년 7월 13일 서울대교구장 노기남 대주교 숙소에서 김철규 신부로부터 세례를 받고 가톨릭 신자가 된다. 김대중은 세례명으로 공상소설《유토피아》의 작가로 영국 왕 헨리 8세에게 처형당한 정치가이자 인문주의 사상가 '토마스 모어'를 선택했다. 김대중이 세례를 받을 때 대부(代父)가 장면이었다. 두 사람은 종교적으로는 대자와 대부, 정치적으로는 동지가 됐다. 이로써 김대중은 장면의 기린아(麒麟兒) 즉, 장래가 촉망되는 젊은 정치인으로 부상했다.

이승만과 가까웠던 민주당 창당 주역들

국회에서 대통령을 선출하도록 한 제헌헌법에 따라 이승만은 1948년 초대 대통령이 됐다. 이승만은 따로 정당을 만들지 않고 필요에 따라 한민당 등의 협조를 받아 국정을 운영했다. 2대 대통령 선거는 1952년. 국회는 이승만에 우호적이지 않았다. 국회에서 간선제로 선거가 치러질 경우 당선될 가능성은 희박했다. 이승만이 재선하기 위해서는 자신을 지지해 직선제 개헌을 추진할 정당이 필요했다. 이승만은 1951년 12월 23일 자유당을 창당한다.

당시 야당인 민주국민당은 지주와 자본가의 정당으로 인식됐다. 이에 맞서 자유당은 대중정당을 지향했고, 농민과 노동자들을 중심으로 한 협동사회 건설을 내세웠다. 자유당을 앞세운 이승만은 1952년 발췌개헌을 통해 대통령 직선제를, 1954년에는 대통령 연임 제한을 철폐하는 이른바 사사오입(四捨五入) 개헌에 성공한다.

강력한 여당인 자유당이 출현하자 기존 야당인 민주국민당을 중심으로 자유당 탈당파, 무소속동지회, 무소속의원 등 60여 명이 손을 잡았다. 이들은 1955년 9월 18일 통합 야당인 민주당을 창당했다. 이런 이유로 민주당 내에는 구파와 신파 두 세력이 있었다. 다수를 점하는 구파는 한민당에서 민국당으로 이어지는 온건한 보수 세력이었다. 호남의 지주나 부르주아 출신인 신익희와 윤보선, 조병옥, 김준연 등이 핵심이었다. 대부분 미국과 일본에서 공부한 유학파였다. 구파의 뿌리를 거슬러 올라가면 한민당(한국민주당)과 연결된다. 1945년 9월 16일 창당한 우파 정당인 한민당 창당 멤버는 김성수, 윤보선, 조병옥, 송진우다. 이들은 해방정국에서 미군정을 지지했고, 이승만을 초대 대통령으로 만드는 데 큰 역할을 했다. 김대중이 속한 신파는 장면을 필두로 곽상훈, 박순천, 정일형 등이 중심이다. 대부분 일제 당시 관료, 법조인 출신의 자유주의자들이었다. 지역적으로는 서북지방의 흥사단 세력, 그리고 서울 등 대도시를 근거지로 둔 사람이 많았다.

이들은 태생적으로 이승만과 관계가 깊었다. 1946년 남한 단독정부 수립 지지자였던 신익희는 1948년 5월 출범한 제헌국회에서 초대 국회 부의장을 맡았고, 국회의장 이승만이 7월 24일 대통령이 되자 2대 국회의장이 됐다. 1949년 2월 대한국민당의 신익희는 한민당과 연합해 민주국민당을 창당하면서 이승만과 갈라섰다. 초대 서울시장과 상공부장관을 지낸 윤보선은 1952년 7월 대통령 직선제 개헌을 계기로 이승만과 결별했다. 조병옥은 1946년부터 미군정청 경무부장(현 경찰청장)을 지냈고, 제주 4·3사건 때 치안 책임자였다. 당시 국내 치안을 총괄하는 경무부장은 현재 경찰청장과는 비교하기 힘들 정도로 힘이 셌다. 이승만 정부에서 내무장관을 맡았던 조병옥은 1954년 이승만 정권과 완전 결별하고, 범야 신당 창당 준비조직인 호헌동지회 창설에 참여했다.

장면은 이승만 정부 초대 주미대사와 국무총리를 지낸 대표적인 친미인사였다. 1952년 5월 테일러 주한 미8군사령관은 이승만을 대통령직에서 끌어내리려던 '에버레디(Ever Ready)' 계획을 수립했다. 이때 이승만을 대체할 유력한 지도자로 고려했던 인물이 장면이었다.

5·16으로 휴지조각이 된 국회의원 당선증

김대중의 두 번째 국회의원 도전은 1958년 5월 4대 국회의원 선거다. 그는 고향을 떠나 민주당 소속으로 강원도 인제에서 출마했다. 당시 군인들 중에는 이승만의 장기 집권을 부정적으로 생각하는 사람이 많았다. 김대중은 군인이 많은 인제군에서 출마하면 충분히 승산이 있다고 봤다. 그러나 선관위의 방해로 중복 추천에 따른 등록 무효로 김대중은 선거에 나갈 수 없었다. 김대중은 군을 찾아가 자신의 억울함을 호소하려고 했다. 하지만 사단장이 부재중이어서 만날 수 없었다. 당시 김대중이 만나려던 사람이 바로 박정희였다. 김대중은 선관위의 후보 등록 방해로 출마를 할 수 없었다며 법원에 제소했고 이 주장이 받아들여졌다. 하지만 1959년 6월 치러진 재선거에서도 김대중은 떨어졌다. 1960년 4·19로 이승만이 물러나고 제1공화국이 무너졌다. 6월 15일 국회는 민의원(하원), 참의원(상원)의 양원제, 그리고 의원내각제를 채택한 개헌안을 통과시켰다.

제5대 민의원 선거와 제1대 참의원 선거일은 7월 29일이었다. 김대중은 인제에서 민의원 선거에 도전했지만 또 졌다. 자유당 전형산이 7556표(35.81%)를 얻어 당선됐고 김대중은 6538표(30.98%)였다. 전국적으로는 민주당이 민의원 233석 중 175석, 참의원 58석 중 31석을 차지하는 대승을 거뒀다. 제1야당 사회대중당은 4석에 불과했고, 무소속이 49석이었다. 총리가 된 장면은 김대중에게 민주당 대변인을 맡겼다. 현역의원이 아닌 사람에게 집권당 대변인으로 맡긴 건 굉장한 파격이었다. 열 달 후에 전형산이 3·15 부정선거에 연루된 혐의로 의원직을 잃으면서 김대중에게 재도전의 기회가 왔다. 1961년 5월 13일 김대중은 국회의원 도전 5번째 만에 승리했다. 14일 민의원 당선증을 받은 김대중은 당선 인사를 나누고 의기양양하게 서울로 올라왔다.

하지만 박정희를 중심으로 하는 군부가 16일 쿠데타를 일으켜 정권을 장악했다. 군사혁명위원회는 정치활동 규제를 내세워 국회를 해산했고 김대중의 국회의원 당선증은 휴지조각이 됐다.

첫 부인 차용애와 인텔리 여성 이희호

김대중의 첫 부인은 차용애다. 차용애는 목포공립실과고등여학교 (목포여중)를 졸업하고 일본 이나(伊那)여학교를 다녔다. 목포에서 인쇄소를 경영하던 부유한 사업가 차보륜은 딸을 일본에 유학을 보냈다. 하지만 태평양전쟁에서 일본이 점차 미국에 밀리면서 도쿄에도 공습이 시작됐다. 차보륜은 딸의 안전을 위해 차용애를 귀국시켰다. 1944년 1월 전남기선에 입사한 김대중은 사무실 밖에서 양산을 쓰고 하얀 원피스를 입고 지나가는 젊은 여인을 봤다. 한눈에 반한 김대중이 수소문해 보니 목포상업학교 동창인 차원식의 동생이었다. 김대중은 그녀를 보기 위해 친구의 집을 자주 찾았다. 차용애도 목포상업학교를 수석 입학한 김대중에게 호감을 느꼈다. 두 사람은 1945년 4월 9일 결혼했다.

김대중의 사업이 순조롭게 풀리면서 아들 둘을 낳고 큰 집을 사는 등 두 사람의 관계는 순탄했다. 어려움이 생긴 건 김대중이 정치를 시작하면서다. 1954년 목포 민의원 선거에서 낙선한 김대중은 사업을 정리하고 1955년 서울로 이사했다. 김대중은 서울에서 노동문제연구소, 월간지 신세계 주간으로 일했지만 돈벌이가 되는 일은 아니었다. 가세가 기울어지면서 차용애가 미용실을 차려 살림을 꾸렸다. 그러나 김대중은 1958년 5월 인제 국회의원 선거에 출마조차 못 했고, 1959년 6월 5일 재선거에서는 떨어졌다. 그해 7월 2일, 차용애는 약을 먹은 뒤 혼수상태에 빠졌고 곧 숨졌다. 33살로 한창 젊은 나이였다. 당시 큰아들 김홍일(전 의원, 2019년 사망)은 11살, 둘째 아들 김홍업(김대중평화센터 이사장)은 9살이었다. 사인은 약물 쇼크였다. 일각에서는 남편의 계속되는 낙선과 경제적 어려움에 가슴앓이했던 만큼 자살이라는 소문까지 돌았다.

김대중·이희호의 동교동 집. 오른쪽 대문 기둥 문패에는 두 사람의 이름이 그대로 걸려 있다. 이희호는 김대중의 아내이 자 정치적 동지였다.

　김대중의 두 번째 부인은 이희호다. 그녀는 이화여전, 서울대를 거쳐 미국 램버스대에서 사회학 학사, 미국 스칼렛대에서 석사 학위를 취득했다. 김대중과 이희호는 6·25전쟁 때인 1951년 임시수도 부산에서 처음 만났다. 두 사람이 만난 계기는 대한여자청년단 간부 김정례에 의해서다. 인천상륙작전 성공으로 신의주까지 진격했던 유엔군과 국군은 중공군이 참전하면서 후퇴했다. 급기야 1951년 1월 4일에는 서울을 다시 빼앗겼다. 중공군이 밀려오자 서울 시민들은 서둘러 피난해야 했다. 김정례는 피란민을 이끌고 인천으로 갔다. 당시 이들을 태우고 갈 배의 주인이 김대중이었다. 김정례는 김대중에게 부산에 도착하면 다시 보자고 했다. 대한여자청년단 국제부장이던 이희호가 두 사람이 만나는 자리에 동석하면서 인연이 시작됐다.

이희호는 서울의 대학생 모임인 면학동지회 회원이었다. 면학동지회는 부산에서 다시 모임을 열었지만, 전쟁 중인 데다 일부 회원은 졸업하면서 모임 운영이 어려웠다. 그래서 모임의 이름을 면우회로 바꾸고 외부인에게 문호를 개방했다. 이때 젊은 사업가 김대중이 합류했다. 한 달에 한 번 열린 모임에서 이희호와 김대중은 깊은 신뢰를 쌓았다. 한겨레신문이 연재한 이희호 평전에는 이를 이렇게 기록했다.

"그때 두 사람이 서로 확인한 것이 이상하리만큼 말이 잘 통한다는 사실이었다. 그래서 그랬겠지만, 이희호와 김대중은 그 삭막한 피란지에서 몇 시간씩 걸으며 대화하기도 했다. 대화의 풍경이 사뭇 낭만적이기까지 했다. 부산역에서 멀지 않은 감천으로 산책하러 간 적도 있다. 감천의 오솔길을 걸으며 두 사람은 시국과 인생에 대해 이야기했다."(2015. 6. 7. 한겨레신문)

이희호는 김대중에게 전쟁이 끝나 사정이 좋아지면 미국으로 유학을 가겠다는 말을 자주했다. 이희호는 1954년 미 공군에서 근무하던 크로 목사의 주선으로 유학을 떠났다. 1958년 귀국한 후 이화여대 강사, 여성문제연구원 간사, YWCA(기독교 여자청년회) 총무, 한국여성단체협의회 이사를 맡는 촉망받는 여성이 됐다. 두 사람이 다시 만난 건 1959년 여름 종로였다. 김대중의 처지는 좋지 않았다. 인제 국회의원 선거에서 떨어진 데 이어 7월에는 아내를 잃고 아들 둘을 키우고 있었다. 1961년 5·16 이후 김대중은 이희호가 근무하는 명동 YWCA 근처로 자주 갔다. 김대중은 이희호에게 청혼했다.

"나에게는 원대한 목표가 있습니다. 나는 당신이 필요합니다. 당신이 나와 내 아이들을 돌보아주기를 바랍니다. 나도 내 모든 것을 바쳐 당신을 사랑하겠습니다."(2015. 6. 14. 한겨레신문)

그러나 이희호 가족과 YWCA 선·후배 등 주변의 반대가 만만치 않았다. 객관적으로도 결혼을 말리는 게 이상하지 않았다. 이희호는 부유한 집안의 딸이었다. 아버지 이용기는 국내 의사 면허 4호로 남원도립병원장, 포천도립병원장을 지낸 유력 인사였고, 어머니도 한의사 집안 출신이었다. 반면 김대중은 전라도 작은 섬에서 태어난 서자(庶子)였다. 학력도 이희호는 대한민국 최고 명문이라는 서울대를 나와 미국에서 석사 학위를 취득한 유학파지만 김대중은 명문이라고 해도 목포에서 고등학교만 나온 사람이었다.

종교도 이희호는 개신교 일파인 감리교, 김대중은 천주교 신자로 달랐다. 아들 둘이 있는 홀아비 김대중은 재혼에 39살, 이희호는 초혼에 41살로 어울리지 않았다. 하지만 이희호는 "인품이 훌륭한 사람, 이 사람을 도우면 틀림없이 큰 꿈을 이루어낼 수 있을 것."이라며 김대중을 선택했다. 두 사람은 1962년 5월 10일 결혼했다. 둘 사이에는 아들 김홍걸(21대 의원)이 있다.

3. 대한민국 최고 권력자, 대통령이 되다

3-1 이승만

1945년 해방과 별들의 전쟁

1945년 8월 6일 히로시마에 이어 9일 나가사키에 원자폭탄이 떨어지면서 일본의 패배는 기정사실화됐다. 10일 조선총독부는 빠르게 남하하는 소련의 침공에 대비해 조선의 지도자들과 통치권 이양 문제를 논의했다. 남한에서는 우파지도자 송진우, 북한에서는 조만식이었다. 먼저 총독부는 송진우에게 행정위원회를 조직해 독립을 준비할 것을 제안했다. 그러나 송진우는 거절했다. 중국 충칭에 있던 대한민국 임시정부가 올 것이라는 게 그 이유였다. 하지만 국제관계에 어두웠던 측면도 있다. 그러자 총독부는 중도좌파 여운형에게 같은 제안을 했다. 제안을 수락한 여운형은 해방이 되자 바로 조선건국준비위원회를 만들었다. 그러나 여운형은 곧 모스크바 유학파 출신 조선공산당 총수 박헌영에게 밀려난다. 일제 말 수년간 광주의 벽돌공장에 숨어 있던 박헌영은 서울로 올라온 후 곧바로 건국준비위원회를 장악한다. 이어 9월 6일 주석 이승만, 부주석 여운형, 내무부장 김구로 하는 조선인민공화국 수립을 선포했다. 이승만, 김구와는 전혀 상의하지 않은 일방적 발표였다.

해외에서 활동하던 독립운동 거물의 등장은 이들보다 늦었다. 이승만은 즉시 귀국하려 했으나 미 국무부가 막았다. 당시 국무부에는 소련에 우호적인 친소련파가 많았다. 1945년 2월 흑해 연안의 얄타에서 미국 루스벨트, 영국 처칠, 소련 스탈린이 전후 질서를 재편성하는 방안을 논의하는 중요한 회담을 할 때 루스벨트를 수행한 국무부 차관보 '앨저 히스'가 후일 소련의 간첩으로 밝혀질 정도였다. 친소파가 장악한 국무부는 소련과 협조해 한반도에 좌우연합정부를 세운다는 입장이었지만 이승만은 소련이 한국을 위성국가로 만들 것이라며 이에 반대했다. 얄타회담 후 이승만은 미국, 영국, 소련이 한반도에 대해 밀약을 했다는 밀약설을 제기했고, 미국 주요 언론이 이를 대대적으로 보도했다. 발칵 뒤집어진 국무부는 이를 해명하느라 진땀을 빼야 했다. 국무부는 이승만이 한국으로 돌아가 좌우합작정부를 세우려는 자신들의 계획을 방해할 가능성이 높다고 우려했다.

이승만을 도운 건 해외 독립운동가를 빨리 귀국시켜 달라는 군정사령관 하지 중장의 요청을 받은 태평양사령관 맥아더였다. 10월 4일 워싱턴을 떠난 이승만은 10일 일본에 도착해 맥아더, 하지와 만나 임시 행정부 수립 문제를 논의했다. 이어 16일 맥아더 전용기를 타고 33년 만에 조선으로 돌아왔다. 37살에 조선을 떠났던 이승만의 나이는 70살이었다.

이승만과 맥아더 장군. 해방정국에서 이승만과 맥아더는 긴밀히 협력했다. 미 국무부가 이승만의 귀국을 방해할 때 맥아더는 이승만의 귀국을 도왔다. 6·25전쟁이 일어나자 이승만은 맥아더에게 전화해 미군 투입을 요청했다. 맥아더는 인천상륙작전을 통해 전쟁을 승리로 이끌었다. (출처: 이승만기념관)

언론에서는 독립운동의 선구자, 건국의 아버지라는 제목으로 그의 도착을 대대적으로 전했다. 이승만은 독립운동가, 조선 왕가의 후손, 국제정치학 박사, 미국을 배경으로 둔 당대 최고의 정치 스타였다. 17일 여운형이 찾아와 조선인민공화국 주석에 취임할 것을 권유했지만 거부했다. 송진우, 김성수 등 한민당 보수파들도 당수직을 제의했지만 이승만은 받아들이지 않았다.

특정 정당이나 정파에 속하지 않기로 한 이승만은 10월 23일 좌우익을 망라한 65개 정당·사회단체 대표 2백여 명이 참여한 독립촉성중앙협의회를 발족했다. 처음에는 조선공산당 총수 박헌영도 이에 참여했지만 이승만이 중앙집행위원 39명을 우파 위주로 선정하자 11월 16일 그를 미제의 앞잡이라고 비난하고 떠났다. 이승만은 12월 17일 '공산당에 대한 나의 입장'이란 라디오 방송을 통해 공산당과의 합작을 포기했다.

1945년 11월 23일 또 다른 독립운동의 스타인 임시정부 주석 김구가 귀국했다. 김구나 해방 직후 귀국하고 싶었지만 미군정이 개인자격으로 입국할 것을 요구하면서 귀국이 늦어졌다. 김구는 평생 조선의 독립을 위해 몸을 바친 독립영웅이었다. 중화민국 장개석 총통은 귀국하는 김구에게 정치자금으로 중국 돈 1억 원과 미화 20만 달러를 지원했다. 그러나 미군은 반입을 허용하지 않았다. 김구가 귀국하자 이승만이 연락을 받고 가장 먼저 달려왔다. 이승만이 중국 상하이를 떠난 지 25년 만의 만남이었다. 이어 임시정부 2진이 12월 1일 도착했다. 다음 날인 12월 2일 김구의 숙소인 경교장에서 임시정부 전 국무위원이 참석하는 첫 국무회의가 열렸다. 이승만도 주미외교부위원장 자격으로 처음이자 마지막으로 국무회의에 참석했다. 이어 3일 김구는 미군정청을 방문해 행정권을 넘길 것을 요구했지만 하지 사령관은 38선 이남에서 합법적인 정부는 미군정이라며 단호하게 거절했다. 하지는 그런 요구를 계속할 경우 김구를 추방하겠다고 경고했다.

이승만의 승부수, 남한 단독정부 수립

1945년 12월 28일 모스크바에서 미국, 영국, 소련 외교장관이 한반도를 포함한 일본 점령지 문제를 논의했다. 이른바 3상회의(三相會議)에서 최고 5년간 한반도를 미국, 영국, 중국, 소련이 신탁통치 한다는 결정이 나왔다. 국민 대다수는 이를 제2의 식민지배로 받아들였다. 12월 31일 국민총동원회 주최로 반탁 시위가 열렸다. 신탁통치 반대운동에 나선 이승만과 김구는 비상정치회의를 결성하는 등 긴밀히 협력했다. 조선공산당 등 좌익도 처음에는 신탁통치에 반대했지만 1946년 1월 2일 소련의 지시가 있자 찬성으로 돌아섰다. 이에 김구는 "조선공산당은 반민족적 집단이고 신사대주의자"라며 맹비난했다.

1946년 3월 20일 서울에서 제1차 미·소공동위원회가 열렸다. 소련은 "신탁통치에 반대하는 단체나 조직은 임시정부 구성에 참여시킬 수 없다."고 주장했고, 미국은 "좌·우를 망라한 모든 사회단체를 참여시켜야 한다."고 맞섰다. 소련은 1946년 2월 사실상 북한 단독정부인 북조선인민위원회를 수립한 것처럼 남한에도 민족주의자와 우파를 배제한 괴뢰정부를 만들겠다는 의도를 드러냈다. 1차 회담은 5월 결렬됐다.

이승만은 이를 지켜보면서 국내외 사정상 남북한 통일정부 수립은 어렵다고 판단했다. 그는 전국을 돌며 직접 국민을 상대로 자신의 뜻을 알리는 순회연설을 결정했다. 미국 대중정치를 배우고 직접 언론사를 운영했던 이승만 특유의 결단이었다. 미디어가 발달하지 않았던 당시 순회연설은 현재 아이돌 가수의 지방 순회 콘서트나 마찬가지였다. 독립운동의 지도자 이승만의 얼굴을 보고 연설을 듣기 위해 전국에서 70~80만 명이 쏟아져 나왔다. 1946년 6월 3일 전북 정읍 연설회에서 "통일정부를 고대하지만 여의치 않으니 남한만이라도 임시정부 혹은 위원회를 조직해야 한다."는 폭탄선언을 했다. 이른바 '이승만의 정읍 발언'이다. 미군정 여론조사 결과 단독정부 수립 발언이 통일에 긍정적 영향을 미친다는 응답이 58%에 달할 정도로 국민의 반응은 호의적이었다. 그러나 좌익 세력 연합체인 남조선 민주민족전선, 김구가 이끌던 한국독립당 등 서울의 정치권은 크게 반발했다. 이승만을 지지한 곳은 독립촉성국민회와 한민당에 불과했다.

그러나 미국은 여전히 좌우합작정부를 추진하고 있었다. 하지는 중도좌파 여운형과 중도파 김규식을 묶으려 했다. 임시정부 부주석을 역임한 김규식은 신탁통치 찬성으로 입장을 바꾼 상태였다. 미군정이 자택 출입을 통제하고 우편물을 검열하는 등 본격적으로 제동을 걸면서 이승만의 국내 활동은 점차 어려워졌다. 이때 이승만은 미국 내 지인들을 통해 국제정세가 바뀌고 있는 걸 감지했다. 미국은 점차 소련의 팽창야욕과 공산주의의 위험성을 깨닫기 시작했다. 이승만은 미국행을 선언했다. 국무부의 방해로 출발이 늦어진 이승만은 12월 7일에서야 워싱턴에 도착했다. 국무부는 여전히 친소파가 장악하고 있었지만 백악관의 공기는 확실히 달라져 있었다. 1947년 3월 12일 트루먼은 의회에서 이른바 '트루먼 독트린'을 발표한다. 공산주의의 위협에 놓인 그리스와 튀르키예(터키)에 원조를 제공하고 전체주의를 거부하는 나라에 군사와 경제지원을 하겠다는 내용이었다. 이를 계기로 소련과의 결별 즉, 냉전이 공식화됐다.

K-민국 이승만 박정희 김대중

4월 21일 귀국한 이승만은 귀국 환영대회에서 "이제 정부 수립의 길이 열리게 됐다."고 하자 국민들은 열광했다. 그러나 국무부는 소련과 합작해 좌·우 통합정부를 세우겠다는 꿈을 좀처럼 포기하지 않았다. 1947년 5월 21일 서울에서 2차 미·소공동위원회가 열렸다. 권력 배분에 소외될 것을 우려한 한민당 등 대다수 정치 세력이 참여하면서 좌·우 통합정부를 공개적으로 반대하는 정치인은 사실상 이승만과 김구 두 명에 불과했다. 그러나 소련은 미소공동위원회에 참여하려면 반탁투쟁위원회에서 탈퇴할 것을 요구했다. 이는 한민당 등 우익과 중도파를 배제하고 좌익만 참여시키겠다는 뜻이었다. 소련이 원하는 건 괴뢰정부 수립이라는 게 명백해졌다. 7월 말 2차 협상도 결렬되면서 국무부의 구상은 실패라는 사실이 확인됐다.

마셜 미 국무장관은 9월 17일 한국 문제를 유엔에 상정했다. 1947년 11월 14일 유엔은 조속히 남북한에서 총선거를 실시하고 이를 감시할 유엔위원회를 두기로 결정했다. 1948년 1월 8일 8개국으로 구성된 유엔한국임시위원단이 서울에 도착했다. 이들은 "남북한 동시 선거로 통일정부를 수립하자."는 유엔결의에 따라 북한에 가려고 했지만 38선에서 소련이 입북을 막았다. 이미 북한에는 1946년 2월 세워진 사실상의 공산정부인 북조선임시위원회가 있었다. 소련과 김일성이 이를 없애는 총선을 받아들이는 건 불가능했다. 결국 1948년 2월 26일 유엔 소총회(小總會)는 대한민국 정부 수립을 위해 남한에서만 총선거를 실시하는 안을 놓고 표결했다. 표결 결과 찬성 31, 반대 2, 기권 11표로 남한 총선거가 결정됐다. 1946년 6월 3일 전북 정읍에서 이승만이 남한 단독정부 수립을 촉구한 지 1년 6개월 만이었다.

5·10총선거, 선거방해와 제주 4·3사건

총선이 결정되자 3월 1일 군정책임자 하지는 선거 날짜를 1948년 5월 9일(후일 10일 변경)로 정했다. 하지만 총선거로 가는 길은 순탄치 않았다. 남한 내 일부 정치인과 좌익들이 총선 반대에 나섰다. 3월 12일 단독정부 수립을 반대하며 총선 불참을 선언한 이른바 7거두 성명이 나왔다. 독립운동의 거물인 김구와 김규식, 조소앙, 김창숙 등이 이에 동참했다.

김구는 "나는 통일된 조국을 건설하려다가 38선을 베고 쓰러질지언정 일신에 구차한 안일을 취하여 단독정부를 세우는 데 협력하지 않겠다."며 남북협상론을 주장했다. 김구와 김규식이 남북연석회의 참석차 평양으로 가겠다고 선언했다. 김구는 4월 19일 경교장에 몰려온 방북 반대 시위대를 피해 뒷문을 빠져나와 평양으로 갔지만 연석회의는 북한 단독으로 이미 시작된 상태였다. 30일 김구와 김규식 그리고 김일성과 김규봉 4인 회담이 열렸다. 김구와 김규식은 남한에 대한 전력 공급 재개, 황해도 연백평야에 대한 물 공급, 민족지도자 조만식 석방과 남한행을 요구했다. 이어 5월 3일 김구·김일성 단독회담이 열렸다. 김일성은 회담에서 전기와 물을 공급하겠다고 했지만 약속을 지키지 않았다. 서울로 돌아온 두 사람은 성공적인 회담이라고 주장했지만 사실상 내놓을 게 없었다. 김구가 민족통일을 염원했다는 건

K-민국 이승만 박정희 김대중

의심할 나위가 없다. 그러나 결과적으로 소련과 김일성의 선전에 이용당한 셈이 됐다.

좌익은 총선을 저지하기 위해 도처에서 파업과 폭동을 일으켰다. 남로당은 총선이 결정되자 즉각 "남한만의 단독 총선을 적극적으로 거부한다."고 선언했다. 남로당 외곽조직인 노동조합전국평의회(전평)와 전국농민조합총연맹(전농)이 행동대로 나섰다. 이들은 선거를 하지 못하도록 경찰서와 관공서를 습격해 불을 질렀고, 전신·전화선을 끊고 기관차를 파괴했다. 2월 125건, 3월 114건 등 두 달 사이에 239건의 경찰관서 습격 사건이 발생하고, 사망자가 334명에 달할 정도로 사태는 심각했다. 특히 제주도 상황은 갈수록 나빠졌다. 당시 제주도는 보리 수확량이 해방 전에 비해 절반 이하로 떨어져 식량난이 심해지고 콜레라까지 발생해 민심이 흉흉했다. 제주도는 섬이어서 육지에서 병력을 이동하기 쉽지 않은 데다 좌익 출신 인사들도 많았다.

4월 3일 남로당 제주도당 군사부장 김달삼은 무장병력 350여 명을 동원해 폭동을 일으켰다. 이들은 제주도 내 24개 지서 중 12개를 습격해 경찰관을 살해했다. 또 제주도 전역에서 투표함을 불태우고 선거를 담당한 요원을 납치했다. 사태가 심각해지자 미군정은 1700여 명의 경찰과 800명 규모의 국방경비대 병력을 제주도로 급파해 남로당 게릴라 토벌에 나섰다. 그러나 진압 과정에서 게릴라뿐만 아니라 무고한 양민이 대거 희생되는 비극이 발생했다. 2011년 제주 4·3특별법에 따라 실시한 조사 결과 군경과 양민을 포함해 14032명이 숨진 것으로 나타났다.

이어 2023년 3월 4·3사건 진상규명 및 희생자 명예회복위원회는 희생자를 이전 조사보다 약 700명 많은 14738명으로 발표했다. 또 제주도 내 400여 마을 중 259개 마을이 전소되고, 가옥 12250호가 불타 사라지는 등 막대한 재산피해가 발생했다.

해방정국 최후의 승자 이승만

국회 로텐더홀 제헌국회 의원 동판 부조. 당시 남한 지역 의원 정수는 200명이었지만 남로당의 선거방해 책동으로 4·3사건이 터지면서 제주도 2개 선거구에서 선거를 치르지 못해 동판에 새겨진 의원은 모두 198명이다.

그러나 총선에 대한 나머지 국민의 관심은 높았다. 유권자 983만 4천 명 중에서 7백만 명이 투표에 참여해 198명의 제헌의원을 뽑았다.

원래 의석은 2백 석이었지만 4·3사건이 터지면서 제주 3개 선거구 중 남제주군을 제외한 북제주군 갑·을 2개 선거구는 의원을 뽑을 수 없었다.

과반수 미달로 무효가 된 두 지역에 대한 보궐 선거는 1년 후 실시됐다. 5·10총선 결과 무소속이 85석, 이승만이 이끈 대한독립촉성국민회가 54석, 한민당이 29석, 대동청년단이 12석을 얻었다. 이승만은 동대문 갑구에 출마해 무투표 당선됐다. 1948년 5월 31일 제헌국회가 개원했다. 가장 먼저 국회의장을 뽑았다. 이승만이 재적 198표 중 188표를 얻어 초대 국회의장으로 당선됐다. 이어 국호를 대한민국, 통치체제는 정·부통령이 있는 대통령중심제로 결정했다. 한민당 등 다수 의원이 의원내각제를 선호했지만 국민의 인기가 높은 이승만이 대통령제를 강력하게 요구하자 이를 수용했다. 마침내 7월 17일 대한민국 제헌헌법이 국회를 통과했다.

이어 7월 20일 제헌의원들의 투표로 대한민국 초대 대통령 선거가 실시됐다. 이승만이 198표 중 180표를 얻어 초대 대통령에 당선됐다. 나머지 18표 중에 김구가 13표를 얻었고 안재홍 2표, 미국 국적을 갖고 있던 서재필에 투표한 1표는 무효, 2표는 기권이었다. 부통령 투표에서는 결선 투표 끝에 임시정부 출신 독립운동가 이시영이 133표를 얻어 부통령이 됐다. 2위는 62표의 김구였다. 총선에 나오지 않았던 김구가 대통령, 부통령 선거에서 모두 2위를 차지하는 저력을 발휘했다. 이는 김구가 총선에 참여해 제헌의원이 됐다면 막강한 정치적 영향력을 행사할 수 있었다는 걸 보여 준다. 하지만 현실정치에 참여하지 않았던 김구의 세는 급속히 약화됐다. 7월 24일 초대 대통령에 취임한 이승만은 8월 15일 중앙청에서 자유민주공화국 대한민국 정부 수립을 선포하고 미군으로부터 통치권을 인수했다. 대한제국이 국권을 상실한 지 38년 만이었다. 이승만, 여운형, 박헌영, 김구, 김규식 등이 겨룬 해방정국의 최종 승자는 이승만이었다.

6·25전쟁과 진정한 적수 김일성

1943년 11월 한국에 대한 최초의 독립약속인 카이로선언이 발표됐다. 미국 루스벨트, 영국 처칠, 중국 장개석은 "한국인들의 노예상태를 유념해 적당한 시기에 한국의 자유로운 독립이 이뤄져야 한다."고 밝혔다. 이 문구를 만든 루스벨트 대통령의 특별보좌관 해리 홉킨스는 독실한 감리교 신자다. 그가 미국 기독교 지도자들과 가까웠던 감리교 신자 이승만을 통해 한국인들의 독립의지에 관심을 갖고 이 문구를 만들었을 가능성이 높다. 2차 세계대전 승전국들은 한국을 신탁통치 후 독립시킨다는 생각을 갖고 있었다. 1945년 7월 26일 독일 포츠담에서 미국 트루먼, 소련 스탈린, 영국 애틀리는 미국, 소련, 영국, 중국군이 한반도를 나눠 점령하고 5년간 신탁통치하는 방안을 협의했다. 앞서 1945년 2월 8일 얄타회담에서도 루스벨트와 스탈린이 한반도를 20~30년간 신탁통치를 한다는 구두합의가 있었던 것으로 알려져 있다. 결정권을 가진 나라는 미국이었다. 미국은 일본과의 태평양전쟁에서 자국의 병력 손실을 줄이고 싶었다. 8월 10일 미국은 38

선을 기준으로 한반도를 미국과 소련이 각각 점령하기로 결정하고, 이를 영국과 소련, 중국에 전달했다.

부산 유엔묘지 전경. 이승만은 미국 등 25개국으로 구성된 유엔군의 도움을 받아 공산군의 결정적 공격을 막아내고 인천상륙작전을 통해 반격을 시작했다. 그러나 이승만은 김일성과 3년에 걸쳐 싸웠지만 결국 휴전으로 무승부를 기록했다. 해방정국에서 이승만의 진정한 경쟁자는 김일성이었다.

오래 전부터 한반도에 욕심이 있던 소련은 빠르게 북한을 점령하기 시작했다. 1945년 8월 12일 나진항에 상륙한 소련군은 38선 접경지역을 점령한 후 다시 북쪽으로 방향을 돌려 24일 평양에 진주했다. 이는 북한 땅을 확실하게 차지하겠다는 뜻이었다. 소련 25군 20만 명은 평양수비대 사령관 다케나토 중장 등 일본군 장성 27명을 포로로 잡았다. 소련은 동유럽부터 극동에 이르는 광대한 영토를 자랑하는 공산국가였다. 2차 세계대전에서 승리한 소련은 에스토니아를 비롯한 발트 3국, 동부 폴란드, 독일 영토였던 동프로이센 북부, 남사할린, 쿠릴 열도를 차지했다. 또 동유럽과 남유럽, 그리고 극동지역에서 여러 위성국가를 세우려 했다. 소련이 북한에 단독정권을 세우려는 계획은 1945년 9월 20일 스탈린이 극동전선총사령관에게 보낸 전문에 나와 있다. 공산국가에서 인민위원회는 정부를 의미한다. 소련은 1946년 2월 8일 사실상의 북한 단독정부인 북조선임시인민위원회를 만든다.

당시 소련이 북한의 지도자로 선택한 인물이 김일성이었다. 1912년 4월 15일 평양에서 태어난 김일성은 만주 길림 소재 육문중학교에 다니던 1920년대 말 공산주의 운동에 가담했다가 퇴학당했다. 이후 만주 산림지대에서 중국 공산당 소속으로 무장항일투쟁에 참가했다가 1941년 일본군의 공격을 받자 러시아 땅으로 탈출했다. 소련은 만주를 공격할 때 지리를 잘 아는 중국과 조선인들을 안내와 통역 등으로 활용하기 위해 1942년 7월 1500여 명 규모의 제88독립여단을 만들었다. 김일성은 소련군에 입대해 88여단 1대대장을 맡았다. 1945년 9월 19일 소련군 대위 김일성을 태운 군함 푸가초프호가 원산항에 도착했다. 평양에 온 김일성은 소련군의 지원을 받아 경쟁자를 제거하기 시작했다. 해방 직후 북한에서 가장 유력한 지도자는 평남 건국준비위원회 위원장을 맡았던 민족주의자 조만식이었다.

조만식은 소련의 신탁통치에 반대하다 친일분자로 몰려 고려호텔에 감금됐다가 6·25전쟁 초기 유엔군의 북진이 시작되자 평양 근처

K-민국 이승만 박정희 김대중

에서 처형됐다. 또 다른 경쟁자는 모스크바를 유학한 조선공산당 당수 박헌영이었다. 박헌영은 미군 진주에 앞서 1945년 9월 서울에서 인민공화국을 선포했다. 인민공화국을 인정하지 않던 미군정은 1946년 5월 박헌영이 이끄는 남조선로동당(남로당)의 전위대인 민주청년동맹을 해체했다. 이에 맞서 박헌영은 총파업을 벌이다 경찰의 체포를 피해 9월 29일 월북했다. 그러나 이미 소련은 1945년 10월 조선공산당 북조선분국을 설치해 김일성을 지도자로 선택한 후였다. 그는 밥만 축내는 식객 신세였다. 내각 부총리 겸 외무장관, 북한노동당 부위원장 등을 맡았지만 실권은 없었다. 김일성은 6·25전쟁 후인 1956년 박헌영을 처형했다.

1949년 3월 모스크바를 방문한 김일성은 소련의 최고 지도자 스탈린에게 남침을 위한 군사무기 제공을 요청했다. 이에 스탈린은 1950년 봄까지 전투기와 전폭기 226대, 탱크 242대, 야포 등 중화기를 지원했다. 또 김일성은 1949년 5월 중국 공산당 총수 모택동에게 특사를 보내 인민해방군 내 조선인 부대를 넘겨달라고 요청했다. 당시 중공에는 조선인을 주축으로 만든 사단이 3개가 있었다. 조선인 사단이 만들어진 계기는 조선인 공산주의자와 사회주의자로 구성된 조선독립동맹이 중일전쟁 당시 중국 화북·화남지방에서 중국 공산당과 함께 항일 무력투쟁을 벌였기 때문이다. 조선독립동맹의 무장조직이 조선의용군이다. 일본이 1945년 8월 패망하자 중국 공산당은 조선의용군을 모태로 인민해방군 156사단, 164사단, 166사단을 만들어 장개석이 이끄는 국민당과의 국공내전(國共內戰)에 투입했다. 4년 동안 계속된 싸움의 승자는 중공이었다. 싸움에 진 국민당 장개석은 1949년 말 대만으로 쫓겨 갔다. 1949년 7월부터 1950년 초까지 인민해방군 소속이던 조선인 사단 3개와 1개 연대가 북한으로 왔다. 164사단은 인민군 5사단, 166사단은 6사단, 156사단은 인민군 12사단, 인민해방군 4야전군 47군단 소속 조선인 대원으로 이뤄진 1개 연대는 인민군 4사단 18연대가 됐다.

김일성은 1950년 6월 25일 5만 6000여 명의 중공군 출신 인민군을 앞세워 남침을 시작했다. 38선을 넘은 북한 인민군 보병 21개 연대 가운데 47%인 10개 연대가 중공군 출신이었다. 국공내전을 통해 풍부한 전투경험을 쌓은 중공군 출신 인민군은 다른 부대보다 전투력이 1.5배 이상 강했다.

18연대는 서울을 3일 만에 점령한 선봉부대로 6월 28일 중앙청을 점령하고 인공기를 게양했다. 이로써 '서울 18연대'라는 칭호를 얻었다. 인민군 6사단은 개성을 점령하고 서울을 거쳐 충청을 지나 호남을 석권하고 마산까지 진출했다. 사단장 방호산은 '이중 영웅칭호'를 받았다. 5사단은 양양을 거쳐 포항까지, 12사단은 춘천 방면으로 진출해 낙동강 전선까지 남하했다. 9월 기계·안강전투에서 일본육군지원병 출신 송요찬이 지휘하는 수도사단이 유엔군의 도움을 받아 대구로 진출하려던 이들을 격퇴했다.

김일성에게 일격을 당한 이승만은 서울을 빼앗기고 낙동강 전선까지 후퇴했다. 이승만이 태평양사령관 맥아더에게 긴급 지원을 요청하면서 미군이 참전했고, 낙동강을 중심으로 방어에 성공했다. 9월 15일 인천상륙작전에 성공한 유엔군은 9월 28일 서울을 수복했다. 1950년 10월 1일 3사단이 38선을 돌파했고, 마침내 10월 19일 백선엽이 이끄는 1사단이 평양을 점령했다. 김일성의 북한군은 붕괴됐다. 10월 29일 평양에 도착한 이승만은 질서가 회복되면 북한 땅에 대한민국의 주권을 회복하겠다고 선언했다. 그러나 중공군이 불법 참전하면서 이 약속은 지키지 못하게 된다. 10월 19일부터 중공군 약 26만 명이 조용히 압록강을 건넜고, 26일부터 대대적인 공격을 시작했다. 중공군의 공세에 밀려 이승만은 1951년 1월 4일 서울을 다시 빼앗겼다. 평택까지 밀린 유엔군은 전열을 정비해 4월 서울을 탈환했지만 38선 이북으로 진격하기는 쉽지 않았다. 이후 2년간 지루한 전투가 계속되다 1953년 7월 27일 휴전협정이 체결됐다. 3년간 치열한 전쟁을 치렀지만 결과는 무승부였다. 한반도 전체 해방정국에서 이승만의 진정한 적수는 김일성이었다.

3-2 박정희

민주당의 실정과 박정희의 부상

이승만 정권은 1960년 제4대 대통령과 5대 부통령을 뽑는 3·15선거에서 경찰과 공무원을 동원해 광범위한 부정선거를 저질렀다. 이에 항의하는 시위가 마산 등에서 벌어졌다. 경찰의 발포로 다수의 사망자가 발생하면서 이승만은 결국 퇴진해야 했다. 허정을 수반으로 한 과도정부는 개헌을 통해 대통령제를 의원내각제로 바꾸고 양원제를 도입했다. 그동안 이승만에 눌려 내각제를 도입하지 못했던 정치인들의 오랜 꿈이 4·19를 통해 마침내 실현됐다. 앞서 한민당은 제헌국회에서 의원내각제를 추진하다 이승만에 밀려 대통령제를 받아들였다. 신익희 등 의원 70명이 모여 창당한 민주국민당도 1950년 3월 14일 의원내각제 개헌안을 제출했지만 부결된 적이 있었다. 이른바 부산정치 파동도 대통령 직선제와 내각제 세력의 충돌이었다. 이승만이 직선제 개헌을 추진하자 1952년 1월 18일 국회는 이를 부결시켰다. 이어 내각제 개헌안을 상정하고 5월 29일 대통령 선거를 치르기로 의결했다. 이에 이승만은 대통령 직선제에 내각제 조항을 추가시킨 이른바 발췌개헌안을 타협안으로 내놓았다. 개헌안은 1952년 7월 4일 통과됐다. 8월 5일 정·부통령 선거에서 이승만은 압도적 차이로 승리하고 2대 대통령에 당선됐다.

1960년 7월 29일 치러진 5대 총선에서 민주당은 233석 중 175석을 차지하는 압승을 거두고 정권을 잡았다. 하지만 민주당은 태생이 구파와 신파로 나눠진 정당이었다. 이승만 정권을 무너뜨릴 때는 한배를 탔지만 곧 격돌했다. 구파의 중심은 윤보선이었다. 대통령이 된 윤보선은 신파의 지도자였던 장면을 총리로 지명하지 않고 김도연을 선택했다. 신파가 이를 부결시키자 할 수 없이 장면을 총리로 지명했다. 그러자 장면은 초대 내각 14명 중 1명만 구파에 배정했다. 사사건건 충돌하던 양측은 구파가 구파동지회란 별도의 교섭단체를 만들면서 결별의 길을 걸었다. 12월 지방선거는 민주당 대 구파동지회 구도로 치러졌다. 이듬해인 1961년 2월 구파가 신민당을 창당해 독립하면서 양측은 완전히 갈라섰다. 이런 상황 속에서 국정이 제대로 돌아갈 리가 없었다. 장면 정부가 출범한 4개월 동안 쌀값은 60%, 석유와 석탄값은 23% 인상돼 민생의 고통은 갈수록 커졌다. 이승만 정권이 붕괴한 후 범죄자를 체포한 비율은 90%에서 68%로 하락하는 등 범죄가 급속히 증가했다. 노동쟁의 건수는 1957년에 비해 5배가 늘어났다. 민주화를 틈타 각종 사이비 언론이 폭증하면서 부정부패를 폭로하지 않는 조건으로 보상을 요구하는 우려스러운 병폐도 만연했다.

1961년 3월과 4월, 가을에 수확한 농산물이 바닥나는 춘궁기가 되자 서민들은 끼니를 잇기조차 힘들었다. 이때 재야 혁신계가 장면 정부의 가장 약한 고리를 건드렸다. 이들은 "가자 북으로! 오라 남으로!"란 구호 아래 남북 무장해제와 미군 철수를 외쳤다. 또 북한과 직접 대화를 통한 통일을 주장했다. 급기야 5월 13일 판문점에서는 남북학생회담을 지지하는 대규모 집회가 열렸다. 1961년은 6·25전쟁이 끝난 지 불과 8년 후였다. 국민들은 시위대가 판문점으로 몰려가는 걸 보고 분개했고 심각한 안보위기를 느꼈다.

혼란스러운 국정을 보면서 군인들 사이에서 쿠데타와 혁명이란 말이 터져 나왔다. 그들에게 쿠데타는 결코 부정적 용어가 아니었다. 만주 육군군관학교, 일본 육사, 조선경비사관학교, 미육군 포병학교에서 공부한 박정희가 혁명의 리더로 부상했다. 박정희는 전쟁 전 육본 정보국에서 북한의 남침 경로를 정확히 예측한 정보·작전장교였고, 전쟁 때는 9사단 참모장으로 북한군과 싸운 전사였다. 휴전 후에는 포병학교장, 포병사령관, 5사단장, 7사단장, 6관구사령관, 초대 군수기지사령관, 육본 작전참모부장을 지냈다. 보병, 포병, 정보, 작전, 군수 등 한국군 사정을 훤히 꿰뚫고 있는 군 최고의 인재였다. 특히 그에게는 할 말을 할 수 있는 용기가 있었다. 1960년 5월 2일 박정희는 계엄사령관 송요찬 중장에게 편지를 보내 군내 부정선거와 관련해 책임을 지고 사퇴할 것을 촉구했다. 이 편지를 받은 송요찬은 분개했지만 결국 물러났다.

"4·19사태를 민주적으로 원만히 수습하신 각하의 공적이 절찬에 값하는 바임은 물론이오나 3·15부정선거에 대한 책임도 또한 결코 면할 수 없는 것이며 따라서 그 공과는 상쇄가 불가능한 사실에 비추어 가급 조속히 진퇴를 영단하심이 국민과 군의 진의에 영합되는 것이라 사료되옵니다."(박정희 편지/조갑제닷컴)

K-민국 이승만 박정희 김대중

혁명, 한강다리를 건너다

쿠데타를 생각하던 박정희를 소장파 장교들이 도왔다. 당시 젊은 장교들은 민간과 공공영역을 통틀어 가장 우수한 집단이었다. 미군에게 각종 군사교육을 받으면서 선진기술을 습득했고, 합리적인 행정체계를 배운 엘리트 집단이었다. 하지만 이들의 처지는 상대적으로 열악했고 승진도 적체돼 있었다. 1961년 9월 10일 김종필, 오치성, 김형욱 등 육사 8기생 9명이 음식점 충무장에 모여 박정희를 혁명 지도자로 세우기로 결의했다. 이 무렵 미군과 한국군 수뇌부도 쿠데타 움직임을 알아차렸다. 박정희는 육본 작전참모부장에서 대구 2군 부사령관으로 좌천됐다. 그러나 이게 오히려 기회가 됐다.

상대적으로 시간적 여유를 얻은 박정희는 쿠데타 준비를 착착 진행했다. 만주군, 일본육사, 한국육사 출신인 그는 군내 인맥이 풍부했다. 장경순(육군본부 작전교육처장), 한웅진(육군정보학교장), 채명신(5사단장), 이주일(2군사령부 참모장), 김재춘(6관구 참모장), 김윤근(해병 1여단장), 박치옥(공수특전단장), 문재준(6군단 포병단장)이 합류했다. 이로써 해병대, 공수특전단, 6군단 포병단, 5사단, 30사단, 33사단 등 쿠데타군의 주

서울 문래근린공원에 있는 박정희 흉상. 좌대의 글씨는 '5·16혁명 발상지'다. 이곳은 과거 6관구사령부 자리로 1961년 5월 16일 새벽 벙커를 출발한 박정희는 한강다리를 건너 정권을 장악했다.

력이 확보됐다.

1961년 5월 15일 저녁 신당동 집을 나온 박정희는 혁명 지휘소인 6관구사령부에 도착했다. 현 서울 영등포구 문래근린공원이다. 16일 새벽 2시 30분 박정희 육군 소장은 6관구사령부 벙커를 출발했다. 3시 30분쯤 한강 인도교에 도착했을 때 육군본부 헌병대가 해병대 병력을 막으면서 총격전이 벌어졌다. 박정희는 차에서 내려 한강다리를 걸어서 건너가기 시작했다. 박정희의 뒤를 장교 250여 명과 사병 3천 500여 명이 따랐다. 한강다리를 건너는 과정에서 가벼운 총격전이 있었지만 단 1명의 사망자도 나오지 않았다. 혁명 동지인 김종필이 당시 상황을 회고록에 남겼다.

"박 소장은 차에서 내렸다. 헌병대 쪽에서 총알이 날아왔다. 박 소장은 무시한 채 다리 위를 앞장서 걸었다. 그 장면은 지도자의 강력한 의지와 침착한 솔선수범이었다. '나를 따르라'라는 박 소장의 결의는 극적으로 실천되고 있었다."

혁명군은 중앙청, 서울 중앙 방송국 등 목표 지점을 일제히 점거했다. 박정희는 5시 첫 방송을 통해 거사의 명분을 밝히는 6개 항의 혁명 공약을 밝혔다. 이어 9시 군사혁명위원회 포고령으로 전국에 비상계엄을 선포했다. 이어 오후 7시를 기해 장면 정권을 인수한다고 발표했다.

장면 총리의 수도원 도피와 군 통수권자 실종

그러나 아직 쿠데타가 완전히 성공한 건 아니었다. 혁명군은 여단 병력 규모에 불과했다. 1군사령관 이한림 중장은 서울로 출동할 진압군을 소집하고 명령을 기다렸다. 1군은 강원도 전역과 경기도 지역 14개 사단을 관장하는 우리 군의 핵심 전력이었다. 1군이 출동했으면 병력이 적었던 박정희의 쿠데타는 실패했을 수도 있었다. 하지만 명령을 내릴 군 통수권자가 없었다.

쿠데타는 당시 한국군에 대한 작전통제권을 행사하는 유엔군(주한 미군)에 대한 정면 도전이었다. 16일 오전 10시 18분 매그루더 유엔군사령관과 그린 주한 미 대사 대리는 민주당 정부에 대해 지지를 표명하고 군 내부 질서유지를 요망하는 성명을 발표했다. 그러나 윤보선은 1군을 동원하자는 매그루더 사령관의 요구를 거절했다. 쿠데타가 발생하자 군통수권자인 장면 총리는 숙소인 반도호텔에서 도망쳐 서울 혜화동 갈멜수도원으로 숨었다. 그 사이 윤보선은 쿠데타를 승인했고, 육사 생도들은 지지 퍼레이드를 벌였다. 장면이 수도원 밖으로 나온 건 사태가 사실상 마무리된 5월 18일이었다. 장면은 국무회의를 열어 내각 총사퇴와 군사혁명위원회에 정권을 이양한다는 안을 의결했다.

그전에도 장면은 결정적 순간에 잠적한 적이 있었다. 이승만 정권 당시 국무총리였던 장면은 1952년 2월 프랑스 파리에서 열린 6차 유엔총회에 참석했다. 그 사이 임시수도 부산에서는 일부 의원들을 중심으로 장면을 대통령으로 추대하는 작업이 진행되고 있었다. 장면은 귀국 도중 간염 치료를 이유로 하와이에 머물다 4월 1일 귀국했다. 장면은 1952년 5월 대통령 직선제 도입 문제를 놓고 대통령과 의회가 정면충돌했던 부산정치파동 때도 장기간 잠적했다. 당시 그는 주위에 알리지 않고 부산 초량동 미 육군병원에 입원했다가 사태가 마무리된 후 나왔다.

미국은 사태 초기 쿠데타에 부정적이었지만 곧 태도를 바꿨다. 케네디 미국 대통령은 매그루더 사령관과 그린 대사 대리에게 "한반도 상황을 지켜보자."며 사태에 개입하지 말라고 명령했다. 얼마 후 미국은 국민의 신임을 잃은 장면을 더 이상 지지하는 건 도움 될 게 없다고 판단했다. 5·16 직후 미국이 한국인을 상대로 벌인 긴급 여론조사 결과 약 40%는 '박정희의 혁명이 매우 바람직하다.' 20%는 '바람직하지만 성급했다.'라고 답해 60% 정도가 쿠데타를 긍정적으로 평가한 것으로 나타났다. 광복군 출신 사상가 장준하도 사상계 6월호에 "과거의 방종, 무질서, 타성, 편의주의의 낡은 껍질에서 탈피하여, 일체의 구악을 뿌리 뽑고 새로운 민족적 활로를 개척할 계기를 마련한 것이다."라는 글을 기고했다. 장준하가 후일 태도를 바꾸기는 했지만 이는 지식인 중에서도 쿠데타 지지 열기가 높았다는 걸 보여 준다. 미국 정부는 5월 25일 그린 대리대사를 통해 군사정부를 승인했다. 28일 케네디 대통령은 "혁명공약을 인정하고 준수하길 바란다."는 입장을 전했다.

국민의 선택을 받다, 민선 대통령 박정희

육군대장 박정희 대장 전역기념비와 육군 정복을 입은 박정희 동상. 전역기념비는 전역식을
주관한 5군단이 1969년 세웠다. 지휘봉을 들고 있는 실물 크기의 동상은 2016년 철원군이 건
립했다. 박정희는 1963년 8월 30일 이곳에서 전역을 하고 5대 대통령 선거에 출마해 당선
됐다. 박정희 전역식이 열린 비행장은 현재 박정희 전역공원(군탄공원)으로 바뀌었다.

박정희는 쿠데타 후 군사정부의 최고통치의결기관인 국가재건최
고회의 부의장을 맡았다. 그러다가 7월 13일 장도영 육군참모총장을
밀어내고 최고 실권자인 의장에 취임했다. 국가재건최고회의 의장은
군정책임자이자 대통령을 대신하는 국가 최고 지도자였다. 7월 22일
박정희는 종합경제개발 5개년 계획을 수립하고 각종 사회개혁에 나
서는 등 군정을 본격화했다. 이어 1962년 3월 박정희는 국가재건최고
회의 의장 겸 대통령 권한대행으로 취임했다. 군사정부는 1962년 대

통령제와 소선거구제, 국회 단원제 등을 핵심으로 하는 헌법 개정안을 마련했다. 정치권에 대한 국민의 부정적인 여론을 감안해 의원정수는 233석에서 175석으로 줄였다. 개정안은 12월 17일 국민투표를 통해 확정됐다. 전체 유권자의 85%가 투표하고 78.8%가 찬성했다. 4·19 이후 도입됐던 의원내각제와 양원제는 폐지됐다.

1963년이 되자 박정희는 민정(民政)이양을 결심했다. 5대 대통령 선거일이 10월 15일로 결정됐다. 5월 27일 민주공화당은 대선 후보로 박정희를 추대했다. 박정희는 군복을 벗어야 했다. 통상 군 장성은 지휘관을 한곳에서 전역식을 하는 관례가 있다. 박정희가 사단장을 지냈던 5사단은 경기도 포천과 강원도 철원, 7사단은 강원도 철원과 화천으로 이동해 주둔하고 있었다. 박정희 전역식은 1963년 8월 30일, 5군단 주관으로 강원도 철원군 갈말면 지포리 군단 비행장에서 열렸다. 공식 행사 명칭은 '대통령 권한대행 국가재건최고회의 의장 육군 대장 박정희 각하 전역식'이었다. 전역식은 주한미군과 외교사절 등 6백여 명의 외빈이 참석한 큰 행사였다. 기수단을 선두로 완전무장한 육군 병력과 탱크, 항공기 등이 참가하는 대규모 사열이 진행됐다. 박정희는 전역사 도중 목이 메어 헛기침을 여러 번 하면서도 혁명의 당위성을 거듭 강조했다.

"5월 혁명은 상극과 파쟁, 낭비와 혼란, 무위와 부실의 유산을 조상과 선대로부터 물려받은 우리들 불운(不運)의 세대가 이 오염된 민족사에 종지부를 찍고 자주와 자립으로 번영된 내일의 조국을 건설하려는 것이 우리 혁명의 궁극적 지표인 것입니다. 국민 여러분에게 다음의 한 구절로써 전역의 인사를 대신할까 합니다. 다시는 이 나라에 본인과 같은 불운(不運)한 군인이 없도록 합시다."(박정희 전역사/대통령기록관)

관심을 끈 단어는 불운(不運). 박정희는 '다시는 쿠데타가 일어나는 상황을 만들지 말라, 이 혁명은 만부득이했다.'라는 뜻이었다. 전역식을 마친 후 공화당 당사로 가서 입당원서를 제출했다. 박정희는 8월 31일 공화당 전당대회에서 당 총재와 대통령 후보 지명을 수락하고 본격적인 선거 운동에 돌입했다. 대선은 유력 야당 후보들이 잇따라 사퇴하면서 사실상 공화당 박정희와 민중당 윤보선의 일대일 대결로 진행됐다. 박정희는 경제발전과 사회악 척결 등 군정 2년 3개월의 성과를 내세우며 표를 호소했다. 특히 자신은 농민 출신 일꾼이라며 국민 다수를 차지하고 있는 농민을 집중 공략했다. 반면 야당은 이른바 색깔론을 들고 나왔다. 조윤형 등 야당 인사들은 "북한 공산당이 제공한 정치자금으로 공화당이 사전 조직됐다. 김종필은 북한이 내려 보낸 간첩 황태성을 만났다."며 중앙정보부장 김종필을 집중 공격했다. 박정희의 혁명 동지인 김종필을 공격함으로써 박정희와 북한이 무언가 연결고리가 있다는 걸 암시한 것이었다.

마침내 선거 이틀 전인 10월 13일 윤보선이 회심의 카드를 꺼냈다. 그는 '박정희가 남로당(남조선노동당)에 연루돼 여순반란사건 후 군법회의에서 무기징역을 받았다.'는 1948년도 기사를 공개했다. 하지만 윤보선이 대대적인 색깔론을 폈지만 성공하지 못했다. 박정희가 470만 2640표(46.64%)를 얻어 454만 6614표(45.09%)에 그친 윤보선을 꺾고 대통령에 당선됐다. 국민은 이승만 정권에서 서울시장과 상공부장관, 민주당에서 4대 대통령을 지낸 거물 윤보선 대신 군복 벗은 민간인 박정희를 선택했다. 박정희는 서울, 경기 등 수도권, 충청 등 중부지방에서 졌지만 농촌 인구가 많은 영남과 호남 등 남부지방에서 크게 이겼다. 특히 4·3사태의 기억이 있는 제주도에서 박정희는 8만여 표를 얻어 2만 6천여 표에 그친 윤보선을 압도적으로 이겼다. 다만 윤보선과의 차이는 1.55%p(포인트), 15만 6026표에 불과했다.

3-3 김대중

신민당 대선 후보가 되다

1961년 5·16으로 정권을 잡은 군사정부가 국회를 해산하고 정치활동을 금지하면서 김대중은 허송세월을 보냈다. 김대중이 다시 기지개를 켜기 시작한 건 1963년 1월 1일 정치규제가 1년 7개월 만에 해제되면서다. 5대 대통령 선거는 10월 15일, 6대 국회의원 선거는 11월 26일로 결정됐다. 김대중은 2월 27일 박순천을 당수로 민주당 재건에 참여했지만 야당의 단일후보로 구파인 윤보선이 결정되면서 실질적으로는 할 일이 없었다. 김대중은 전남 목포로 가서 총선을 준비했다. 민주당 대변인으로 활동한 그의 인지도는 예전보다 훨씬 높았다. 11월 총선에서 김대중은 56.1%의 득표율로 무난하게 승리했다.

전국적으로는 박정희의 공화당이 대선 승리의 여세를 몰아 전체 175석 중 110석을 차지하는 압승을 거뒀다. 민주당 구파가 만든 민정당은 41석, 김대중이 속한 민주당은 지역구 8석을 포함해 13석에 불과했다. 김대중은 개원 6개월 동안 13번 본회의 발언을 하는 등 정력적으로 활동했다. 당시 최대 현안은 한일수교와 월남전 파병이었다. 1965년 8월 한일협정 비준을 위한 임시국회가 열리자 야당은 국회를 보이콧하고 의원직 사퇴서를 제출했다. 김대중은 국회에서 한일협정의 문제점을 지적하는 데 앞장섰지만 의원직을 걸지는 않았다. 그는 윤보선 민정당 총재가 한일협정 결사반대를 외쳤던 것과 달리 "한일회담을 하는 당사자들을 무조건 매국노라고 몰아붙이는 것은 안 된다."며 야권 주류와 다른 태도를 보였다.

6대 대통령 선거는 1967년 5월 3일, 7대 총선은 6월 8일로 결정됐다. 여당의 후보는 현직 대통령 박정희였다. 야권은 고민에 빠졌다. 한일수교 후 일본의 자본, 기술, 물자가 쏟아져 들어오고, 월남전 파병으로 인한 경제적 효과도 눈에 띌 정도로 좋아졌다. 모두 야당이 적극적으로 반대했던 사안이었다. 반대로 이를 주도한 박정희의 인기는 높았다. 결국 야권은 힘을 모으기 위해 신민당으로 통합됐다. 대선 후보는 다시 윤보선이었다. 하지만 5대 대선과 달리 박정희는 51.4%를 얻어 116만 표 차이로 윤보선을 크게 이겼다. 총선에서도 공화당은 175석 중 129석을 얻어 전체 의석의 73.7%를 차지하는 압승을 거뒀다. 신민당은 지역구 28석과 전국구 17석을 합쳐 총 45석에 불과했다.

개헌에 필요한 3분의 2가 넘는 의석을 자력으로 확보한 박정희는 국정에 자신감을 갖고 강공을 펼쳤다. 1969년 9월 14일 국회에서 대통령 3연임 개헌안이 통과됐고, 10월 17일 국민투표에서도 65.1%의 찬성으로 확정됐다. 경제발전으로 살림살이가 나아진 국민은 대선, 총선, 개헌까지 박정희의 산업화-근대화 프로젝트를 적극적으로 지지했다. 그러나 정치적으로 3선 개헌은 심각한 후유증을 낳았다. 정부는 1969년 6월 대학생들의 반대 시위를 위수령(衞戍令)을 발동해 막았다. 위수령은 경찰력으로 대응 불가능한 소요가 발생했을 때 군을 투입하는 것이다. 여당인 공화당에서는 개헌에 반대하는 예춘호 등 김종필계 의원 여러 명이 제명됐고, 야당인 신민당은 철야농성으로 항의했다.

1970년 9월 신민당 전당대회에서 예상을 뒤엎고 김대중은 과반수의 득표를 얻어 제7대 대통령 선거에 나갈 신민당 대선 후보가 된다. (출처: 연세대학교 김대중도서관)

야당이 7대 총선에서 초라한 성적을 거둘 때 김대중은 신민당 후보로 목포에서 출마해 집권 공화당 후보를 누르고 당선됐다. 두 차례 총선에서 잇따라 승리한 김대중의 정치적 비중과 몸값은 크게 높아졌다.

특히 3선 개헌 반대투쟁을 거치면서 야권의 젊은 지도자로 부상했다. 그는 대통령이 되겠다는 꿈을 꿨다. 1970년 1월, 김대중은 신민당 대통령 후보 지명전에 출마했다. 경쟁자는 40대 기수론을 선도한 44세의 김영삼, 그리고 48세의 이철승 의원이었다. 당시 김영삼은 대표 유진상 등 주류의 지지를 받고 있어 대통령 후보가 될 가능성이 높았다. 9월 29일 전당대회 1차 투표에서 예상대로 김영삼이 가장 많은 표를 얻었지만, 과반에는 미치지 못했다. 그 사이 김대중과 이철승이 대권은 김대중, 당권은 이철승이 갖기로 합의했다. 2차 투표에서 458표를 얻은 김대중이 410표에 그친 김영삼을 제치고 신민당 대선 후보가 됐다. 김영삼은 분노했고 이를 계기로 두 사람은 평생의 경쟁자가 된다.

대선 패배와 고난의 길

7대 대통령 선거는 1971년 4월 27일 치러졌다. 3선을 노리는 대통령 박정희와 40대 야당 후보 김대중의 맞대결이었다. 최대 쟁점은 안보와 경제였다. 박정희는 경제성장을 위한 중단 없는 전진, 그리고 북한의 도발을 막기 위한 국정안정을 강조했다. 반면 김대중은 8년간 집권한 박정희의 각종 정책을 비판했다. 김대중은 1968년 설치된 향토예비군을 폐지할 것과 4대국 안전보장론으로 국민을 공략했다. 4대국 안전보장론은 미국·일본·중공·소련 4대 강국이 남과 북을 부추겨 전쟁을 일으키지 않겠다는 약속을 받아내자는 주장이었다. 경제공약으로는 대중이 시장을 감시해 부정부패와 독점을 막고 경제성장과 소득의 공정분배, 물가안정을 이루자는 대중경제론을 내세웠다. 하지만 북한의 도발이 계속되고 미군이 철수하는 상황에서 향토예비군 폐지와 4대국 안전보장론은 안보 불안 심리를 불러일으켰다. 또 고도성장의 과실을 누린 국민은 대중경제론을 외면했다. 선거 결과 박정희가 634만 2828표(53.19%)를 얻어 김대중을 94만 6천여 표, 7.94%(p) 차이로 꺾고 승리했다.

김대중은 선전했지만 539만 5900표(45.25%)를 얻는 데 그쳤다. 두 사람의 득표율 차이는 국민이 직접 선출한 14번의 역대 대선에서 6번째에 해당한다.

가장 치열했던 선거는 윤석열과 이재명이 격돌한 20대 대선으로 두 사람의 득표율 차이는 0.73%p였다. 2위는 김대중이 이회창을 꺾은 1997년 15대 대선(1.53%p)이다. 이어 5대(1.55%p), 16대(2.33%p), 18대(3.53%p) 순이다. 반대로 역대 대선에서 득표율 차이가 가장 컸던 선거는 1952년 8월 2대 대선으로 이승만이 74.61%를 얻어 조봉암을 압도적으로 이겼다. 최근에 치러진 선거 중에서는 이명박이 정동영을 이긴 2007년 17대 대선 득표율 차이가 가장 컸다. 두 사람 간 격차는 22.53%p였다.

김대중은 선거에서 졌지만 야당 내 확실한 정치지도자로 부상했다. 박정희는 1972년 10월 17일 계엄과 국회해산, 헌법 정지를 골자로 하는 대통령 특별선언 즉, 10월 유신을 선포한다. 11월 실시된 유신헌법 찬반 국민투표는 유권자의 91.9%가 투표해 91.5%의 찬성률로 통과됐다. 신병 치료차 일본에 있던 김대중은 유신반대 성명을 발표하고 사실상 망명 투쟁에 돌입했다. 김대중은 1973년 7월 6일 미국에서 출범한 한민통(한국민주회복통일촉진국민회의) 초대 의장을 맡았다. 김대중은 8월 15일 한민통 일본지부 출범을 앞두고 일본에 있었다. 그런데 당시 중앙정보부(현 국가정보원)는 한민통 일본지부에 친북 재일교포 단체인 조총련(재일본조선인총연합회)의 공작금이 유입됐다고 의심했다. 중앙정보부장 이후락은 8월 8일 도쿄 팔레스호텔에서 김대중을 납치해 서울로 끌고 왔다. 일본이 강하게 반발하면서 사건은 국제 문제로 비화됐다. 박정희는 중앙정보부 이용택 수사국장에게 조사를 지시했고, 김대중은 5일 만에 풀려나 자택에 연금됐다. 사건은 김종필 총리가 일본에 공식 사과하고 재발 방지를 약속하면서 마무리됐다. 하지만 이를 계기로 김대중은 미국과 일본에 이름을 알리면서 국제적 인사가 됐다.

김대중이 다시 활동을 재개한 건 1976년 3월 1일 명동성당 삼일절 57주년 기념 미사다. 이날 미사는 가톨릭 신자 7백여 명과 개신교 신자 수십 명이 함께하는 합동기도회 형식으로 열렸다. 미사 도중 이우정 서울여대 교수가 '민주구국 선언문'을 낭독하고 유신 철폐, 정치범 석방, 대통령 하야를 요구했다. 선언문에 서명한 사람은 김대중을 비롯해 윤보선, 함석헌, 문익환, 정일형 등 재야인사 10명이었다. 20명이 긴급조치 9호 위반으로 입건돼 김대중을 포함한 11명이 구속되고, 윤보선을 포함한 9명이 불구속됐다.

1977년 3월 22일 대법원은 김대중에게 징역 5년 형을 선고했다. 진주교도소, 서울대 병실 감옥 등에서 2년 10개월간 복역한 김대중은 1978년 12월 27일 특별사면으로 풀려났다. 김대중은 이듬해인 1979년 3월 1일 '민주주의와 민족통일을 위한 국민연합'을 결성해 공동의장에 취임했다. 그해 10월 26일 박정희가 김재규의 시해로 갑자기 숨졌다.

무산된 서울의 봄, 국가보안법 위반과 사형 판결

김대중은 1979년 12월 8일 긴급조치 9호 해제로 가택연금에서 풀려났다. 이어 1980년 2월 29일 복권(復權)됐다. 정치활동을 재개한 김대중은 신민당 총재 김영삼, 공화당 총재 김종필과 함께 유력한 대권주자였다. 김대중이 7년간 재야인사로 있는 동안 야당의 주도권은 김영삼이 쥐고 있었다. 김대중은 재야와 신민당이 통합하는 범야권 단일정당을 구상했지만 김영삼의 당권파는 그럴 생각이 없었다. 김대중은 신민당 참여를 포기하고 신당 창당을 추진했다. 여당인 공화당은 김종필을 총재로 뽑았지만 박정희에게 절대 의존했던 당 사정상 바로 내분에 빠졌다. 여당과 야당 모두 파벌싸움을 벌이고 있을 때 전두환 소장을 중심으로 한 신군부가 권력의 중심부에 진입하고 있었다.

10·26 직후 합동수사본부장이 된 전두환 보안사령관은 1979년 12월 12일 계엄사령관 정승화를 전격적으로 체포했고, 1980년 4월 중앙정보부장을 겸직하며 몸집을 키웠다. 이 무렵 민주화 속도에 불만을

가진 학생들이 봄부터 대규모 시위를 벌였다. 시위가 격화되자 1980년 5월 17일 신군부는 비상계엄 조치를 서울 일원에서 전국으로 확대하고 학생, 정치인, 재야인사 2699명을 체포했다. 전두환의 보안사령부는 김대중과 김종필 등 주요 정치인 26명을 합동수사본부로 연행하고, 김영삼은 자택에 연금하는 등 정치활동을 규제했다. 김대중은 학생·노조 소요 관련 배후 조종 혐의로 수도경비사령부 헌병단에 체포돼 구속됐다. 5월 18일 비상계엄 확대에 항의하는 시위가 광주에서 벌어졌다. 수만 명의 학생과 시민들이 5월 21일 전남도청 등 광주 시내를 장악했다.

외곽으로 철수했던 군은 5월 27일 대규모 병력을 동원해 시위대를 진압했다. 그 과정에서 민간인 167명(2021년 5.18진상조사위 발표), 군인 23명, 경찰 4명이 숨지고 3천여 명이 다치는 참사가 벌어졌다. 민주적 선거로 대통령이 선출될 것으로 기대했던 이른바 '서울의 봄'은 허무하게 막을 내렸다.

계엄사령부는 7월 4일 김대중을 국가보안법 3조 1항 반국가단체 수괴, 형법 90조 내란죄 음모, 외국환관리법, 계엄법 위반 혐의로 계엄보통군법회의 검찰부에 송치한다고 밝혔다. 군검찰부가 8월 14일 김대중을 기소하면서 재판이 시작됐다. 1심 재판은 9월 17일까지 총 17번 열렸다. 쟁점은 ▲김대중이 반국가단체인 한민통(한국민주회복통일촉진국민회의)을 결성하고 의장에 취임해 국가안전을 위협했는지, ▲10·26사태 후 신민당 복귀가 곤란해지자 국민연합 등 사조직을 통해 학생시위를 부추겨 집권하려 했는지, ▲5·18(광주민주화운동)시위와 관련이 있는 지였다. 통상 이 사건을 '김대중 내란 음모사건'으로 부르지만 그가 사형 판결을 받은 죄목은 내란 음모가 아니라 국가보안법상 '반국가단체 수괴(우두머리)'다. 국가보안법상 '반국가단체 수괴의 최고 형량은 사형이었다. 반면 당시 형법 '내란죄 음모' 형량은 3년 이상의 유기징역이나 금고로 사형판결이 나올 수 없었다.

따라서 최대 쟁점은 자연스럽게 김대중이 반국가단체인 한민통과 접촉했는지 등 국가보안법 위반 여부였다. 대법원은 1978년 6월 19일 재일교포 유학생 간첩사건 관련자들에게 유죄 판결을 내리면서 한민통을 북한 정권의 지령을 받는 조총련(재일본조선인총련합회)의 하부 조직으로 판단해 반국가단체로 지정했고, 이 판결은 현재도 유효하다. 군 검찰은 "김대중은 해외에서 북한의 노선에 동조하는 반국가단체인 한민통을 만들었고 이들 불순분자들과 근래에도 접촉해 왔다."며 유죄를 주장했다. 반면 김대중은 "나는 조직에 관여했지만 한민통(일본지부)이 출범하기 전에 한국으로 납치당했다. 대한민국 지지 입장을 확실히 하고 공산주의자와는 선을 그을 것을 요구하는 편지를 두 차례 보냈다."며 이를 반박했다. 김대중에게 사형이 구형된 건 9월 11일 결심공판이었다.

김대중은 최후 변론에서 "내 판단으로 머지않아 1980년대에는 민주주의가 회복될 것입니다. 그때가 되거든 먼저 죽어 간 나를 위해서든 또 다른 누구를 위해서든 정치적인 보복이 이 땅에서 행해지지 않도록 부탁하고 싶습니다."라고 말했다. 군사법원은 9월 17일 김대중에게 사형을 선고했다. 함께 기소된 내란음모, 반공법, 계엄법, 외국환관리법 위반 혐의도 모두 유죄였다. 11월 3일 2심에 이어 1981년 1월 23일 대법원은 김대중에 대한 사형을 확정했다.

2000년 3월 13일 대통령 김대중(우)과 전두환(좌) 전 대통령이 청와대에서 악수를 나누고 있다. 이를 이희호(오른쪽)와 이순자(왼쪽)가 지켜보고 있다. 김대중은 재임 시 전직 대통령을 초청해 식사를 하며 국정에 대한 조언을 듣는 행사를 7번 개최했고, 전두환은 이 자리에 모두 참석했다. 앞서 전두환은 1981년 1월 김대중에 대한 사형이 확정되자 무기징역으로 감형했고 1982년 12월 석방했다. 김대중 퇴임 후 이희호는 전두환에게 명절 때마다 선물을 보냈고, 이순자는 자신의 자서전에 이를 고마워하는 기록을 남겼다. (출처: e영상역사관)

1심에서 사형 판결이 내려지자 국내외에서 구명운동이 시작됐다. 신군부의 실력자 전두환이 11대 대통령에 취임한 건 1980년 9월 1일이다. 미 카터 행정부는 김대중을 처형한다면 무역 제재와 최혜국 대우 박탈, 원자력 협력 중단 등 심각한 영향이 미칠 것이라고 경고했다. 교황 요한 바오로 2세도 1980년 12월 11일 전두환에게 편지를 보내 선처를 부탁했다. 이에 전두환은 "교황 성하의 호소가 인도적 고려와 자비심에 의거한 것임을 유념하겠습니다."라는 답신을 보냈다.

국내에서도 종교, 시민사회 단체를 중심으로 김대중 구명 운동이 이어졌다. 전두환은 대법원 판결이 있기 전 정보부 간부를 통해 김대중에게 비공개를 전제로 대통령에게 감형을 탄원하는 글을 쓰도록 했다. 전두환은 대법원에서 사형이 확정된 1월 23일 국무회의에서 김대중의 형량을 무기징역으로 감형했다. 김대중은 1월 31일 청주교도소로 이감됐다. 이에 교황 요한 바오로 2세는 1981년 2월 14일 자 친서를 통해 "각하께서 신속히 배려해 주신 데 대해 감사를 드린다."고 밝혔다. 이후 형량은 다시 20년으로 줄었다. 청주교도소에서 2년 가까이 복역하자 물밑에서 석방 논의가 진행됐다. 전두환의 요구는 국내에 머물지 말라는 것이었다. 김대중은 1982년 12월 13일 "석방되면 신병 치료차 미국에 가겠으며 정치에서 손을 떼겠다."는 탄원서를 제출했다. 16일 서울대병원으로 이송된 김대중은 23일 형집행정지로 석방됐고 12월 말 가족과 함께 미국으로 떠났다. 후일 김대중은 탄원서 제출은 자기 뜻이 아니었다고 주장했다.

김대중에 대한 유죄 판결은 2004년 1월 29일 재심을 통해 바뀐다. 형법 내란음모, 계엄법 위반 등의 혐의에 대해서는 무죄 판결이 나왔다. 하지만 사형 선고가 내려졌던 국가보안법상 반국가단체 수괴 혐의는 면소(免訴)였다. 면소는 형사소송에서 공소권이 없다고 보고 기소 자체를 하지 않는 것이다. 재판부는 김대중이 사면된 만큼 유무죄를 판단할 필요가 없다고 결정했다.

대통령 직선제 성공과 대선 패배

미국에 도착한 김대중은 한국인권문제연구소를 설립하는 등 민주화운동을 재개했다. 1983년 9월부터 1984년 6월까지 하버드대 국제문제연구소 초청연구원을 지내면서 150여 차례의 순회연설, 언론 인터뷰를 통해 한국의 민주화를 촉구하는 등 활발히 활동했다. 김대중은 여러 번 귀국을 시도했지만 전두환 정권은 귀국 즉시 남은 형을 재집행하겠다고 경고했다. 미국 내 인사들도 귀국을 만류했지만, 김대중은 한국으로 돌아가겠다는 고집을 꺾지 않았다. 이에 케네디 상원의원과 당시 테네시주 상원의원이던 앨 고어 전 부통령은 안전한 귀국을 보장하라는 편지를 전두환에게 보냈다. 이에 전두환은 가택연금 외에는 어떤 조치도 취하지 않겠다고 약속했다.

김대중은 12대 총선을 나흘 앞둔 1985년 2월 8일 귀국했다. 그는 김영삼이 창당한 신한민주당 지지를 선언했다. 2월 12일 치러진 총선에서 선명 야당을 외친 신한민주당이 67석을 차지한 반면 제1야당이 유력했던 민주한국당은 35석에 그쳤다. 전두환이 총재로 있던 집권 민주정의당은 148석을 얻었다. 김대중은 3월 15일 김영삼이 이끄는 민주화추진협의회 공동의장에 취임했다.

총선 후 두 사람은 직선제로 대통령을 선출하자는 직선제 개헌을 주장했지만 전두환은 반대했다. 1986년 1월 16일 전두환이 1988년 서울올림픽 개최를 이유로 개헌 논의를 1989년으로 미루자고 제안하자, 신민당은 직선제 개헌 1000만인 서명운동으로 맞서면서 정면충돌했다. 정국의 갈등이 커진 가운데 전두환이 내각제 개헌을 제시하자 12월 24일 신민당 총재 이민우가 이를 받아들였다. 그러자 이에 반발한 신민당 의원 74명이 집단 탈당해 통일민주당을 만들었다. 김영삼이 총재를 맡았고 김대중도 탈당 후 상임고문이 됐다. 야당과 재야 세력, 학생들의 압박이 거세지자 1987년 전두환은 민정당 대통령 후보 노태우의 6·29선언을 수용하는 형식으로 직선제 개헌을 받아들였다. 1987년 10월 27일 대통령 5년 단임 직선제를 골자로 한 9차 개헌안 국민투표가 실시돼 93.1%의 지지율로 통과됐다.

13대 대통령 선거일은 12월 16일로 결정됐다. 사실상 제1야당 통일민주당의 후보는 김영삼이었다. 그는 민주화추진협의회(1984년)에 이어 신한민주당(1985년), 통일민주당(1987년) 창당을 주도한 야당의 실력자였다. 통일민주당에서 대선 후보가 되기 어렵다고 판단한 김대중은 11월 평화민주당을 창당했다. 선거는 민정당 노태우, 민주당 김영삼, 평민당 김대중, 신민주공화당 김종필 4자 구도로 치러졌다. 하지만 3명의 후보가 있는 야권이 노태우를 이기기는 힘들었다. 노태우가 36.64%를 얻어 대통령에 당선됐다. 김대중은 27.04%를 득표해 김영삼(28.03%)에 이어 3등이었다. 김대중은 대선 패배를 자초했다는 비난을 집중적으로 받았다. 김대중은 1988년 4월 8일 13대 총선에서 이를 만회한다. 김대중의 평화민주당은 70석을 얻어 59석에 그친 김영삼의 통일민주당을 제쳤다.

그러나 1990년 1월 민정당과 통일민주당, 신민주공화당이 합당해 민주자유당(민자당)을 창당하면서 정국이 급변한다. 민자당은 299석 가운데 219석을 차지하는 거대 정당이자 지역적으로는 영남과 충청이 호남을 포위한 구도가 됐다. 위기를 느낀 김대중은 1991년 9월 민주당 이기택 총재와 통합해 민주당을 출범시켰다. 1992년 12월 18일 14대 대선이 치러졌다. 후보는 민자당 김영삼, 민주당 김대중, 국민당 정주영, 신정당 박찬종이었다. 대선에서 충청권의 맹주 김종필의 지지를 받은 김영삼이 41.96%를 얻어 당선됐다. 김대중은 33.82%, 국민당으로 출마한 현대의 창업주 정주영이 16.31%를 얻었다.

박정희 후예와의 연대, 대통령이 되다

대선에서 패배한 김대중은 정계 은퇴를 선언하고 1993년 1월 26일 영국으로 떠났다. 그러나 대선에 대한 미련을 버린 것은 아니었다. 케임브리지대학교 객원연구원으로 있던 그는 6개월 만인 7월 4일 귀국했다. 이듬해인 1994년 1월 아태평화재단을 창립한 데 이어 1995년 6월 지방자치단체 선거 유세에 참여했다. 7월 18일 정계 복귀를 선언한 김대중은 9월 새정치국민회의를 창당해 15대 총선에 대비했다. 그러나 1996년 치러진 4·11총선에서 크게 패했다. 내심 1당을 기대했지만 국민회의가 얻은 의석은 서울 18석을 포함해 79석에 불과했다.

부산, 대구, 대전, 강원, 충북, 충남, 경북, 경남, 제주 등 9개 시도에서는 한 석도 얻지 못했다. 집권 신한국당은 서울에서 27석 등 총 139석을 얻어 1당이 됐다. 3당은 김종필이 이끄는 50석의 자민련이었다. 자민련은 충청권(대전, 충남, 충북) 28석 중 24석, 대구에서 13석 중 8석을 차지했다. 김대중의 대권 가도에 적신호가 켜졌다. 수도권을 중심으로 김대중의 정계 복귀 선언을 부정적으로 보는 지식인이 많은 데다 지역적 한계가 분명하다는 게 증명됐다.

이런 상태로 1년 8개월 앞으로 다가온 15대 대선에서 승리하는 건 불가능했다. 무언가 돌파구가 필요했다. 이때 김대중과 김종필이 손을 잡아야 한다는 이른바 DJP 연합론이 부상했다. 김종필은 박정희를 도와 5·16을 일으킨 박정희 정권의 2인자이자 보수 세력의 간판이었다. 김대중의 취약한 고리인 대구·경북과 충청권을 보완하고 보수층의 강고한 비토를 누그러뜨릴 수 있는 최적의 파트너였다.

김종필도 김대중과 손을 잡을 필요성이 있었다. 김영삼 이후 차기 대권을 노리던 김종필은 1994년 민자당 최대 계파인 민주계에서 퇴진을 거론하자 1995년 1월 탈당해 자유민주연합을 창당해 총선에서 50석을 얻는 기염을 토했다. 하지만 그의 독자적인 집권은 어려웠다. 두 사람은 1996년 시장·군수 재보궐 선거, 1997년 3월과 9월 국회의원 재보궐 선거에서 연합공천을 통해 잇따라 승리했다. 15대 대통령 선거를 한 달가량 남겨 둔 1997년 11월 3일 김대중이 서울 청구동 김종필의 집을 찾았다.

1998년 3월 3일 김대중 대통령이 김종필 국무총리에게 임명장을 주고 있다. 앞서 두 사람은 연대를 통해 1997년 12월 15대 대선에서 승리했다. (출처: 연세대학교 김대중도서관)

두 사람은 ▲대통령 후보는 김대중으로 하고 초대 국무총리는 김종필이 한다. ▲16대 국회에서 내각제 개헌을 하기로 합의한다. 개헌 시기는 1999년 12월 말 이전으로 한다. ▲국무총리는 실세형 총리로 하고 경제 부처 임명권은 국무총리가 갖는다. ▲지방선거 수도권 광역단체장 중 한 명을 자민련 소속으로 한다는 데 합의했다.

"이는 당시 대선의 판도를 뒤흔든 대형 이슈였다. 중앙일보는 이를 이렇게 보도했다. "김대중 국민회의 총재와 김종필 자민련 총재 간의 DJP연합이 마침내 성사됐다. 이로써 대선은 DJP 대 반DJP의 대결구도로 전환될 전망이다. 기존의 정권교체나 3김 청산, 세대교체 논쟁들은 DJP냐 아니냐, 구체적으로는 김대중 대통령이냐, 아니냐의 의미를 가지게 될 것으로 보인다."
(1997. 11. 4. 중앙일보)

김종필에 이어 11월 4일 포철신화의 주인공 박태준 의원이 자민련에 입당해 총재로 추대됐다. 박태준은 1992년 민자당 대선 후보 경선 과정에서 김영삼과 결별해 4년 동안 일본에서 사실상 망명생활을 했다. 1997년 5월 귀국한 그는 7월 24일 경북 포항 재보궐 선거에서 무소속으로 당선됐다. 포항제철 창업자 박태준은 박정희가 가장 아끼던 5·16혁명 동지이자 부하로 김종필과 함께 박정희를 잇는 보수 세력의 간판이었다. 이로써 김대중-김종필-박태준으로 이어지는 삼각 고리가 완성됐다. 12월 18일 대선은 국민회의 김대중, 한나라당 이회창, 한나라당을 탈당해 국민신당을 만든 이인제 3자구도로 치러졌다. 선거 결과 김대중이 40.27%, 1천 32만 6275표를 얻어 당선됐다. 이회창은 993만 5718표(38.74%), 이인제는 492만 5591표(19.20%)를 얻었다. 김대중과 이회창의 표 차이는 1.53%p, 39만 557표에 불과했다. 김대중은 충청도에서 이회창보다 43만 표를 더 얻었고 대구·경북에서 약 14%의 득표율을 기록했다. 김종필과 박태준의 도움이 없었다면 승리는 불가능했다. 대통령 도전 4수만에 김대중은 15대 대통령이 됐다.

4. 3인의 죽음과 동작동 국립 서울현충원

4-1 이승만

4·19혁명과 하야, 이화장 귀환

대한민국은 1948년 제헌의회에서 대통령제를 택하되 대통령과 부통령이 있는 정·부통령제를 선택했다. 부통령은 대통령이 사망 등 공석이 됐을 경우 대통령직을 승계하는 국정의 2인자다. 정·부통령은 미국처럼 같은 정당에서 대통령과 부통령이 러닝메이트로 출마하는 방법과 필리핀처럼 대통령과 부통령을 별개의 선거로 선출하는 방법이 있다. 대통령과 부통령을 각각 선출하면 민의를 충분히 반영하는 장점이 있지만 대통령과 부통령 소속 정당이 달라지면서 정치적 불안정이 커지는 단점이 있다. 우리가 선택한 제도는 후자였다. 1956년 선거에서 대통령은 자유당 이승만, 부통령은 민주당의 장면이 당선됐다. 이승만은 부통령 장면을 철저하게 고립시키는 방법으로 국정을 운영했다.

제4대 대통령과 제5대 부통령을 뽑는 선거일이 1960년 3월 15일로 결정됐다. 자유당은 대통령 후보로 현직 대통령인 이승만, 부통령 후보로 국회의장 이기붕을 선택했다. 민주당은 대통령 후보로 대표였던 조병옥을, 부통령 후보로는 현직 부통령인 장면을 선출했다. 그런데 미국에서 위염 치료를 받던 대선 후보 조병옥이 2월 15일 심장마비로 갑자기 사망했다. 이로써 대통령 선거는 신임투표 성격이 되면서 이승만의 당선은 사실상 확정됐다. 이 때문에 부통령 선거전이 더 격화됐다. 이승만의 나이는 85세, 당시 평균수명으로 보면 언제 사망할지 모르는 고령이었다. 부통령이 될 경우 대통령으로 직행할 가능성이 높았다. 이를 노려 이기붕은 경찰과 행정기관을 동원해 대대적인 부정선거를 저질렀다. 내무부 장관 최인규가 앞장서서 이를 도왔다. 선거 결과 이기붕이 833만 7059표를 얻어 당선됐고, 장면이 얻은 표는 184만 3758표였다. 무려 649만 표 차이였다. 4년 전 선거에서 장면이 이기붕을 꺾고 부통령에 당선된 것을 감안하면 아무래도 이상했다.

마산에서 첫 시위가 벌어졌다. 최소 7명이 사망했지만 경찰의 강경 대응으로 시위는 다소 잠잠해졌다. 그러나 고교생 김주열의 시신이 4월 11일 마산 앞바다에서 떠오르면서 상황이 달라졌다. 마산시위는 서울에도 영향을 끼쳐 4월 18일 고려대 학생들의 시위가 일어났고, 이를 깡패들이 습격해 사태가 악화됐다. 4월 19일 광화문 일대에 약 3만 명의 대학생과 고등학생이 모였고 이들 중 수천 명이 경무대 앞으로 진출했다. 경찰이 총을 쏘면서 이들을 저지하면서 이날 하루 서울에서만 110명이 숨지는 등 부산, 마산, 광주를 포함해 143명이 사망했다. 보건사회부 4·19사후수습본부 발표에 따르면 시위로 전국에서 총 186명이 숨지고 6259명이 다쳤다.

정국은 새로운 양상으로 전개되기 시작했다. 이승만 정부는 계엄령을 선포했지만 군은 경찰과 달리 시위를 적극적으로 막지 않았다. 오히려 시위대가 탱크 위에 올라가기도 했다. 미국도 한국의 시위진압 방법을 강하게 비판했다. 이승만은 26일에서야 사태의 심각성을 인식했다. 특히 4월 19일 유혈사태로 많은 대학생이 숨진 것을 뒤늦게 알고 충격을 받았다. 그는 젊은 시절 조선왕조에 저항했던 자신의 모습을 보았다. 부상 학생들을 찾은 이승만은 "이 젊은 학생들이 참으로 장하다."고 말했다. 하야를 결심한 이승만은 4월 26일 4분 59초 분량의 성명을 발표한다.

"사랑하는 청소년 학도들을 위시하여 우리 애국 애족하는 동포들이 내게 몇 가지 결심을 요구하고 있다하니 내가 아래 말하는 바를 할 것이다. 한 가지 내가 부탁하고자 하는 바는 이북에서 우리를 침략하고 공산군이 호시탐탐하게 기다리고 있다는 것을 명심하고 그들에게 기회를 주지 말도록 힘써 주기를 바라는 바이다. 첫째는 국민이 원하면 대통령직을 사임할 것이며 둘째는 지난번 정·부통령 선거에 많은 부정이 있었다고 하니 선거를 다시 하도록 지시하였고, 셋째는 선거로 인한 모든 불미스러운 것을 없애기 위해서 이미 이기붕 의장이 공직에서 완전히 물러가겠다고 결정한 것이다. 넷째는 만일 국민이 원하면 내각책임제 개헌을 할 것이다."(이승만 대통령 하야 성명/

대통령기록관)

이승만은 4월 27일 국회에 사임서를 제출했고 바로 수리됐다. 그는 대통령 취임 11년 9개월 만에 대통령직에서 물러났다.

하와이에서 맞이한 쓸쓸한 죽음과 무산된 국장(國葬)

이승만은 서울 낙산 기슭에 있는 자신의 집 이화장(梨花莊)으로 돌아왔다. 현재 서울 대학로 한국방송대학교 캠퍼스 뒤쪽이다. 이승만은 1947년 10월 18일 이화장에 입주했다. 이화장은 이승만이 미국에서 귀국한 후 마땅한 거처가 없어 호텔과 서울 동소문동 돈암장 등을 전전할 때 실업가 권영일(權寧一) 등 30여 명이 돈을 모아 마련해 준 집이다. 대지 약 5,500㎡, 건평 230㎡ 규모로 본채와 이승만이 초대 내각 명단을 구상한 조각당(組閣堂), 그리고 여러 부속 건물로 되어 있다. 1948년 8월 22일 이화장을 떠났던 그가 돌아온 건 약 12년 만이었다. 그러나 당시 복잡한 사회 분위기와 정치 사정상 그가 국내에 머물기 힘들었다. 약 한 달 후 이승만은 제2의 고향 하와이로 가기로 했다. 5월 29일 6시 30분 이승만 부부를 태운 승용차가 김포공항에 도착했다. 하와이행을 심각하게 생각하지 않았던 이승만은 오랜만에 과거 동지들도 만나고 좀 쉬다가 귀국할 예정이었다. 그래서 이승만과 프란체스카가 가져간 건 옷이 든 트렁크 2개, 식료품이 든 가방 1개, 타자기가 전부였다.

하지만 그의 의지와는 달리 귀국은 불가능했다. 한국으로 돌아오려고 몇 차례 시도했으나 모두 무산됐다. 이승만을 하와이로 사실상 추방한 허정 과도정부, 4·19 후 새로 집권한 민주당 정부, 5·16으로 등장한 군사정권도 그의 귀국은 부담스러웠다. 이승만은 향수병 등이 겹쳐 건강이 악화됐고 1965년 7월 19일 90세의 일기로 마우날라니 요양원에서 쓸쓸하게 숨졌다. 이승만의 시신은 하와이 한인기독교회에서 영결예배를 마친 후 7월 23일 미 공군수송기 편으로 김포공항에 도착했고, 바로 빈소인 이화장으로 옮겨졌다. 이화장에 돌아온 건 5년 2개월여 만이었다. 이승만의 양자 이인수를 비롯한 유족, 그리고 자유당 인사들은 국장을 요구했지만 박정희는 국민장을 제시했다. 1965년은 4·19가 일어난 지 불과 5년 후였다. 야당인 민주당과 학생, 4월 혁명 동지회 등 4·19혁명 관련 단체들은 국장도 국민장도 과분하다며 3일간 농성을 하는 등 강력하게 반발했다. 민주당과 가까웠던 유력지 동아일보는 사설에서 "국장도, 국민장도 불가하다."며 "정부는 즉시 이승만의 장례에서 손을 떼라."고 요구했다.

결국 장례는 가족장으로 결정됐다. 7월 27일 이승만의 영구는 이화장을 떠났다. 운구 행렬은 모교인 배재고등학교 학생들이 든 만장과 함께 평소 다니던 정동제일감리교회로 이동했다. 영결 예배는 김광우 목사가 주례했다. 이후 자동차 편으로 동작동 국군묘지(현 국립 서울현충원)까지 갈 예정이었다. 그러나 그의 마지막 가는 길을 보기 위해 수십만 명이 몰려 나왔다. 사람이 걷는 속도로 느리게 움직인 영구 행렬은 7시간 만인 오후 3시 국군묘지에 도착했다. 숭의여자고등학교 합창단의 '때(해) 저물어 날 이미 어두니'라는 조용한 찬송가 속에 이승만은 영면(永眠)에 들어갔다.

1965년 7월 27일 이승만 전 대통령 장례식 모습이다. 당시 영결식은 평소 다니던 정동제일감리교회에서 진행됐고, 이후 국립 서울현충원에 묻혔다. (출처: e영상역사관)

조선 왕릉이 연상되는 이승만의 묘

이승만이 묻힌 곳은 서울현충원에서 주봉인 공작봉으로 향하는 산 중턱이다. 현충원 정문에서 중앙으로 난 도로를 따라가다 작은 개천을 지나 '이승만 대통령 영부인 프란체스카 여사 묘역'이라는 이정표를 따라가면 된다. 안내판, 참배객 서명대가 있는 묘역 입구를 거쳐 사철나무와 향나무가 있는 계단, 그리고 무덤을 지키는 호랑이 모양의 석수(石獸)를 지나 10여m를 가면 이승만과 영부인 프란체스카가 함께 묻힌 합장묘가 나온다. 전체 묘역의 규모는 363㎡다. 봉분과 비석, 그리고 무덤 아랫부분을 감싸는 병풍석을 갖췄다. 이승만의 묘를 보면 왕릉이 연상된다. 조선시대에 조성된 왕릉은 대부분 무덤 입구에 석수를 두고 있고 묘 아래를 병풍석으로 보호했다.

이승만과 프란체스카의 묘. 무덤 아래 병풍석을 둘렀다. 오른쪽에 묘비가 있고 정면에는 황금색 향로가 있다. 방문 당시 바람이 많이 불고 비가 와서 추모식 때 쓰인 일부 조화는 쓰러져 있다.

봉분 앞에는 황금색 향로, 오른쪽에는 묘비 윗부분을 봉황과 무궁화 문양으로 장식한 오석으로 만든 묘비가 세워져 있다. 비석 앞면에는 〈대한민국 초대 대통령 우남 이승만 박사 내외분의 묘〉라는 글씨가 선명하게 새겨져 있다. 뒷면에는 이승만과 프란체스카의 일생이

K-민국 이승만 박정희 김대중

간략히 정리되어 있다.

"대한민국 건국대통령 우남 이승만 박사는 본관이 전주이며 조선조 태종왕자 양녕대군의 15대손인 경선공과 어머니 김해 김씨의 외아드님으로 1875년 3월 26일 황해도 평산군 마산면 대경리 내동에서 탄생하시었다. 1919년 3.1독립운동 후 대한 민국 임시정부의 초대 대통령에 추대되어 조국의 독립운동에 헌신하셨고 1945년 민족해방 후에는 미·소 양군의 분할점령 과 강력한 국제간섭 속에서 민족을 영도 국토분단과 신탁통치 를 반대하며 민족자결의 자율적 정부 수립운동과 탁월한 외교 끝에 1948년 제헌국회의장으로 민주헌법을 제정하고 초대 대 통령에 당선 정부를 수립하여 대한민국의 건국을 세계에 선포 하시었다.

1950년 북한공산집단의 남침을 격퇴하며 1960년까지의 대통 령 재임 중 나라의 안보를 공고히 하고 국가발전의 대본(大本) 을 확립하여 민족사상 처음으로 자유민주국가 창업을 이룩하 시고 1965년 7월 19일 미주 호놀룰루시 마우날라니 병원에서 향년 91세로 천수를 다하시니 전 국민의 애도 속에 7월 27일 국립현충원에 안장되시다. 영부인 프란체스카 도너 여사는 오 스트리아의 수도 빈시에서 1900년 6월 15일 루돌프 도너 공과 프란체스카 게르바르트 여사의 셋째 따님으로 태어나시어 이 승만 박사와 1934년 10월 8일 뉴욕시에서 혼례를 올리셨으며

독립운동가와 대통령의 아내로서 극진한 내조와 근검절약의
귀감이시더니 1992년 3월 19일 이화장(梨花莊)에서 향년 93세
로 서거 3월 23일 부군 곁에 안장되시다."

대한민국 초대 대통령과 건국대통령

이승만 비석은 1998년 세웠다. 유족은 비석에 '건국대통령'이라는
글씨를 넣고 싶었지만 정부가 반대해 '초대 대통령'으로 변경했다. 양
아들 이인수 씨는 그 경위를 이렇게 설명했다.

"1992년 어머님(프란체스카)이 돌아가시고 합장(合葬)하면
서 '대한민국 건국대통령 우남 이승만 박사 내외분의 묘'라고
새겼더니, 1998년 건국 50주년을 맞은 그해, 김대중 정권에서
그 비석을 치우고 '대한민국 초대 대통령 우남 이승만 박사 내
외분의 묘'라는 묘석을 세웠습니다. 미리 새겨 놓은 묘석은 아
버님 묘 옆에 묻었어요."(2017. 7. 월간조선)

그전에는 1970년 설치된 '우남 이승만 박사의 묘'라는 비석이 있었
다. 1965년 안장 당시에는 묘석이 없었지만 프란체스카 여사가 "서
양에서는 죄인의 묘 말고는 묘석이 없는 산소가 없다. 우리가 죄인이
냐?"고 한 말이 청와대에 전달돼 비석을 세우게 됐다. 묘소 앞 오른쪽
에는 '대한민국 초대 대통령 우남 이승만 박사 기념비'가 세워져 있다.
전면에는 이승만의 출생과 학업, 독립운동 투신과 정부 수립 등 그의

K-민국 이승만 박정희 김대중

생애가 기록돼 있고, 뒷면은 이승만의 행적과 사상, 그리고 그를 기리는 장문의 추모 글이 새겨져 있다. 추모 글에는 개신교(기독교) 신자였던 이승만의 색채가 물씬 풍긴다.

"유구한 역사를 통해 하나님께서는 우리 민족에게 꽃피는 아침 달뜨는 저녁 복된 날을 누리게 해 주셨거니와 모진 바람서리 시련의 시기에는 모세와 같은 일꾼을 보내시어 구원의 은총을 내려주셨으니 조선왕조 말에 태어나 잃었던 나라를 다시 찾고 자유민주국가를 창건하여 우리에게 건전한 생존과 원대한 발전의 터전을 마련해 주신 어른이 이승만 박사이시다. (중략) 참으로 파란만장한 공의 생애는 바로 우리 민족 고난의 역사이니 중첩된 수난 속에서 공의 거룩한 독립정신과 나라사랑 그리고 민족의 앞날을 투시하는 예지와 암흑을 이겨 낸 인내심과 우리를 지키신 대영단의 용기와 신뢰하는 경륜은 민족의 삶을 희망과 광명의 길로 영도하여 주시었다."

세계를 움직이신 웅대한 기상이시여
거룩한 나라사랑 민족의 은인이시여
아무도 범할 수 없던 순수하고 고결한 영원한 한국인이시여
반도산하 읊으신 민족시인이시여
오늘도 임 그리며 오가는 동작의 성지에
주님의 은총 중 영복을 누리소서

비문을 지은 사람은 이승만기념사업회 회장을 지낸 유호준 목사다. 그는 하와이 한인교회 복원 운동을 펼치는 등 이승만을 기리는 데 앞장섰고, 6·25전쟁 때는 군목제도 도입을 이승만에게 제안해 군에 군종병과를 만드는 데 기여했다. 기념비 글씨는 한국 근현대 서예가 1세대로 동방연서회 회장을 지낸 여초 김응현, 그리고 한국서예가협회 회장을 지낸 정하건이 썼다. 정하건은 획을 가로 세로로 반듯하게 만들고 글씨 전체가 정사각형을 이루는 것이 특징인 해서체의 대가다.

묘소 왼쪽에는 1971년 세워진 정사각형 모양의 헌시비가 있다. 이 비는 이승만을 마지막까지 지켰던 하와이 교포들이 그에게 보낸 선물이다. 전면에는 이승만을 기리는 헌시가, 그리고 뒷면에는 제작 경위가 새겨져 있다.

전면

배달민족의 독립을 되찾아
우리를 나라 있는 백성 되게 하시고
겨레의 자유와 평등을 지켜
안녕과 번영의 터전을 마련해 주신
거룩한 나라사랑 불멸의 한국인
우리의 대통령 우남 이승만 박사
금수강산 흘러오는 한강의 물결
남산을 바라보는 동작의 터에

일월성신과 함께 이 나라 지키소서

후면

한국의 큰 별 세계를 움직였던
대한민국 초대 대통령 우남 이승만 박사
이곳에 고요히 잠드시다
구십 평생을 자주와 독립으로 나라 위해
몸 바치신 박사의 위대한 모습을 추모하는 마음 간절하여
하와이 동지들 정성으로 모아
눈물을 마시며 삼가 이 비를 세운다
일천구백칩십일년 칠월 십구일
하와이 한인 동지회

4-2 박정희

안보·경제위기와 유신 선포

박정희의 1970년대는 위기의 연속이었다. 첫 번째 위기는 안보였다. 1972년 2월 미국과 중공(중국공산당)이 수교했고, 1973년 1월 미국은 월맹(북베트남)과 강화협정을 맺고 베트남에서 철군했다. 1975년 4월 30일 사이공이 함락되면서 월남(남베트남)이 망했다. 미군 철수가 속속 이뤄지고 있는 가운데 남침용 땅굴 3차례(1974년, 1975년, 1978년) 발견, 1976년 판문점 도끼만행 사건 등 북한의 도발은 멈추지 않았다. 1977년 인권을 내세운 카터의 당선으로 박정희는 정상 간 갈등이라는 어려움에 봉착했다. 카터는 주한미군 전면 철수라는 초강수를 들고 나왔다. 카터는 정치적 기준이 아닌 도덕적 기준으로 세계 문제에 접근한다는 철학을 갖고 있었다. 카터는 683개의 전술핵을 한반도에서 철수했고, 박정희가 요구한 당시 세계 최고 성능의 전투기 F-16 40대 판매도 거절했다. 카터의 전략이 미국의 세계전략이나 동북아의 평화를 위해 잘못된 것이라고 생각한 박정희는 카터와 정면으로 맞붙었다. 두 번째 위기는 오일쇼크였다. 1973년 10월 6일 이스라엘 대 중동국가가 싸운 4차 중동전쟁이 터졌다. 10월 17일 석유수출국기구(OPEC)는 원유 고시 가격을 17% 인상하는 등 자원을 무기로 사용했다. 세계 경제는 심각한 불황을 맞았고, 한국 경제도 마찬가지였다. 5년 후인 1978년 12월 이란혁명으로 팔레비왕정이 무너졌다. 2차 오일쇼크가 터지면서 석윳값은 수직 상승했고 한국 경제는 또다시 어려움에 빠졌다.

　국내 정치적으로도 위기가 고조됐다. 1972년 10월 17일 박정희는 국내외 안보·경제적 위기에 맞서 비상계엄령, 국회해산 및 정치활동 중지, 일부 헌법 효력 정지, 1개월 내 개정헌법 마련 등 4개 항으로 된 특별선언을 선포했다. 이른바 10월 유신이었다. 11월 21일 통일주체 국민회의에서 대통령을 뽑는 간선제, 대통령에게 긴급조치권, 법관 임명권 등 막강한 권한을 부여하는 내용으로 된 유신헌법이 투표율 91.9%, 찬성 91.5%로 통과했다. 그러나 유신헌법은 대통령을 선출할 권리, 옥내외 집회와 시위 금지, 언론·출판·보도 및 방송 사전 검열 등 국민의 기본권을 침해한다는 점에서 여러 문제가 있었다. 특히 유신헌법 제53조에 규정된 대통령 긴급조치권은 단순한 행정명령으로 국민의 자유와 권리에 대해 무제한의 제약을 가할 수 있는 초헌법적 권한이었다. 이후 긴급조치로 사형 8명 등 1140명이 처벌되고 기소된 재판만 589건에 달할 정도로 무리한 법집행이 잇따랐다.

　그러나 박정희가 안보와 경제, 정치적으로 어려움을 겪기는 했지만 정권이 무너질 정도는 아니었다. 그 이유는 첫째로 경제성장으로 삶의 질이 대폭 개선돼 국민의 불만이 줄어들었다는 점이다. 한국 경제는 1972년부터 1979년까지 연평균 10% 이상 성장했다. 박정희가 육성한 중화학공업은 어려움을 겪기는 했지만 점차 세계시장에 성공적으로 진출했다. 오일쇼크는 우리 기업들이 중동 건설시장에 진출해 수십억 달러를 벌어들이면서 극복할 수 있었다. 그가 제시했던 1980

년대 초까지 수출 100억 달러 및 1인당 국민소득 1000달러 달성이라는 국가비전은 이미 조기에 달성한 상태였다. 둘째는 여러 정치적 위기가 있기는 했지만 중앙정보부 등 국가기관이 유신에 저항하는 세력을 사전에 적절히 차단해 1970년대 중반 이후 사실상 그에게 도전할 정치 세력은 없었다.

부하 김재규의 총에 쓰러지다

18년 박정희의 철권통치는 아무도 예상하지 못한 내부의 반란으로 무너졌다. 1979년 10월 26일 밤 청와대 좌측 서울 궁정동 중앙정보부 안전 가옥에서 총성이 울렸다. 박정희는 총상을 입었고 경호실장 차지철은 즉사했다. 비서실장 김계원은 박정희를 국군 서울지구병원으로 옮겼다. 현재 국립현대미술관 서울분원 자리다. 병원장 김병수 준장은 응급소생법을 시행했지만 그는 깨어나지 못했다. 범인은 중앙정보부장 김재규였다. 김재규는 경북 선산(현 구미시) 출신으로 박정희보다 7살 어린 고향 후배이자 조선경비사관학교 동기였다. 안동농림학교, 경북대 농과대학을 거쳐 김천에서 교직생활을 하다 조선국방경비사관학교 2기로 군에 투신해 보안사령관, 제3군단장을 지냈다. 김재규가 출세한 건 박정희 덕이었다. 1971년 중장으로 전역한 김재규는 제9대 국회의원(1973년), 건설부 장관(1974년)에 이어 1976년 12월 국가의 정보를 총괄하는 중앙정보부장이 됐다.

1979년 10월 26일 박정희 시해사건이 일어났던 청와대 옆 궁정동 현장. 1993년 대통령에 취임한 김영삼은 그해 과거 사 청산을 선언하고 궁정동 안가를 철거하고 무궁화동산으 로 바꿨다. 국군 서울지구병원은 국립현대미술관 서울관으 로 바뀌었다.

김재규가 총을 든 건 중앙정보부장 교체론과 관련이 깊다. 당시 최 대 현안은 신민당 총재 김영삼의 의원직 박탈과 이에 따른 부산·마 산의 시위였다. 1979년 8월 9일 가발 수출업체 YH무역 여성 노동자 172명이 폐업조치에 항의해 서울 마포 신민당 당사에서 농성했다. 11 일 경찰이 이를 진압하는 과정에서 노동자 김경숙이 추락해 숨졌다. 이에 신민당은 경찰의 당사 난입에 항의해 농성을 벌였고, 정부는 사 태가 악화된 배후로 김영삼을 지목했다.

앞서 5월 신민당 전당대회에서 김영삼이 총재로 당선됐다. 이에 원외지구당 위원장 3명은 대의원 자격을 문제 삼아 김영삼의 당선은 무효라며 총재단 직무집행정지 가처분신청을 서울민사지방법원에 제출했고 9월 8일 법원이 이를 인용했다. 이에 격분한 김영삼은 9월 12일 뉴욕타임스와 인터뷰를 갖고 박정희 정권 지지 철회, 원조 제공 중단, 민주화 조치를 취하도록 직접 압력을 가할 것 등을 미국에 요구했다. 그러자 공화당과 유정회 소속 여당의원 159명은 김영삼의 발언은 헌정질서를 부정한 사대주의이자, 대한민국과 국회를 모욕한 것이라며 10월 4일 김영삼을 의원직에서 제명했다. 이에 10월 13일 신민당 국회의원 66명 등이 항의 표시로 의원직 사퇴서를 제출했고, 16일 김영삼의 정치적 근거지인 부산을 시작으로 마산, 창원에서 항의 시위가 벌어졌다. 정부는 18일 부산에 비상계엄, 20일 마산·창원에 위수령을 선포해 시위를 진압했다.

부마사태가 마무리된 후 중앙정보부장 김재규 책임론이 여기저기서 터져 나왔다. 이미 박정희는 김재규가 제안했던 노동 및 종교계를 더 압박하는 내용의 긴급조치 10호 발동을 거부한 바 있었다. 그가 곧 교체될 것이란 소문이 정치권에 빠르게 번져 나갔다. 김재규는 평소 대통령 경호실장 차지철과 사이가 좋지 않았다. 차지철은 공수여단 대위였던 1961년 5·16 당시 박정희 경호장교로 인연을 맺은 후 정권의 핵심으로 성장했다. 1962년 중령으로 예편한 후 1963년 공화당 전국구 6대 국회의원, 7~9대 경기도 광주·이천 지역구 의원을 지내다가 1974년 8월 15일 광복절 기념식에서 문세광의 총격으로 대통령 부인 육영수가 숨진 후 경호실장이 됐다. 그날 만찬장에서 차지철은 부마사태 처리가 미흡하다며 김재규를 무시하는 발언을 계속했다. 이에 격분한 김재규가 총을 들어 차지철과 박정희를 쐈다. 김재규는 장기집권을 하는 박정희를 제거하기 위한 거사였다고 주장했지만 법원은 우발적, 충동적으로 일으킨 내란 목적성 범행으로 판단했다. 김재규에게 사형이 선고됐다.

9일의 국장과 조문객 1700만 명

고 박정희 대통령 국장 당시 시신을 실은 운구차량이 청와대를 나서고 있다. 그 뒤를 육해군사관생도들이 따르고 있다. (출처: 박정희기념도서관)

박정희 장례식은 9일간 국장으로 치러졌다. 최규하 대통령 권한대행이 장례위원장을 맡고 백두진 국회의장과 이영섭 대법원장이 부위원장을 맡았다. 영결식은 11월 3일 중앙청 광장에서 엄수됐다. 현재 광화문과 근정전 사이에 있던 넓은 마당이 중앙청 광장이었다. 영결식에는 밴스 미 국무장관과 다위 출라사피야 태국 부수상 등 47개국 조문 사절, 국내외 각계 인사가 참석했다. 청와대에 있던 박정희 시신은 발인식을 하고 육해공군 3군 사관생도들의 호위 속에 영결식장에 도착했다.

전국에 사이렌이 울리고 1분간 묵념, 그리고 장례위원장인 최규하 대통령 권한대행이 건국훈장 대한민국장을 추정했다. 최규하는 조사(弔詞)에서 박정희의 유지를 받들겠다고 다짐했다.

> "지금 우리는 각하의 유지를 받들어 나라의 기틀을 더욱 굳히고, 성장과 건설을 힘차게 계속할 결의를 새로이 하고 있습니다. 우리 대한민국의 민족사적 정통성을 굳건히 수호하면서, 민족문화의 꽃이 피는 부강한 나라를 이룩해 나가겠습니다. 나아가 이 토대 위에서 조국의 평화적 통일을 기필코 달성하고 민족중흥의 대업을 계속해 나가겠습니다." (최규하 대통령 조사/대통령기록관)

이어 윤보암 스님, 김수환 추기경, 강신명 목사가 종교의식을 진행했다. 이어 월남(현 베트남)이 공산화됐을 때 발표했던 박정희의 생전 육성이 나왔다. "자국 안보는 자력으로 지킬 수 있는 결의와 능력을 지녀야만 생존할 수 있다."라는 내용이었다. 식장에 있던 많은 사람이 박정희의 목소리를 듣자 눈물을 흘렸다. 영결식을 마친 유해는 세종로와 서울역을 지나 동작동 국립묘지로 이동했다. 박정희의 갑작스러운 죽음에 많은 국민이 통곡했다. 9일 국장 동안 1700만 명이 조문했고, 박정희의 운구차를 따르는 행렬은 200만 명이었다.

민족중흥을 이룩한 영도자

공작봉 아래 대통령 박정희와 부인 육영수의 묘. 왼쪽이 박정희, 오른쪽이 육영수다. 두 사람의 묘는 봉분이 별도로 조성된 쌍분이다. 박정희 묘 앞 향로와 상석에 새겨진 용의 발톱은 4개다.

박정희의 유해는 국립현충원에서 가장 깊숙하고 가장 높은 곳인 공작봉 바로 아래 국가원수 묘역에 안장됐다. 입구에는 '박정희 대통령 육영수 영부인 묘소'라고 새긴 오석으로 된 안내석, 묘역 안내판이 있다. 입구에서 묘까지는 주목을 심어 좌우를 구분한 화강석 계단 30개가 설치돼 있다. 전체 면적은 3636m²로 국가원수 묘역 중 가장 넓다. 묘역은 부인 육영수가 1974년 8월 15일 광복절 기념식장에서 총에 맞아 숨진 후 조성됐다. 국민장을 치른 육영수가 먼저 안장됐고, 5년 후 박정희가 옆에 묻혔다. 두 사람 무덤이 별도로 있는 쌍분이다. 병풍석에 봉황이 있는 무덤이 박정희, 목련이 조각된 무덤이 육영수다.

무덤 앞 향로와 상석은 용과 무궁화로 장식돼 있다. 여기에 새겨진 용의 발톱은 4개다. 나중에 묻힌 김대중, 김영삼 묘 앞 향로에는 용대신 봉황이 새겨져 있다. 동양에서 용의 발톱 5개는 황제, 3개는 왕(제후)을 의미한다. 명의 제후국을 자처한 조선 왕실은 발톱을 줄여 삼조룡을 주로 썼다. 이후 황제국을 선포한 대한제국 시기에는 발톱 6개가 있는 육조룡을 쓰기도 했다. 정면 오른쪽에는 '박정희 대통령 육영수 영부인 묘소'라고 새긴 묘비가 있다. 묘비는 서거한 지 100일 후인 1980년 2월 2일 제막됐다. 묘비 상단에는 봉황과 무궁화 꽃이 새겨져 있다. 묘비는 높이 2m 28㎝, 너비 1m, 두께 45㎝며, 강화도산 오석으로 만들었다. 비석 뒷면에는 박정희의 일생과 위업을 후세에 전하는 글이다. 이 가운데 '민족중흥을 이룩하신 영도자'라는 단어가 선명하다. 그 아래에는 육영수의 약력이 새겨져 있다.

"대한민국 박정희 대통령은 본관이 고령이며, 직강공의 26
세손이신 박성빈공과 수원 백남의 여사의 넷째 아드님으로
1917. 11. 14. 경상북도 선산군 구미면 상모리에서 태어나시어

K-민국 이승만 박정희 김대중

1945년 건군과 함께 입대 1961년 5.16혁명을 주도 국가재건최
고회의 의장이 되시고 1963년 육군 대장으로 예편, 1963년 제
5대로부터 1978년 제9대에 이르기까지 대통령을 역임하시는
동안 조국 근대화의 기수로서 오천 년 이래의 가난을 물리치시
고 자립경제와 자주국방의 터전을 닦으시어 세계 속의 풍요한
한국으로 부각시키셨으며, 겨레의 염원인 평화적 통일의 기틀
을 마련하시는 등 민족중흥을 이룩하신 영도자로서 민족사상
그 유례를 찾아볼 수 없는 위대한 업적을 남기시고 1979. 10.
26. 서울에서 향년 61로 서거, 삼천칠백만 온 국민의 애도 속에
11월 3일 국장으로 국립묘지에 안장되시다. 대통령 영부인 육
영수 여사는 관성 육종관공과 경주 이경령 여사의 둘째 따님으
로 1925년 11월 29일 충청북도 옥천에서 태어나시어 1950년
12월 대구에서 혼례를 올리셨으며 1974. 8. 15. 서울에서 향년
49로 순국, 8월 19일 국민장으로 박정희 대통령 묘 왼편에 쌍
분으로 안장되시다.
1980년 2월 2일 온 국민의 뜻을 모아 세우다.”

한글을 사랑한 대통령 박정희

묘지문은 박정희의 한글 전용 정책 조언자였던 한갑수가 지었다.
박정희는 1968년 10월 25일 “1970년 1월 1일부터 한자를 혼용한 민
원서류는 받지 않고, 교과서도 한글로만 만들고, 일간 신문까지도 한
글 전용으로 하겠다.”며 한글 전용 정책을 강력히 펼쳤다. 박정희에게

"우리말을 한글로 적는 말글살이로 가는 것이 좋다."고 설득한 사람이 한갑수다. 그는 서울대와 중앙대 교수, 한글학회 이사, 한글재단 이사장을 지내면서 37년 동안 KBS 라디오 프로그램 '바른 말 고운 말'에 출연했다. 묘비 글씨는 서예가 서희환이 썼다. 묘 아래 왼쪽에는 오천년 가난을 몰아낸 박정희에게 민족의 수호신이 될 것을 요청하는 내용의 '박정희 대통령 영전에'라는 헌시비가 있다.

박정희 대통령 영전에

태산이 무너진 듯 강물이 갈라진 듯
이 충격 이 비통 어디다 비기리까
이 가을 어인 광풍 낙엽 지듯 가시어도
가지마다 황금열매 주렁주렁 열렸소이다
오천년 이 겨레의 찌든 가난 몰아내고
조상의 얼과 전통 찾아서 되살리고
세계의 한국으로 큰 발자국 내디뎠기
민족의 영도자외다 역사의 중흥 주외다
자유와 평화통일 그게 님의 이상과 소원
착한 국민 되라시고 억센 나라 만들다가
십자가 지신 오늘 붉은 피 흘리셔도
피의 값 헛되지 않아 보람 더욱 찾으리라
육십년 한평생 국민의 동반자였고
오직 한길 나라사랑 그 길에 바친 이여

굳센 의지 끈질긴 실천 그 누구도 못 지을 업적

민족사의 금자탑이라 두고두고 우러 보리라

우리는 슬기론 겨레 어떤 고난 닥쳐와도

끼치신 뜻을 이어 어김없이 가오리라

몸 부디 편히 쉬시고 이 나라 수호신 되어

못다 한 일 이루도록 큰 힘이 되어 주소서

　헌시는 건국훈장 애국장을 받은 이은상이 썼다. 이은상은 조선어학회사건에 연루돼 홍원경찰서와 함흥형무소에 구금됐고, 1945년 사상범 예비검속으로 광양경찰서에 유치돼 있다 광복으로 풀려난 독립운동가다. 충무공 이순신 기념사업회 이사장, 안중근 의사 숭모회장, 민족문화협회장, 독립운동사 편찬위원장, 세종대왕기념사업회 이사 등을 역임했다. 이은상은 민주공화당 창당선언문을 작성하고, 1972년 10월 청우회 중앙본부 회장으로 10월 유신 지지성명을 발표하는 등 박정희와 가까웠다. 헌시 글씨는 서예가 김기승이 썼다. 박정희는 전남 함평 출신 서예가 손재형과 가까웠고, 김기승은 그의 제자다. 묘역 오른쪽에는 '박정희 대통령 영부인 육영수 여사 영전에'라는 헌시비가 있다.

　박정희 대통령 영부인 육영수 여사 영전에

　박꽃으로 마을길이 눈부신 밤

　하얀 몸매로 나타나신 이여

조용한 걸음을 옮기시어
우리 서로 만나던 그때부터
당신을 고운 아씨로 맞이했습니다

흰 샘물의 미소로
이 땅의 갈증을 풀어주시고
길 잃은 늙은이들과 상처 입은 군인들
놀이터가 없는 어린이들을 껴안아
그 삶은 보람차고 또 벅찼습니다

때로는 무르익은 포도송이들과
장미와 난초의 향기로 이룬
즐거운 모임의 주인으로 임하여
부덕과 모성의 거울이 되시었거니
당신의 장미는 아직 시들지 않았고
뽕을 따서 담으시던 광우리는 거기 있는데
저기 헐벗은 고아들과 외로운 사람들이
당신의 어루만짐을 기다려 서 있거늘

홀연 8월의 태양과 함께
먹구름이 숨어 버리신 날
하늘과 땅으로 당신을 찾았습니다
우리 한 목소리 되어 당신을 불렀습니다

쓰라린 상처와 오한에 쫓기는
당신을 구하러 검은 숲을 헤맸습니다

사무쳐 그리운 여인이시여
돌아서 당신의 삶을 끝내고 가시는 길
이토록 다 버리고 가시는 길에
비옵니다 꽃보라라 날리신 영이시여
저 먼 신의 강가에 흰 새로 날으시어
수호하소서 이 조국 이 겨레를

이 비는 육영수가 숨진 뒤 3개월 후인 1974년 11월 22일 세웠다. 헌시는 1948년 유엔한국대표, 국제펜클럽 한국본부 위원장, 국제펜클럽 부위원장, 국회의원, 한국현대시협회장을 역임한 시인 모윤숙이 지었다. 모윤숙은 강력한 반공주의, 민족주의적 이념으로 조국애와 민족애를 고취하는 시를 주로 썼다. 글씨는 서예가 이철경의 작품이다. 육영수는 평소 목련을 좋아했다. 헌시비 바로 옆에는 충북 옥천 육영수 본가에서 옮겨 심은 목련이 있다.

4-3 김대중

외환위기와 함께 시작한 임기

15대 대통령 선거가 있던 1997년 말 대한민국은 부도 위기였다. 1998년 1월까지 갚아야 할 빚은 3백억 달러, 반면 국내에 있는 달러는 돈은 50억 달러에 불과했다. 11월 21일 정부는 IMF(국제통화기금)에 긴급금융지원을 요청했다. 이날 대통령 김영삼은 김대중, 이회창, 이인제 등 유력 대통령 후보와 박태준 등 각 당 총재를 청와대로 초청해 IMF로 갈 수밖에 없는 상황을 설명하고 도움을 요청했다. 12월 3일 한국 정부와 IMF가 구제금융 협상에 합의했다. IMF의 직접지원과 미국, 일본 등의 협조융자를 포함해 550억 달러의 긴급자금을 받기로 했다. 대신 ▲콜금리 연 25%로 인상 ▲제일은행과 서울은행의 퇴출 ▲9개 부실 종합금융사의 영업정지 ▲외국인의 적대적 기업인수 허용 법안 제출 등 경제주권 중 상당수를 넘겨야 했다. 이에 불만을 가진 정부는 자력 회생 시도를 하고 유력 대선 후보였던 김대중도 "IMF와 재협상하겠다."는 미련을 보였다. 그러자 국제신용평가사들이 행동에 나섰다. 무디스는 12월 21일 한국 국가신용등급을 투자부적격 등급(Ba1)으로 두 단계 떨어뜨렸다. 크리스마스를 이틀 앞둔 12월 23일 금융시장은 공황 상태에 빠졌다. 환율은 달러당 1965원, 종합주가지수는 사상 최대 폭인 7.5% 하락한 366.36으로 마감했다.

외환위기로 김대중의 임기는 사실상 취임 전부터 시작됐다. 대선에서 승리한 김대중은 23일 "약속을 1%도 어김없이 이행하고 한국 경제의 체질 개선 계기로 삼겠다."고 밝혔다. 24일 미 재무장관 루빈은 "미국과 일본, IMF 등이 한국에 100억 달러를 조기 지원하기로 했다."고 발표했다. 김대중은 당선자 신분으로 비상경제대책위원회를 구성했다. 이듬해인 2월 25일 대통령에 취임한 김대중은 IMF와의 약속대로 부실기업 정리와 금융기관 개혁, 노동 분야 개혁, 한국 경제 국제화 등을 본격화했다. 대가는 고통스러웠다. 살인적인 고금리와 구조조정으로 실업자는 1997년 말 50만 명에서 1999년 2월 178만 명으로 늘어났다. 1998년 경제성장률은 건국 이래 최악인 마이너스 5.5%로 곤두박질쳤다. 하지만 상대적으로 재정이 건전하고 탄탄한 제조업 경쟁력을 갖고 있던 한국 경제는 점차 안정을 되찾았다. 김대중이 펼친 외환위기 극복을 위한 금모으기는 21억 달러라는 큰 액수도 중요했지만 국민들의 마음을 하나로 모으는 데 큰 역할을 했다.

정권 초기 공동정권의 한 축을 이룬 자민련과의 협조가 순조롭게 진행되면서 정치적 안정을 이룬 것도 큰 몫을 했다. 경제가 안정되자 김대중은 그동안 미뤄 뒀던 정책을 추진하기 시작했다. 의약분업, 국민기초생활보장제 등 논란이 많았던 법안들이 속속 국회에서 처리됐다. 김대중의 관심사였던 정보화 관련 정책 등 미래를 위한 투자도 원활하게 진행됐다.

황금기, 남북정상회담과 화려한 노벨상

　정치와 경제가 안정되자 김대중은 평생의 꿈이었던 남북관계에 속도를 높였다. 햇볕정책은 분단의 벽을 허물어 남북화해와 통일의 기반을 구축하고 북한의 개방을 이끌겠다는 김대중의 오랜 지론이었다. 그는 적절한 경제적 지원책을 구사하면 자연스럽게 북한의 체제가 개방될 것으로 생각했다. 변화의 바람을 읽은 북한이 2000년 2월 정상회담을 거론했다. 3월 독일을 방문한 김대중은 베를린자유대학 연설에서 '한반도 평화정착을 위한 베를린선언'을 발표했다. 그는 "남북한 당국 간의 대화가 필요하며, 북한은 우리의 특사 교환 제의를 수락할 것을 촉구한다."고 말했다. 비밀리에 남북 간 협상이 진행됐다. 박지원 당시 문화관광부 장관과 송호경 북한 조선아시아태평양평화위원회 부위원장이 특사로 나섰다. 두 사람은 비밀접촉 1회, 특사접촉 3회를 거쳐 평양에서 남북정상회담을 개최하기로 합의했다. 4월 10일 역사적인 남북정상회담 개최가 발표됐다.

　남북정상회담은 6월 13일부터 15일까지 평양에서 열렸다. 김대중이 13일 분단 후 처음으로 평양 순안공항에 도착했고, 북한 최고지도자 김정일이 직접 김대중을 맞았다. 두 사람은 북한군 의장대를 사열한 후 평양 시내로 이동했고, 60만 평양시민이 꽃을 흔들며 환영했다. 15일 김대중과 김정일은 ▲통일문제를 우리 민족끼리 힘을 합쳐 자주적으로 해결해 나간다. ▲통일을 위한 남측의 연합제안과 북측의 낮은 연방제안이 서로 공통성이 있다고 인정하고 앞으로 이 방향에서 통일을 지향시켜 나간다. ▲올해 8.15에 즈음해 흩어진 가족, 친척 방문단을 교환하며 비전향장기수 문제를 해결한다. ▲경제협력을 통해 민족경제를 균형적으로 발전시키고 제반 분야의 협력과 교류를 활성화한다. ▲합의사항을 조속히 실천에 옮기기 위해 빠른 시일 안에 당국 사이의 대화를 개최한다는 총 5개 항의 남북공동선언을 발표했다.

김대중은 김정일에게 서울 방문을 초청했고, 김정일은 적절한 시기에 서울을 방문하겠다고 말했다. 남북 간 화해 무드가 급속히 조성됐다. 8월 15~18일 서울과 평양에서 1차 이산가족상봉 행사가 열렸다. 9월 15일 개막된 호주 시드니 올림픽에는 남북한이 한반도기를 들고 동시에 입장했다. 이어 18일 반세기 동안 끊겼던 철도와 육로를 다시 연결하기 위한 경의선 복원 기공식이 경기도 파주시 임진각에서 열렸다. 김대중은 "경의선 복원은 남북한 전체, 민족경제 전체의 번영을 가져올 것"이라며 한반도의 밝은 미래를 이야기했다.

2000년 10월 13일 노르웨이 노벨위원회는 한국과 동아시아 민주주의와 인권 신장, 북한과의 화해와 평화에 기여한 공로로 김대중을 노벨평화상 수상자로 선정했다. 대한민국 최초로 노벨상이었다. 수상식은 12월 10일 노르웨이에서 열렸다. 김대중이 행사장인 오슬로시청 메인 홀에 들어서자 1100명의 참석자가 모두 일어서 박수로 맞았다. 박수는 그가 단상 오른편에 마련된 자리에 앉을 때까지 계속됐다. 김대중은 평생의 꿈이었을 노벨평화상 메달을 받았다. 그의 인생에서 가장 화려한 순간이었다.

노르웨이 오슬로 시청에서 열린 노벨평화상 시상식에 참석한 김대중 대통령이 노벨상 메달을 들고 있다. 그의 인생에서 가장 화려한 순간이었다. 하지만 그는 퇴임 후 대북송금특검의 칼날을 맞는다. (출처: 연세대학교 김대중도서관)

대북송금 특검의 칼을 맞다

그러나 김대중의 한쪽은 서서히 무너지고 있었다. 발단은 각종 비리사건이었다. 첫 시작은 1999년 발생한 이른바 옷 로비 의혹 사건이었다. 최순영 신동아그룹 회장의 부인 이형자가 당시 김태정 검찰총장 부인의 옷값을 대신 내주었다는 단순한 사건이었지만 IMF 직후 국민이 힘들었던 시기라 분노와 배신감이 커지면서 권력 중심부가 휘청일 정도로 큰 타격을 입었다. 이어 2000년 진승현·이용호·최규선·정현준으로 이어지는 이른바 4대 게이트가 터졌다. 권력 주변이 부패 의혹으로 얼룩지면서 김홍일, 김홍업, 김홍걸 등 그의 세 아들이 구속되고 정권의 2인자로 불렸던 권노갑 전 민주당 최고위원도 구속됐다. 결정적 타격은 헌정사상 최초 연정이었던 자민련과의 공동정권 붕괴였다. 김대중의 새정치국민회의와 김종필의 자민련은 합당까지 추진했으나 의원내각제 무산으로 파국을 맞는다. 2000년 1월 김종필은 자민련으로 돌아갔다. 후임 총리는 자민련 출신 박태준이었다. 박태준은 깐깐하고 보수적이었다. 2000년 4월 10일 남북정상회담 개최가 발표되고 대북비밀송금이 진행됐지만, 김대중 정권의 핵심 인사들은 이를 제대로 알리지 않았다. 그 무렵 김영삼 때 나왔던 '부동산 명의신탁' 문제가 다시 불거지자 박태준은 5월 19일 사퇴 의사를 밝혔고 김대중은 잡지 않았다. 이로써 DJT(김대중, 김종필, 박태준)라 불리며 공동정권을 탄생시켰던 세 사람은 2년 3개월 만에 갈라섰다. 이후 자민련 출신 이한동이 총리를 맡아 느슨한 연대를 이어 갔지만 2001년 9월 임동원 통일장관 해임 문제를 두고 결국 DJP(김대중·김종필)공동정부는 와해됐다.

남북정상회담은 총선에 도움이 될 것이란 전망과 달리 오히려 강한 역풍이 불었다. 16대 국회의원을 뽑는 4·13총선에서 한나라당은 133석을 차지했고, 여당인 새천년민주당은 115석에 그쳤다. 이후 새천년

민주당은 선거에서 연패한다. 서울 은평구청장 등 14개자리가 걸린 2001년 4월 재보선, 서울 동대문을 등 국회의원 3석이 걸린 10월 보선에서 단 한 석도 얻지 못했다. 선거패배로 술렁이던 민주당은 김대중에게 책임을 돌렸고, 2001년 11월 8일 당 총재직에서 물러나야 했다. 그래도 분위기가 호전되지 않자 민주당은 김대중의 탈당을 원했다. 2002년 5월 김대중은 자신의 손으로 만든 당에서 등 떠밀려 나와야 했다.

각종 지원을 받고도 몽니를 부린 북한은 김대중을 더 곤혹스럽게 했다. 2002년 6월 29일 제2연평해전이 터졌다. 북한 경비정이 우리 참수리급 고속정 357호에 갑자기 포격을 가했다. 우리 해군 6명이 전사하고 19명이 다쳤다. 참수리 고속정은 바닷속으로 침몰했다. 초계함과 인근 고속정 등이 교전에 가담하면서 북한 경비정은 퇴각했지만 국민들에게 준 충격은 컸다. 마침 그날은 FIFA 2002 월드컵 축구대회 한국과 튀르키예(터키)가 서울에서 3위 결정전을 치르던 날이었다. 국민들은 축제의 날을 노린 북한에 분개했고 그 여파는 고스란히 김대중에게 향했다. 햇볕정책은 치명타를 맞았다. 더구나 약속과 달리 김정일은 핵을 포기하지 않았다. 김대중이 북한에 핵무기를 개발할 시간을 벌어줬다는 비난이 쏟아지기 시작했다.

김대중의 후임을 뽑는 16대 대선은 2002년 12월 19일이었다. 대선을 3개월 앞둔 9월 국회 국정감사에서 한나라당은 '현대상선 대북 비밀송금' 의혹을 폭로했다. 남북정상회담을 위해 현대가 4억 달러를 대출받아 금강산 관광 대가로 북한에 거액을 줬다는 내용이었다. 김대중은 대국민 성명을 발표하고 수사를 유보했지만 의혹은 가라앉지 않았다. 대선에서 새천년민주당 후보 노무현이 한나라당 이회창을 꺾고 승리했다. 김대중은 탈당했지만 그의 뿌리는 민주당에 있었다. 그러나 대통령이 된 노무현은 비밀송금 의혹을 덮을 생각이 없었다. 2003년 2월 19일 한나라당과 자유민주연합이 대북사건 관련 특검 안을 통과시키자 이를 수용했다. 약 4개월 후인 6월 25일 특검팀은 수사 결과를 발표했다. 특검은 현금과 현물 등 북한에 제공한 5억 달러 모두를 포괄적으로 남북정상회담에 대한 대가적 성격이라고 명시했다.

> "2000년 남북정상회담 직전 북한으로 건네진 5억 달러가 겉으로는 대북 경제협력사업에 따른 현대그룹의 선(先)투자금이거나 정부의 정책적 차원의 대북 지원금 성격을 띠고 있지만 실제로는 정상회담과의 연관성을 부인할 수 없다. 현물 지원금 5,000만 달러를 제외한 현금 4억 5000만 달러를 모두 남북정상회담 이전에 북한으로 보냈고, 송금 과정에 정부가 적극 개입했으며, 국민의 이해를 구하지 않고 불법적 방식으로 비밀리에 송금했다."(2003. 6. 25./대북송금사건 수사 발표)

특히 김대중 정부가 북한에 주기로 한 1억 달러에 대해서는 아무런 명목 없이 건네진 명백한 뇌물로 판단했다. 현대와 북한이 대북사업을 논의하는 과정에서 합의한 경협자금이라는 항변은 전혀 받아들이지 않았다. 가장 아픈 곳을 찔린 김대중은 오른팔이던 박지원 등 측근들이 구속되는 장면을 지켜봐야 했다. 수사 막판에는 현대비자금 150억 원이 드러나면서 현대그룹 정몽헌 회장이 자살했다. 2005년에는 김대중 집권기 불법 도·감청 문제로 임동원, 신건 전 국정원장이 구속됐다. 민주화의 상징, 인권의 보루라는 명성에 금이 가면서 김대중의 말년은 쓸쓸하고 외로웠다. 2007년 12월 19일 17대 대선에서 보수 정당인 한나라당 이명박이 크게 승리했다. 8년 만에 보수정권이 등장하면서 남북 관계는 다시 얼어붙었다. 김대중이 민주개혁 세력의 연대를 주문했지만 그의 말에 주목하는 사람은 거의 없었다. 2009년 7월 13일 김대중은 흡인성 폐렴 증세로 연세대 신촌 세브란스병원에 입원했다. 상태가 악화되자 8월 10일 김영삼, 14일 전두환 등 예전의 정적들이 찾았다. 김대중은 8월 18일 86세의 일기로 숨졌다.

국회에서 처음 치러진 영결식

김대중 장례는 1979년 박정희 이후 30년 만에 치러진 국장(國葬)이었다. 이희호 등 유족들은 김대중을 국립 서울현충원에 묻기를 원했다. 이들은 국립 대전현충원에 국가원수묘역이 있지만 대전으로 가는 걸 거부했다. 대통령 이명박은 유가족 의사를 받아들여 서울현충원을 장지로 정했다. 영결식은 김대중이 6번 국회의원을 지냈다는 점을 고려해 국회에서 치르고, 기간은 총 6일로 결정됐다. 역대 대통령 중에서 국회에서 영결식을 한 건 김대중이 처음이었다.

김대중 국장에서 가톨릭 종교의식이 진행되고 있다. 가톨릭 신자였던 그의 종교를 고려해 천주교 서울대교구장 정진석 추기경을 시작으로 불교, 개신교, 원불교 순으로 종교의식이 이뤄졌다.

북한은 노동당 비서 김기남을 단장으로 특사조의방문단을 파견했다. 8월 23일 오후 대통령 이명박, 외교사절 등 3만여 명이 참석한 가운데 영결식이 거행됐다. 국민의례와 묵념, 고인 약력 보고에 이어 장의위원장인 한승수 국무총리의 조사가 이어졌다.

"대통령께서 이루고자 하셨던 민주주의 발전과 평화적 통일 그리고 국민 통합에 대한 열망은 우리의 미래를 열어가는 소중한 길잡이가 될 것입니다. 대통령께서는 IMF 구제금융이라는 초유의 경제위기를 맞아 과감한 개혁으로 우리 경제를 탈바꿈시키면서도 사회안전망 구축에 힘을 아끼지 않았습니다. 오늘날 우리가 세계적인 IT 강국으로 성장할 수 있었던 바탕에는 「IT 대통령」이 되고자 했던 고인의 열정과 노력이 있었습니다."(한승수 총리 조사/대통령기록관)

박영숙 전 평민당 의원의 추도사, 그리고 가톨릭 신자였던 김대중의 종교를 고려해 천주교 서울대교구장 정진석 추기경을 시작으로 불교, 개신교, 원불교 순으로 종교의식이 진행됐다. 김영미 한국예술종합학교 교수에 이어 평화방송 어린이합창단이 코리아 심포니오케스트라 반주 속에 '고향의 봄' '우리의 소원'을 부르며 그를 추모했다. 영결식은 3군 의장대의 21발 조총 발사로 끝났다. 국회를 출발한 운구 행렬은 많은 시민이 지켜보는 가운데 여의도 민주당사를 거쳐 동교동 사저에 도착했다. 김대중의 서재에는 그가 입원하기 전 읽었던《제국의 미래》가 책상 위에 놓여 있었다. 사저를 나온 영구차는 광화문 세종로 네거리와 서울광장, 서울역, 동작대교를 거쳐 오후 5시 국립 서울현충원에 도착했다. 김대중의 시신은 미리 파놓은 공작 봉 기슭에 종교의식, 헌화 및 분향 등을 거쳐 조용히 묻혔다. 관 속에는 김대중의 손수건과 성경, 이희호의 편지, 김대중의 생애가 담긴 지석이 있었다. 서울현충원에 국가원수가 묻힌 건 박정희 이후 30년 만이었다.

K-민국 이승만 박정희 김대중

인권대통령으로 남고 싶다

김대중 묘역은 국립서울현충원 국가유공자 제1묘역 부근에 조성됐
다. 공작봉 정상 쪽으로 가다 보면 길 중간에 '대통령 김대중 영부인 이
희호의 묘소'라고 되어 있는 오석(검은 돌)으로 만든 안내석이 있다. 좌
대에는 "정의가 강물처럼 흐르고 자유가 들꽃처럼 만발하고 통일에의
희망이 무지개같이 피어오르는 나라를 만들 것입니다."라는 김대중의
어록(語錄)이 새겨져 있다. 묘지로 가는 길은 황토와 평평한 바닥 돌로
조성했다. 중간쯤 가다 보면 길 중앙에 소나무 한 그루가 있다. 원래 땅
의 주인이었던 소나무를 베지 않고 그대로 둔 채 조경을 마무리해 그
나무를 피해 걸어야 한다.

김대중의 묘는 합장묘다. 부인 이희호가 2019년 6월 10일 숨지자 사회
장을 거쳐 함께 묻혔다. 전임자인 이승만, 박정희가 묘지에 병풍석을 두
른 것과 달리 잔디로만 조성했다. 대신 뒤에 소나무 여러 그루가 있어 마
치 무덤을 병풍처럼 호위하는 듯한 분위기다. 묘역의 전체 규모는 514㎡
다. 앞서 묻힌 박정희, 이승만 두 전직 대통령에 비해서는 소박한 규모
다. 묘역은 2005년에 제정된 '국립묘지의 설치 및 운영에 관한 법률', 대
전현충원이 아닌 서울현충원에 매장하는 데 따른 사회의 시선, 화장을
선호하는 사회 분위기, 유족의 의견 등이 두루 고려돼 결정됐다. 무덤 앞
에는 화강암 상석, 그리고 금빛 향로가 있다. 향로의 모양은 이승만, 박
정희와 같고 새겨진 문양은 다르다. 상석 앞은 참배를 할 수 있도록 넓고
큰 화강암을 깔았고, 주변은 황토와 평평한 바닥 돌로 마무리했다.

김대중·이희호의 합장묘. 이승만·박정희의 묘와 달리 병풍석이 없는 평범한 형태다. 무덤 뒤 소나무가 병풍처럼 호위하고 있다. 묘비는 다른 전직 대통령과 같은 모양이다.

오른쪽에 있는 묘비는 충남 보령에서 캔 오석(烏石)으로 제작됐다. 크기는 가로 1.48m, 세로 3.46m다. 묘비 상단에 봉황과 무궁화가 조각되는 등 비석의 모양은 다른 두 전직 대통령과 같다. 묘비 전면에는 '대통령 김대중 영부인 이희호의 묘'라는 글씨가 한글로 새겨져 있고 후면은 김대중의 업적, 그리고 이희호를 소개한 글이다.

"김대중 대통령은 행동하는 양심의 정치인으로 평생 민주주의 인권 평화통일을 위해 헌신하였다. 5번의 죽을 고비를 겪고 6년의 감옥 생활 40여 년 동안 망명 연금 감시당하는 탄압 속에서 단 한 번도 좌절하거나 불의와 타협하지 않고 신념을 지키셨다. 국민을 존경하고 사랑하며 지방자치 실현과 의회주의에 충실한 정치활동을 하셨다. 1998년 대통령이 되신 후 일체 정치보복을 하지 않고 용서와 화해를 실천하고 탕평인사로 국민화합을 실현하셨다. 2000년 6월 햇볕정책으로 남북정상회담을 하여 민족의 화해 협력과 평화의 시대를 열고 평화통일의 기반을 구축하셨다. 같은 해 12월 민주주의 민권 평화를 증진시킨 공로로 노벨평화상을 수상하셨다. 2003년 2월 대통령 퇴임 후 세계와 한반도 평화를 위해 계속 헌신하시던 중에 2009년 8월 18일 서거하셔서 온 겨레와 세계인의 존경과 애도 속에 8월 23일 국장의 예로 현충원에 모시었다.

이희호 영부인은 평생 여성의 권익 신장과 양성평등 실현에 헌신하셨고 가난하고 소외된 사람들의 사랑의 친구로 사셨다. 1962년 김대중 대통령과 결혼하시고 민주주의 인권 평화통일 그리고 국정의 동지와 동반자로 활동하셨다. 김대중 대통령이 서거하신 후에도 민족의 화해 협력과 평화를 위해 계속 헌신하시다가 2019년 6월 10일 소천하셔서 6월 14일 사회장의 예로 김대중 대통령과 합장하여 모셨다."

2019년 8월 13일

묘비 옆면은 김대중의 약력과 상훈 기록이다. 1943년 목포상업고등학교 졸업을 시작으로 2006년 김대중평화센터 이사장까지 13개의 약력, 그리고 1981년 오스트리아 부르노 크라이스키 인권상, 노르웨이 라프토인권상, 국제인권연맹 인권상, 필라델피아 자유의 메달, 조지 미니 인권상 등 12개 상훈 기록이 있다. 반대쪽에는 이희호의 경력과 공적, 상훈, 유족들의 이름이 새겨져 있다. 글씨는 무림(霧林) 김영기 한국국제서법연맹 회장이 한글서체인 원곡체를 이용해 썼다. 묘비 오른편에는 가로 2.6m, 세로 1.8m 크기의 헌시비가 있다.

헌시비 전면에는 '나의 평생에 선하심과 인자하심이 정녕 나를 따르리니 내가 여호와의 집에 영원히 거하리로다'라는 성경 구절, 그리고 시인 고은이 지은 '당신이 우리입니다'라는 시가 새겨져 있다.

당신은 민주주의입니다
어둠의 날들
몰아치는 눈보라 견디고
피어나는 의지입니다

몇 번이나 죽음의 마루턱
몇 번이나 그 마루턱을 넘어
다시 일어나는
목숨의 승리입니다
아 당신은
우리들의 자유입니다
우리입니다

당신은 민족통일입니다
미움의 세월
서로 겨눈 총부리 거두고
부르는 노래입니다
그 누구도 막을 수 없는 것
그 누구도 바라 마지않는 것
마구 달려오는
하나의 산천입니다

아 당신은
우리들의 평화입니다
우리들입니다
당신은 이제 세계입니다
외딴 섬 아기
자라나서 겨레의 지도자
겨레 밖의 교사입니다
당신의 고난 당신의 오랜 꿈
지구의 방방곡곡 떠돌아
당신의 이름은
세계의 이름입니다

아 당신은
우리의 내일입니다

이제 가소서

길고 긴 서사시 두고 가소서

헌시를 지은 고은은 본명이 고은태로 1933년 전북 군산에서 태어났다. 군산중학교 졸업 후 6·25전쟁 중 출가해 불교신문 창간 주필을 지내는 등 10여 년간 승려로 살다가 환속해 자유실천문인협의회를 결성했고, 민주쟁취국민운동본부 상임공동대표를 지냈다. 1980년 김대중 내란음모 사건 등에 연루돼 평소 김대중과 인연이 깊었다. 다만 고은은 2018년 성폭력 문제로 모든 분야에서 제명돼 불명예 퇴진했다. 헌시비 옆면에는 '행동하는 양심, 후농 김대중', '인생은 생각할수록 아름답고 역사는 앞으로 발전한다. 김대중'이라는 어록이, 뒷면에는 김대중의 마지막 일기가 새겨져 있다. 일기를 보면 그의 긍정적 인생관이 보인다.

> "나는 내 일생이 고난에 찬 일생이었다고 생각하지만 결코 불행한 일생이라고는 생각하지 않는다. 나는 내 일생이 참으로 값있는 일생이라고 생각한다. 그것은 내가 무엇을 많이 성취했기 때문이 아니라 바르게 살려고, 국민을 위해서 충성을 다하려고 우리 국민뿐만 아니라 세계의 모든 고통받는 사람들, 세계의 모든 평화를 사랑하는 사람들, 세계의 모든 자유와 정의를 사랑하는 사람들을 위해서 충실하게 살려고 노력해 온 일생이었다고 스스로 믿기 때문이다. 인생은 생각할수록 아름답고, 역사는 앞으로 발전한다."

2장

K-민국··· 이승만, 박정희, 김대중이 남긴 나라

이승만은 1948년 7월 24일 대통령이 됐지만 실질적으로 대통령 권한을 행사하기 시작한 건 8월 15일 미군정이 통치권을 넘긴 때부터다. 그는 1960년 4·19혁명 후 대통령에서 물러나는 4월 27일까지 11년 8개월간 대한민국 대통령을 지냈다. 1961년 5·16으로 정권을 잡은 박정희는 국가재건최고회의 의장에 이어 5~9대 대통령을 지냈다. 국가재건최고회의 의장 2년 7개월을 포함해 1979년 10·26으로 숨질 때까지 18년 5개월을 집권했다. 15대 김대중은 1998년 2월 25일부터 2003년 2월 24일까지 5년간 재임했다. 이승만은 우리 외교·국방에 가장 중요한 한미동맹을 체결했고, 경자유전(耕者有田) 즉, '농지는 농사짓는 사람이 갖는다'는 토지제도의 대원칙을 수립했으며, 초등학교 의무교육을 통해 문맹을 해소했다. 박정희는 한국을 세계 10대 강국으로 이끌었다. 자동차·조선·철강·전자(반도체)·기계 등 중화학공업을 육성하고, 자주국방을 통해 현재의 K-방산을 만들었다. KIST(한국과학기술연구소)를 설립해 과학 선진국으로 이끌고 온갖 반대에도 불구하고 일본과 국교 정상화와 경부고속도로를 건설했다. 가장 효율적이라는 의료보험, 성공적인 산림녹화, 새마을운동을 통해 '하면 된다'는 정신혁명을 구현했다. 김대중은 인권과 남녀평등, 기초생활보장제, 지식 정보화와 공기업 민영화에 큰 획을 그었다. 한류는 그의 대일 문화 개방을 통해 사실상 시작됐다. 이들이 만들고자 했던 나라는 대통령 취임사에 가장 잘 나와 있다. 이승만은 새 국가 건설, 박정희는 가난 탈출과 단합, 김대중은 민주주의와 화해를 강조했다. 세 사람이 만든 법과 제도, 규칙은 우리 사회에 강하게 뿌리를 내렸다. 우리는 모르는 사이에 그들이 만든 나라에서 살고 있다.

1. 국익 외교의 지평을 열다

　외교·국방 분야에서 광화문시대에 가장 두드러진 성과는 한미동맹 체결과 한일수교다. 1948년 8월 15일 출범한 대한민국 정부에게 가장 시급한 건 신생국으로서의 안착이었다. 그러나 6·25전쟁이 터지면서 그 기반이 완전히 무너졌다. 안보가 불안한 상태에서는 경제도 사회의 안정도 어려웠다. 이승만은 미국과 동맹을 맺어 안보 불안을 해소했고, 박정희는 월남전 파병을 통해 한미동맹을 혈맹의 관계로 진화시켰다. 박정희는 식민지배에 대한 거부감과 정치권의 극렬한 반대에도 불구하고 한일수교라는 결단을 내렸다. 한미동맹 체결과 한일수교는 한·미·일 네트워크에 올라탄 것이자 중국이 주도하는 대륙 세력을 떠나 미국 중심의 해양 세력에 들어간 것이었다. 이를 토대로 안보 불안을 해소하고 경제개발에 매진할 수 있었다. 이는 대한민국이 오늘날 K-민국이 되는 원동력이 됐다. 또 러시아, 중국과의 수교도 이를 토대로 이뤄졌다. 다만 한국과 일본은 식민지배라는 아픈 역사가 있어 두 나라 관계를 잘못 다루면 파국으로 치닫는 경향이 있다. 김대중은 오부치 게이조(小渕惠三)와 회담을 갖고 식민지배 사과 및 각종 교류 내용이 포함된 김대중·오부치 선언을 발표함으로써 불편했던 두 나라 관계를 현명하게 정리했다. 또 일본 문화 개방을 통해 오늘날 한류가 폭발적으로 성장하는 계기를 마련했다.

1-1 한미동맹, 70년 번영의 기초

이승만, 휴전 반대와 반공포로 석방

1950년 6월 25일 새벽 북한이 전면 남침을 감행했다. 이승만은 3일 만인 6월 28일 서울을 빼앗겼고 후퇴를 거듭해 8월에는 낙동강 전선까지 밀렸다. 남한이 확보한 땅은 낙동강 이남 영남지역이 전부였다. 전력을 보강한 국군과 미군 등 유엔군은 9월 15일 맥아더 장군의 인천상륙작전 성공으로 서울을 탈환하고 10월 하순 압록강 하류까지 북진했다. 하지만 중공군의 개입으로 1951년 1월 4일 다시 서울을 빼앗겼다. 평택·안성 부근에서 반격을 개시한 유엔군은 4월 21일 서울을 최종 탈환했다. 유엔군은 북으로 진격했지만 전선은 개성에서 양양으로 이어지는 선을 넘지 못했다. 7월부터 유엔군과 공산군 사이에 휴전회담이 시작됐지만 지루한 전쟁은 계속됐다. 1952년 말 전쟁에 지친 유엔군과 공산군 양쪽 모두에서 휴전 이야기가 나왔다. 11월 미국 34대 대선에서 한국전 종전을 공약한 아이젠하워가 당선됐다. 4개월 후인 1953년 3월 김일성에게 전쟁을 부추겼던 소련의 통치자 스탈린 공산당 서기장이 사망했다. 북한과 중공(중국공산당/현 중국)이 미국에 부상 포로 교환을 제안하는 등 휴전 분위기는 빠르게 확산됐다.

그러나 이승만은 6·25전쟁을 불러온 애치슨라인의 악몽을 우려했다. 애치슨라인(Acheson Line)은 1950년 1월 미국 국무장관 애치슨이 발표한 미국의 방위선으로 알류산 열도-일본-오키나와-필리핀을 잇는 선이다. 방위선에서 제외된 한국과 대만은 미국이 지켜야 할 핵심적이 나라가 아니었다. 현 상태에서 휴전이 될 경우 안보 불안을 해소할 장치가 없었다. 휴전 방해에 돌입한 이승만은 1953년 4월 아이젠하워에게 "중공군의 한국 잔류를 허용하는 휴전협정을 체결한다면 한국은 압록강까지 북진할 용의가 있는 나라를 제외한 모든 우방의 철수를 요구한다. 중공군의 북한 잔류 허용을 전제로 휴전이 성립된다면 한국군을 유엔군사령관 지휘에서 철수시키겠다."는 편지를 보냈다. 이어 대규모 궐기대회를 개최하고 포로교환 협정 서명을 거부했다. 이승만은 "미국으로부터 몇 가지 확고한 보장을 받기 전에는 유엔군과 중공군의 동시 철수에 동의할 수 없다."고 밝혔다.

이는 전쟁 재발을 막기 위해 한미상호방위조약을 체결하라는 것이었다. 다급해진 아이젠하워는 4월 27일 클라크 유엔군사령관을 이승만에게 보냈지만 휴전이 성사된 후 논의하자며 확답을 하지 않았다.

이승만은 휴전이 되면 한미상호방위조약 체결은 급격히 동력을 잃을 것으로 판단했다. 유엔군과 공산군의 포로 교환 협정이 체결되기 이틀 전 이승만은 원용덕 헌병사령관을 불러 반공포로 석방을 지시했다. 6월 18일 새벽 2시 한국군의 카빈 총소리를 신호로 포로수용소에 있던 2만 7천 명의 반공포로가 일제히 철조망을 뚫고 탈출해 경찰이 안내하는 민가에 숨었다. 반공포로 석방은 오래도록 협상해 온 휴전을 물거품으로 만들었다. 포로 관리 책임을 맡은 유엔군은 크게 당황했다. 영국 총리 처칠은 극단적인 용어를 동원해 이승만을 비난했다.

중공 대표 우슈취안(伍修權)이 "미국과 힘을 합쳐 이승만을 고립시켜야 한다."고 할 정도로 공산권의 충격도 컸다. 그러나 이승만은 "내가 책임을 지고 반공 한인포로를 석방하라고 명령했다. 유엔군사령관과 또 다른 관계당국들과 충분한 협의가 없이 이렇게 행한 이유는 설명치 않아도 알 것."이라며 아랑곳하지 않았다.

휴전협정을 맺으려면 안보를 보장하라는 이승만의 배수진에 결국 미국이 손을 들었다. 아이젠하워는 월터 로버트슨 미 국무부 극동담당 차관보를 이승만에게 보냈다. 6월 25일 한국에 온 로버트슨은 7월 11일까지 12차례에 걸쳐 이승만과 협상했다. 이승만은 한미상호방위조약 체결을 전제로 휴전협정을 방해하지 않는다는 원칙을 관철했다. 12일 ▲정치회담 기간을 90일로 하되, 만일 정치회담이 실패했을 때 전투 재개 문제는 한국과 미국이 협의해서 결정한다. ▲한국과 미국은 휴전 성립 후 양국 간의 상호방위조약을 조속히 체결하도록 최선의 노력을 한다는 내용의 한미공동성명이 발표됐다. 2주 후인 7월 27일 판문점에서 유엔군과 공산군 간 휴전협정이 체결됐다. 1950년 6월 25일 전쟁이 시작된 지 3년여 만이었다.

한미동맹, 안전과 번영의 단추를 채우다

휴전협정 조인 후 1주일 만인 8월 4일 서울에서 이승만과 덜레스 미 국무장관의 회담이 열렸다. 두 사람은 4차례에 걸쳐 한미상호방위조약, 휴전협정 이후의 정치회담 대책 등에 대해 논의했다. 회담이 시작되자 이승만은 "중공군을 한반도 밖으로 몰아내고 통일을 달성하기 위해 전쟁을 재개해야 한다."고 말했다. 이는 회담 분위기를 주도하기 위한 고도의 책략이자 기선제압용 발언이었다. 그러자 덜레스가 한국군 강화를 위한 군사 지원, 경제원조 등을 거론했다. 마침내 8월 8일 아침 경무대에서 한미상호방위조약 가서명식이 열렸다. 변영태 외무부 장관과 덜레스 국무장관이 서명했고 이승만은 이를 지켜봤다.

이승만과 덜레스 미 국무장관이 1953년 8월 8일 한미상호방위조약 가서명식에서 서명이 끝난 후 환담을 하고 있다. (출처: 이승만기념관)

10월 1일 미국 워싱턴에서 전문과 6조로 된 한미상호방위조약이 정식 조인됐다. 조약 내용은 ▲당사국 중 일국의 정치적 독립 또는 안전이 외부로부터 무력공격으로 위협받고 있다고 인정하면 언제든지 양국은 협의한다. ▲각 당사국은 상대 당사국에 대한 무력공격을 자국의 평화와 안전을 위태롭게 하는 것이라고 인정하고 공통의 위험에 대처하기 위하여 각자의 헌법 절차에 따라 행동한다. ▲미국은 그들의 육·해·공군을 한국의 영토 내와 그 부근에 배치할 수 있는 권리를 가지며 한국은 이를 허락한다는 내용이다.

양국은 상대 당사국에게 1년 전에 미리 폐기 통고를 하기 이전까지 조약은 무기한 유효하다고 규정했다. 하지만 한미상호방위조약 발효까지는 다시 1년을 더 기다려야 했다. 이승만은 유사시 미군의 자동개입 조항 등 조약을 뒷받침할 수 있는 실질적인 결과물을 원했다. 지루한 협상 끝에 경제군사원조 10억 달러 제공, 경제 재건자금과 지상군 20개 사단 증강을 위한 군사력 확대 및 무기 현대화, 미군 2개 사단의 휴전선 배치가 결정됐다. 남침 예상로에 미군을 주둔시킨 것은 북한이 함부로 도발하지 못하도록 하는 인계철선 역할이었다. 인계철선(引繼鐵線)은 폭발물에 연결된 가는 철선으로 이를 건드리면 폭탄이 터지게 된다. 이는 한미상호방위조약에 유사시 미군의 자동개입 조항이 없는 만큼 이를 보완하기 위한 것이었다. 마침내 1954년 11월 18일 조약 제34호로 한미상호방위조약이 발효됐다.

현재 한미상호방위조약은 우리 안보의 핵심이다. 6·25전쟁 후 한반도에서 소규모 충돌을 제외한 전면전이 일어나지 않았던 건 한미동맹의 역할이 절대적이다. 2022년 2월 터진 우크라이나전쟁을 보면 한미동맹이 얼마나 중요한지 알 수 있다. 미국은 우크라이나에 대전차미사일과 탄약 등 대규모 군사와 경제 원조를 제공하지만 미군을 직접 보내 전투를 하지는 않는다. 이는 미국과 우크라이나가 동맹이 아니기 때문이다. 반면 우리가 외부의 침략을 받으면 미국은 한미상호방위조약에 따라 함께 싸우게 된다. 현 작전계획에 따르면 유사시 미 해군의 40%, 공군의 50%, 해병대의 70% 병력을 한반도에 전개하게 되어 있다. 한미동맹은 작전통제권 전환, 주둔군 지위 협정, 북한의 안보위협에 대한 인식 등을 놓고 수많은 갈등과 조정을 거쳐 현재 단계로 진화했다. 한국은 미국과 동맹국이 된 후 국방비로 GNP(국민총생산)의 4%, GDP(국내총생산)의 약 2.7%를 쓰는 등 상대적으로 적은 비용으로 북한의 군사위협을 막고, 경제개발에 매진해 세계 10대 경제 강국으로 성장할 수 있었다. 또 한미동맹 체결로 한국은 중국을 벗어나 미국을 중심으로 하는 해양동맹에 참여했다. 이를 통해 개방국가, 해양국가가 될 수 있었다.

박정희의 책략, 선제적 월남 파병 제안

1949년 10월 중공(중국공산당)이 국민당(중화민국)과의 국공내전에서 승리하고 중국 본토를 장악했다. 전쟁에서 진 국민당은 대만으로 쫓겨났다. 이를 계기로 중공과 소련 등 공산주의 세력은 북베트남, 라오스, 캄보디아 등 인도차이나반도로 세력을 확장했다. 북베트남은 공산주의자와 민족주의자가 결성한 베트남독립동맹(일명 월맹)이 장악했다. 이를 대표하는 사람이 베트남 건국의 아버지로 불리는 '호찌민'이다. 1954년 7월 21일, 프랑스와 베트남 민주공화국(월맹/북베트남)은 스위스 제네바에서 휴전협정을 맺고 8년간의 전쟁을 끝냈다. 이로써 베트남은 북위 17도를 경계로 황제가 통치하는 베트남국과 북베트남으로 분단됐다. 휴전 후 프랑스군이 철군하자 베트남국에서 쿠데타가 일어나 1955년 베트남공화국(월남)이 들어섰다. 하지만 토지개혁 실패로 남베트남 정권은 국민 대다수를 차지하는 농민의 신임을 잃었다. 미국은 인도차이나반도의 연쇄적인 공산화를 우려해 남베트남을 지원했다. 그렇지만 원조가 늘어나자 지도부는 오히려 더 부패해졌다. 1964년 8월 북베트남 수역 통킹만 앞바다를 순찰하던 미 구축함이 북베트남 경비정의 공격을 받는 통킹만 사건이 발생한다. 이를 계기로 미국은 베트남전에 본격 참전한다.

박정희는 베트남전이 격화되기 이전부터 미군의 베트남 참전과 한국군 파병 요청을 예상했다. 박정희는 1961년 11월 케네디 대통령과 정상회담에서 "한국은 강력한 반공국가로서 아시아 안보에 적극적으로 기여하겠다. 한국 정부는 남베트남에 부대를 파견할 용의가 있다."고 말했다. 이는 한국에 주둔하고 있는 미 2개 사단을 이동시키기 전에 우리 군의 파병을 먼저 제안한 고도의 책략이었다. 1963년 7월 박정희는 김성은 국방장관 등 군 수뇌부에게 "만약 미국이 우리에게 병력 파견을 요청하면 어떻게 할 것이냐?"고 묻고 대비할 것을 지시했다. 열 달 후인 1964년 5월 린든 존슨 미 대통령이 한국 등 미 우방 25개국에 베트남전 지원을 요청했다. 이에 박정희는 "아시아의 공산화를 막고 6·25 때 진 빚을 갚아야 한다."며 파병을 결정했다. 7월 22일 국회에 파병 동의안이 제출됐고 31일 국회를 통과했다. 1차로 이동외과병원 장병과 10명의 태권도 교관이, 이어 2차로 공병대를 주축으로 한 수송대와 경비대 병력 2천여 명이 베트남 땅을 밟았다.

박정희는 조만간 미국이 추가로 대규모 전투병 파병을 요청할 것으로 보고 미리 준비했다. 1965년 5월 17일 미 백악관에서 열린 한미정상회담에서 존슨 대통령은 전투병 파병을 요청했다. "한국이 월남에 2000명의 병력을 보낸 것이 의회를 설득하는 데 좋은 역할을 했습니다. 한국이 월남에 1개 사단을 증파해 주시기를 거듭 희망하는 바입니다."

1965년 4월 17일 한미 정상회담에서 만난 박정희와 존슨 대통령, 박정희는 베트남에 한국의 전투병 파병을 약속했고 존슨은 한국의 경제개발과 과학기술을 지원하기로 했다. 두 사람의 관계는 아주 좋았다. (출처: 박정희대통령기념관)

박정희는 파병 대가로 한국의 안보 보장과 경제개발을 위한 차관과 과학진흥을 위한 지원을 요청했다. "1967년은 제1차 경제개발 5개년 계획의 마지막 연도입니다. 우리는 곧 제2차 경제개발 5개년 계획을 추진할 생각입니다. 한국은 미국의 계속적인 원조가 필요합니다." 그러자 존슨은 "한국의 안보는 넉넉한 병력과 충분한 예산으로써 보장할 것"이라며 "1억 5000만 달러의 개발차관은 매년 의회의 승인을 받아서 지급하겠다."고 약속했다. 정상회담 후 열린 한미 공동성명에서 한국군의 월남 추가 파병과 함께 경제개발과 안보, 과학기술 발전을 위해 미국이 한국에 대규모 예산을 지원하겠다는 내용이 발표됐다.

혈맹의 고리를 채우다

당시 베트남 파병 병력은 1만 5000명 규모였다. 이 결정은 야당의 강력한 저항을 받았다. 민중당 윤보선을 중심으로 한 야당은 의원직 사퇴서를 제출했고 대학생들은 반대 시위를 벌였다. 그러나 박정희의 파병 방침은 굳건했다. 8월 13일 야당의 불참 속에 파병동의안은 국회를 통과됐다. 10월 해병대 제2여단 청룡부대와 수도사단 맹호부대가 베트남에 파병됐다. 베트남전이 격화되자 1966년 3월 미국은 한국군 전투사단의 추가 파병을 요청한다. 이에 박정희는 미국의 지원책을 보장하는 16개 항의 '브라운 각서'를 받았다. 브라운 주한 미국대사가 전달한 각서에는 파병에 따른 지원책이 빼곡히 들어 있다. ▲한국군 1개 사단과 1개 예비여단 편성에 드는 예산을 방출한다. ▲베트남 주둔 한국군을 위한 물자와 용역은 가급적 한국에서 조달한다. ▲현재 지원 중인 1억 5천만 달러 AID 차관 외에 한국의 경제발전을 돕기 위해 추가로 1억 5천만 달러를 제공한다. ▲미국이 한국군의 해외참전수당을 부담한다는 내용이다. 브라운 각서 체결 후 1966년 10월까지 9사단 백마부대가 베트남에 파병됐다.

동맹(同盟)이란 두 나라가 함께 행동하기로 한 약속이다. 한 나라가 외부의 공격을 받으면 다른 한 나라를 도와야 하는 게 당연한 의무다. 박정희는 1967년 4월 대통령 선거 유세에서 이렇게 말했다. "만약 월남에 우리 한국군을 파견하지 않았다면 주한미군 2개 사단이 갔을 겁니다. 아무리 우방이요, 뭐요 하더라도 가는 정이 있어야 오는 정이 있을 것 아닙니까?" 한국군은 1965년부터 1973년 3월 월남에서 철수할 때까지 8년 6개월간 약 4만 5천여 명이 주둔했다. 참전 연인원은 32만 5517명이다. 이는 미국 다음으로 많은 병력이었다. 베트남전에서 한국은 전사 4601명을 포함해 총 5099명이 숨졌고, 부상자는 1만 1232명이었다. 종전 후에는 수많은 사람이 고엽제 후유증을 겪었다. 앞서 6·25전쟁에서 숨진 미군 전사자는 3만 6634명, 부상자는 10만여 명이었다. 미국이 한국전에 참전해 피를 흘린 것처럼 한국도 미국을 위해 베트남전에 참전해 피를 흘림으로써 두 나라는 진정한 혈맹이 됐다. 박정희의 베트남 파병은 한미동맹의 고리를 단단히 채웠다.

박정희는 월남전 파병을 경제발전의 기회로 활용했다. 국방부는 1965년부터 1973년까지 베트남 파병으로 인한 외화 획득 효과를 총 50억 달러로 분석했다. 구체적으로 군사원조 증가분 10억 달러, 미국의 한국군 파월경비 10억 달러, 베트남 특수 10억 달러, 기술이전 및 수출진흥 지원이 20억 달러였다. 파병에 따른 경제적 효과는 당시 우리나라 경제 규모를 고려할 때 엄청난 것이었다. 앞서 체결된 한일수교로 받은 공식적인 대일청구권 자금은 5억 달러였다. 추가로 받은 상업차관 3억 달러를 포함해도 8억 달러다. 월남전 파병으로 벌어들인 경제적 효과는 한일수교로 받은 자금의 10배에 달했다. 더구나 월남전은 영세하고 보잘것없던 우리 기업에게 엄청난 기회를 제공한 학교이자 실습장이었다. 수출과 군납, 용역 및 건설 과정에서 기업들은 미군의 납품 조건에 맞추기 위해 관리, 장비, 인력을 현대화했다. 우리 기업들은 베트남전에서 습득한 기술과 경험을 토대로 1970년대 활발하게 해외로 진출했고, 세계적 기업으로 성장할 수 있었다.

핵무기 개발과 한미연합사령부 창설

1960년대 후반 북한의 도발이 잇따르는 가운데 미국이 화해(화해) 정책을 펴기 시작했다. 1971년 주한미군 철수와 1972년 중공과의 수교, 1973년 미국의 베트남전 철수가 이어졌다. 국제적인 분위기 변화를 노린 북한은 1968년 김신조 등 무장공비 31명을 청와대에 보내 공격하는 등 잇따라 도발을 감행했다. 심각한 안보 불안을 느낀 박정희는 자주국방을 추진했다. 자주국방 차원에서 핵무기 개발에 착수한 박정희는 1970년대 말까지 이를 완성한다는 계획을 세웠다. 그러나 1974년 인도가 핵무기 실험에 성공한 후 국제적인 핵 확산을 우려한 미국의 압력으로 핵무기를 개발하는 건 쉽지 않았다. 박정희는 현실주의자이자 실용주의자였다. 핵무기 개발이 어려워지자 한미동맹의 결속력을 높일 수 있는 제도적 방안을 찾았다.

1975년 소련과 중국 등 공산진영이 유엔군사령부 해체를 위한 결의안을 제출하자 박정희는 미국에 북대서양조약기구(NATO)와 유사한

K-민국 이승만 박정희 김대중

한미연합사령부 창설을 미국에 요구했다.

1976년 말 대통령에 당선된 카터는 한국에서 지상군을 완전히 철수하겠다고 밝혔고, 인권 문제를 들어 수시로 압박을 가했다. 카터와 박정희의 관계는 역대 한·미 대통령 중에서 가장 사이가 나빴다. 그렇지만 박정희는 카터와 정면으로 맞서면서도 한미연합사령부 창설을 이끌어내는 지혜를 발휘했다. 1978년 11월 7일 단일 통합 지휘체계를 갖춘 한미연합사령부가 창설됐다. 한미연합사는 현재 한미 군사동맹의 상징이다. 북한의 도발을 억제하는 것은 물론 동북아시아에서 중국을 견제하는 역할을 하고 있다. 한미연합훈련도 박정희 때부터 시작됐다. 1969년 3월 첫 연합 군사훈련인 '포커스 레티나(FR)' 훈련이 실시됐다. 이어 1976년 6월 한미연합 지휘소 훈련인 '을지 포커스 렌즈' 훈련과 대규모 야외 기동훈련인 '팀 스피리트' 훈련이 시작됐다. 이에 압박을 느낀 북한은 북침을 위한 공격 훈련이라고 비난하면서 훈련 중지를 거듭 요구할 정도로 그 파급력은 강했다. 박정희의 핵개발 프로젝트는 미국의 정책을 바꾸도록 한 한판 승부였다.

동맹의 진화, 안보에서 경제·기술동맹으로

박정희 사후 전두환, 노태우, 김영삼까지 한미관계는 큰 변화가 없었다. 1980년대 초 미 레이건 대통령은 군사력에 기초한 소련 압박 정책을 펼쳤고 결국 소련의 붕괴를 이끌어 냈다. 전두환은 이 전략에 편승해 일본의 안보무임승차론을 적극 제기했다. 레이건의 도움으로 전두환은 일본에서 대규모 경협차관을 받아냈다. 대신 그 대가로 전두환은 박정희가 추진했던 핵무기 개발 계획을 포기해야 했다. 후임 노태우도 미국의 대외전략 변화를 빠르게 읽고 대처했다. 사회주의권이 몰락하는 과정에서 동유럽, 러시아, 중국과 잇따라 수교하면서 외교의 지평을 넓혔다. 노태우는 미국과의 협상을 통해 평시작전통제권을 한국군이 행사하기로 했다. 1992년 1월에는 한반도 비핵화에 관한 공동선언을 북한과 체결했다. 김영삼은 북핵 문제를 조율하는 과정에서 북미 직접 협상에 반대해 클린턴 행정부와 적지 않은 갈등을 겪었다. 김대중은 이전 보수정권과는 차별화된 대북 유화책을 썼다. 이른바 햇볕정책을 통해 대북지원을 확대했고, 2000년 6월 15일 김정일과 첫 남북정상회담을 했다. 하지만 김대중은 우리 외교의 기본이 미국이라는 걸 잊지 않았다. 클린턴 행정부 이후 등장한 부시 정권이 남북관계에 제동을 걸자 이를 수용했다.

다만 김대중 집권기에 반미주의가 확산된 건 사실이다. 1999년 9월 AP통신이 6·25전쟁 초기인 1950년 7월 미군이 충북 영동 노근리에서 피난민을 공격한 사건을 보도하면서 반미 이슈가 전면에 등장했다. 이어 2002년 6월 13일 파주에서 미군 장갑차에 여중생 2명이 치여 숨지면서 대규모 촛불집회가 열렸다. 이는 그해 대선에서 자주외교노선을 내세운 노무현이 승리하는 동력으로 작용했다. 이른바 동북아균형자론을 주장한 노무현은 과거 정권들과는 전혀 달랐다. 이는 외교정책의 근간을 미국에 대한 편승에서 균형으로 바꾸자는 것이었다. 노무현은 미군이 전시에 행사하는 작전통제권 환수를 추진했다. 하지만 노무현은 지지층의 반대에도 불구하고 이라크전에 파병하고, 한·미 FTA(자유무역협정)를 체결했다. 결과적으로 노무현은 한미동맹의 궤도를 크게 벗어나지 않았다. 이명박 시대의 한미관계는 순탄했다. 이명박은 2009년 6월 16일 워싱턴에서 한미동맹 공동 비전을 발표했다. 한반도 평화수호를 넘어 테러와 기후 등 다양한 국제 현안에 함께 대처한다는 내용이었다. 후임 박근혜는 집권 초기 한미동맹을 중시하면서도 북핵 문제 해결을 위해 중국에 기대는 정책을 펼쳤다. 2015년 9월 중국이 주최한 '항일전쟁 및 세계 반파시스트 전쟁 승전 70주년' 행사에 참석해 천안문광장 망루에 올랐지만 곧 외교적 패착임이 드러났다. 이후 박근혜는 중국에 대한 기대를 접고 고고도미사일방어체계, 사드(THAAD) 배치를 강행했다.

역대 대통령 중 가장 심각한 균열은 문재인 때 나왔다. 문재인은 한반도 평화프로세스와 한반도운전자론을 내세우며 종전선언, 평화협정 체결, 전시작전통제권의 조속한 전환을 요구해 미국과 심각한 마찰을 빚었다. 그러나 북한은 핵과 미사일 개발을 멈추지 않았고 남북화해의 상징이었던 개성공단 남북연락사무소 건물을 폭파했다. 결국 한미관계만 훼손하고 북한에 철저히 이용당했다는 지적을 받았다. 후임 윤석열은 2023년 4월 바이든과의 정상회담에서 고위급 상설협의체로 핵협의그룹을 신설하고, 한반도에 핵 자산을 전개한다는 내용의 '워싱턴선언'을 발표했다. 아울러 중국을 견제하는 인도·태평양경제 프레임워크에 참여하고, 반도체와 배터리, 원자력, 우주개발 등 산업, 과학기술, 정보동맹으로 한미 두 나라 관계를 확대하기로 했다. 8월에는 미 바이든 대통령, 일본 기시다 총리와 한미일 정상회담을 갖고 '캠프 데이비드 정신' 등 3건의 문건을 채택했다. 또 한미일 정상회담 정례화, 핵심 광물 3국 협력 공고화 등 3국 협력을 강화하기로 했다.

1-2 한일관계의 제1장전과 제2장전

정권의 명운을 걸어야 했던 한일수교

1945년 8월 15일 해방 후 한·일 양국을 미군정이 통치하면서 한일수교는 불가능했다. 태평양전쟁에서 패한 일본은 1948년 8월 대한민국 정부가 출범한 후에도 여전히 미군의 통치를 받았다. 한일수교가 전면에 등장한 건 1951년 9월 8일 미국을 비롯한 승전 48개국이 일본과 샌프란시스코 강화조약을 체결하면서다. 이로써 주권국 대 주권국으로 한일수교 문제가 현안으로 부상했다. 국제법 전문가 이승만이 선수를 쳤다. 이승만은 1952년 1월 18일 한국 연안 수역 보호를 명분으로 대한민국의 영해를 해안에서 60해리로 정한 이른바 이승만 라인을 선포했다. 당시 국제사회의 영해 기준은 3해리였다. 바다의 거리를 재는 기준인 해리(海里)는 1.852㎞다. 이승만 라인을 적용하면 울릉도에서 47해리 떨어진 독도, 중국 발해만 앞바다가 모두 우리 바다가 됐다. 바다의 영토가 줄어들게 된 일본, 자유중국(현 대만), 동북아 국제질서가 흔들리는 것을 우려한 미국이 모두 반대했다. 1952년 2월 15일 1차 수교 협상이 열렸다. 하지만 이승만 라인 선포로 협상이 진전될 가능성은 적었다. 우리가 식민지 배상금 문제를 거론하자 일본은 패전 후 한국에 남겨두고 떠났던 일본인 재산에 대한 청구권을 주장했다. 회담은 두 달 만에 결렬됐다.

1952년 4월 28일 샌프란시스코 강화조약이 정식으로 발효됐다. 미군정 통치 7년 만에 일본이 국제사회에 재등장했다. 주권을 회복한 일본은 독도에 일본 주소를 쓴 팻말을 꽂는 실력행사에 나섰다. 이에 이승만은 우리 영해에 들어온 일본 어선을 나포했다. 이승만은 수교에 적극적이지 않았고 이는 일본도 마찬가지였다. 그들이 전쟁에서 진 나라는 미국이지 식민지였던 한국이 아니었다. 이런 상황에서 1953년 4월과 10월 2차와 3차 회담이 제대로 진행될 리 없었다. 특히 3차 협상에서 이른바 구보다(久保田) 망언이 터졌다. 구보다는 "일본이 진출하지 않았다면 한국은 중국이나 러시아에 점령되어 더욱 비참한 상태에 놓였을 것."이라고 말했다. 이 여파로 4년간 회담이 중단됐다.

4차 협상은 1958년 열렸지만 이번에는 재일교포 북송 문제가 걸림돌이 됐다. 1959년 8월 13일 일본과 북한은 인도 콜카타에서 '재일교포 북송에 관한 협정'을 조인했다. 그해 12월 975명을 시작으로 1962년까지 총 7만 7288명의 재일교포가 북한으로 갔다. 한국은 일본의 이런 태도를 강력히 비난했다. 독립운동가였던 이승만은 압도적으로 국력이 강한 일본이 다시 한반도로 돌아올 것을 우려했다. 당시 일부 기성세대는 일본을 욕하면서도 사정이 어려워지자 일본의 통치를 그리워하는 이중성을 보였다. 실제로 6·25전쟁 때 일부 의원들은 일본 밀항을 기도하다 적발되기도 했다. 이에 이승만은 '반일'을 주요 정책으로 내세워 식민주의 사고에 매몰된 정신을 바꾸기 위해 노력했다. 특히 학생 및 젊은 세대에 반일교육을 강화해 이를 타파하려 했다. 결국 4·19로 이승만이 물러날 때까지 회담은 아무런 진척이 없었다.

1960년 7월 총선에서 민주당이 완승했다. 새로 집권한 장면 정권은 이승만과 달리 적극적으로 한일수교 협상에 나섰다. 하지만 10월 재개된 5차 협상에서 일본이 어업 분야에서 기존 입장을 고수해 회담은 다시 어려움에 빠졌다. 그러던 1961년 5월 16일 박정희의 쿠데타가 일어나면서 협상은 중단됐다. 당시 한일수교는 동북아시아의 국제정세를 고려할 때 꼭 필요했다. 그러나 한국은 1910년 8월 29일부터 1945년 8월 15일까지 35년간 일본에 식민지배를 당했다. 1960년은 해방된 지 불과 15년 후였다. 협상에서 조금이라도 양보했다는 말이 나오면 공격을 받을 게 뻔했다. 한일수교는 한국 지도자로서는 자칫하면 정권을 잃을 수 있는 도박이었다. 이승만도 장면도 이런 부담에서 벗어날 수 없었다.

박정희의 강공, 한일수교 협상과 6·3사태

1961년 5·16을 통해 집권한 박정희도 전임 정권들과 마찬가지로 한일수교가 부담스러운 건 마찬가지였다. 하지만 한국의 안보 위험을 줄이고 경제개발을 위해서는 수교가 불가피하다고 생각했다. 그 사이 국제정세도 크게 바뀌었다. 1960년 1월 미·일 두 나라는 소련과 중공의 위협을 고려해 공동 방위를 명문화한 신안보조약을 체결했다. 미국은 이 조약을 보완하기 위해 한일 두 나라에 수교를 강력히 요구했다. 일본도 안보투쟁 격화로 기시 내각이 물러난 후 새로 들어선 이케다 내각은 수교에 적극적이었다.

1961년 10월 20일 제6차 한일회담이 재개됐다. 11월 12일 미국 방문길에 일본에 간 박정희 최고회의 의장은 이케다 하야토(池田勇人) 총리와 만나 빠른 시일 안에 국교를 정상화하기로 했다. 하지만 청구권 액수와 명목을 놓고 협상이 진척되지 않았다. 결국 김종필 중앙정보부장과 오히라 외무대신이 1962년 10월 21일, 11월 12일 두 차례 고위급 정치회담을 통해 이를 해결했다. 두 사람은 대일청구권 자금을 무상(無償) 3억, 유상(有償) 2억, 상업차관 1억 달러 이상으로 한다는 내용에 합의하고 이른바 '김종필-오히라 메모'를 작성했다. 그러나 정치권을 중심으로 '한일수교는 제2의 을사조약'이라는 목소리가 나오면서 협상은 다시 막혔다. 박정희는 1964년 1월 10일 연두교서를 통해 한일 국교 정상화를 조속히 추진하겠다고 발표했다.

> "한일 관계에 있어서는 극동에서 자유진영과 상호 간의 결속의 강화로써 극동의 안전과 평화유지에 기여한다는 대국적 견지에 입각하고, 동시에 양국 간의 선린관계의 수립이 상호 간 번영의 터전을 마련할 뿐만 아니라 현재 국제사회에서 현실적인 요청임을 고려하여 정부는 진행하고 있는 한일회담을 조속히 타결코자 초당적인 외교를 추진토록 할 것입니다." (박정희 대통령연설문집 제1집/대통령기록관)

박정희는 은밀히 혁명 동지인 박태준(포스코 창업주)을 일본에 보내 협상을 마무리하라는 밀명을 내렸다. 1964년 3월 23일 공화당 김종필 공화당 의장과 일본 외무장관 오히라가 회담 일정에 합의했다.

그러자 회담 중단을 요구하는 대규모 시위가 벌어졌다. 서울시내 30여 개 대학은 '대일 굴욕외교 반대 학생 총연합회'를 발족해 수교협상 저지에 나섰다. 5월 20일 학생과 시민 4천여 명이 서울 이화동 일대에서 7시간 동안 경찰과 충돌해 백여 명이 다쳤고, 6월 3일 시위에는 전국에서 만 5천여 명이 참가했다. 박정희는 시위가 격화되자 서울 일원에 비상계엄령을 선포하고 3개 사단을 배치했다. 대학에는 무기한 휴교령이 내려졌고, 집회는 중단됐다.

1964년 12월 3일 한일수교 7차 회담이 재개됐고, 1965년 2월 20일 대한민국과 일본 간의 기본관계에 관한 조약이 가조인됐다. 넉 달 뒤인 6월 22일 한일수교 조약이 도쿄에서 정식 조인됐다. 6월 23일 박정희는 대국민 특별담화를 통해 "우리는 이제 한일 간의 공동의 이익과 공동의 안전과 공동의 번영을 모색하는 새로운 시대에 접어든 것입니다. 이 공동의 관계는 호혜·평등의 관계요, 상호협력의 관계이며, 또한 상호보완의 관계입니다."라고 밝혔다.

과거에는 적, 미래는 그럴 수 없다

하지만 국회 비준 과정에서 야당의 반대가 계속됐다. 7월 14일 한일협정비준동의안을 국회에 상정하자 민중당 소속 국회의원 61명은 의원직 사퇴서를 제출했다. 8월 14일 야당 의원들이 불참한 가운데 비준동의안이 의결됐다. 마침내 한·일 두 나라는 12월 18일 기본조약 및 협정에 의한 비준서를 교환했다. 이로써 해방된 지 20년, 대한민국

정부가 출범한 지 17년 만에 양국 관계가 정상화됐다. 이날 박정희는 담화문을 발표했다.

"과거 36년간 우리와 일본 간의 관계로 말한다면 그것은 분명히 구적관계라고 할 수 있습니다. 그러나 그것은 어디까지나 과거입니다. 그것은 우리의 현재가 아니며 또 미래가 그럴 수 없다는 것은 다시 말할 필요조차 없는 것입니다. 호전적인 중공의 사주를 받아 언제 재침해올지도 모르는 북괴와 대치하고 있는 우리의 경우 한 나라라도 더 많이 우리 우방으로 만들어 상호협력관계를 맺고 그러한 국제협력의 기초 위에서 조국의 근대화와 자립경제건설에 박차를 가하여 우리의 힘으로 국토를 통일할 수 있는 자주적 역량을 길러야 한다는 것은 하나의 역사적 당위라고 해도 과언이 아닌 것입니다." (한일협정 비준서 교환에 즈음한 담화문/동북아역사넷)

한일수교 관련 기본조약과 협정은 '대한민국과 일본국 간의 기본관계에 관한 조약', 이에 부속된 4개의 협정, 협정부속서 및 의정서 등 25개의 문서로 되어 있다. 한일기본조약은 모두 7개 조다. 핵심은 1~3조로 ▲외교 및 영사관계를 수립한다. 대사급 외교사절을 지체 없이 교환한다. ▲1910년 8월 22일 및 그 이전에 대한제국과 대일본제국 간에 체결된 모든 조약 및 협정이 이미 무효임을 확인한다. ▲대한민국 정부가 국제연합 총회의 결정 제195호(III)에 명시된 바와 같이 한반도에서 유일한 합법정부임을 확인한다는 내용이다.

1965년 박정희 대통령이 청와대에서 한일비준서에 서명하고 있다. 한일국교 정상화는 한국 현대사에 있어 경제개발, 한·미·일 네트워크에 타게 되는 일대 역사적 사건이다. (출처: 대통령 기록관)

4~7조는 ▲양국 상호 간의 관계에 있어서 국제연합 헌장의 원칙을 지침으로 한다. ▲양국의 무역, 해운 및 기타 통상 조약 또는 협정을 체결하기 위한 교섭을 조속히 시작한다. ▲민간항공 운수에 관한 협정을 체결하기 위하여 실행 가능한 한 조속히 교섭을 시작한다. ▲본 조약은 비준되어야 한다. 비준서는 가능한 한 조속히 서울에서 교환한다는 내용이다. 부속협정은 청구권·경제협력 등 4개다. 〈청구권·경제협력에 관한 협정〉을 통해 일본이 3억 달러의 무상자금과 2억 달러의 장기저리 정부차관을 제공했다. 어업협정에서는 양국연안 12해리의 어업전관수역을 설정하고, 어업자원의 지속적 생산성을 확보하기 위한 공동규제수역을 설정했다. 〈재일교포의 법적지위와 대

우에 관한 협정〉에 의해 재일한국인이 영주권을 획득할 수 있는 길이 열렸다. 또 〈문화재·문화협력에 관한 협정〉을 통해 일본으로 유출된 다수의 문화재를 반환받을 수 있게 되었다.

박정희의 한일수교는 과거사를 현실과 미래 이익을 위해 바꾼 것이었다. 박정희는 1962년 제1차 경제개발 5개년 계획을 세웠지만 돈을 빌려주겠다는 나라가 없었다. 1961년 한국이 서독에 광부와 간호사를 보내기로 하고 받은 차관이 3천만 달러에 불과했다. 한일수교를 통해 한국이 받은 돈은 무상공여 3억 달러, 유상자금 2억 달러 등 총 5억 달러였다. 이와 별도로 민간차관 3억 달러가 도입됐다. 이 돈이 대한민국의 근대화의 마중물이 됐다. 박정희는 이 돈으로 포항제철소, 영동화력발전소, 경부고속도로, 소양강댐을 건설했다. 또 원자재를 도입하고 송배전 시설을 깔았으며 농업용수 개발, 어선 건조 등 낙후된 농수산업 기반 구축에 투입했다. 한일수교가 이뤄지면서 우리 기업들은 선진기술을 배울 수 있었다. 당시 우리 기술 수준은 선진국에 비해 크게 떨어졌고, 기술을 제공하겠다는 나라도 없었다. 현대자동차는 미쓰비시에서 자동차 엔진과 차체를, 삼성전자는 마쓰시타에서 컬러TV, 포항제철은 야하타 및 후지제철소, 니혼강관에서 제철기술을 이전받았다. 현재 이들은 세계 굴지의 기업으로 성장했다. 다만 수교 과정에서 일본의 침략과 가해에 대해 제대로 사죄받지 못한 건 아쉬운 점으로 남았다.

전두환의 40억 달러 대일 안보차관과 삼성 반도체

박정희 사후 정권을 잡은 전두환은 경제안정이 시급했다. 이를 위해 산업구조 개편과 물가안정을 위한 초긴축 재정을 펼쳤고, 새로운 산업 육성을 위한 외자 도입을 추진했다. 전두환은 돌파구를 일본에서 찾았다. 1981년 2월 미국을 방문한 전두환은 레이건 대통령과의 정상회담에서 "한국은 태평양에서 자유진영의 방파제 역할을 하고 있다. 일본은 한국의 군사안보적 역할 즉, 한국에 거액의 차관을 제공해야 한다."며 일본의 안보 무임승차론을 제기했다. 그러자 레이건은 한반도와 동북아시아의 평화를 유지하기 위해 한·미·일 안보협력 체제의 구축이 중요하다며 이를 지원했다. 이는 세계 패권국인 미국 외교의 방향 전환을 고려한 것이었다. 당시 미국은 1980년 세계 2, 3위 경제대국으로 부상한 일본과 독일을 견제하기 위해 다양한 대응책을 준비하고 있었다. 대표적인 게 플라자 합의다. 이는 1985년 9월 미국, 프랑스, 독일, 일본, 영국(G5) 재무장관이 뉴욕 플라자 호텔에서 외환시장에 개입해 미 달러를 일본 엔과 독일 마르크에 대해 가치를 낮출 것에 합의한 것을 말한다.

플라자 합의 후 일본 경제는 30년간 내리막길을 걷게 된다. 1983년 1월 나카소네가 현직 일본 총리로는 처음으로 한국을 방문했다. 나카소네는 1983년부터 1989년까지 7년간 차관 18억 5000만 달러, 일본 수출입은행 융자 21억 5000만 달러 등 총 40억 달러를 제공했다. 이는 88올림픽 준비 등 한국이 제2의 도약을 하는 데 큰 도움이 됐다.

또 한국이 오늘날 반도체 산업의 세계적 강자로 성장하는 데는 전두환의 숨은 공이 있다. 최근 미국이 중국에 첨단 반도체 설비 수출을 통제하는 것처럼 당시에도 반도체는 대표적인 전략물자였다. 나카소네 총리는 전두환과 회동 후 한국에 반도체 생산 설비 수출을 승인하는 파격적인 결정을 내린다. 그전까지 일본은 한국에 반도체 장비를 팔지 않았다. 이를 계기로 삼성은 64KD램 생산에 성공한다. 이후 삼성은 일본을 꺾고 세계 반도체 최강자로 등극했다.

김영삼의 '버르장머리'와 IMF 외환위기

그러나 한일관계는 언제든지 갈등이 불거질 소지를 안고 있었다. 1982년 7월 일본 역사 교과서 왜곡 파동이 불거졌다. 이에 전두환은 천안에 독립기념관을 짓는 걸로 대응했다. 1987년 약 120만 평 규모의 독립기념관이 개관했다. 노태우 집권기에는 위안부 문제가 터졌다. 1991년 위안부 출신인 김학순 등 3명이 일본 정부를 상대로 소송을 시작했다. 위안부는 중일전쟁과 태평양전쟁 때 일본군이 만든 위안소에서 군인들에게 성(性)을 제공했던 여성이다. 강제동원 등 일본 국가권력이 관여한 반인도적 불법행위는 청구권 협정으로 해결된 것으로 보기 어려웠다. 이는 1965년 한일 국교 정상화 때 해결되지 않은 불씨였다. 더구나 위안부는 조선뿐 아니라 중국, 필리핀 등에도 있었다. 위안부 문제는 1993년 2월 25일 김영삼이 14대 대통령에 취임하면서 더 악화된다.

김영삼은 이른바 '역사바로세우기'를 통치에 이용한 대일 강경론자였다. 취임 직후인 1993년 이승만부터 노태우까지 관저 겸 집무실로 사용했던 청와대 구 본관(경무대→청와대)을 총독관저였다는 이유로 철거했다. 이어 1995년 해방 후 미군정청사, 중앙청, 국립중앙박물관으로 사용되던 구 조선총독부 청사를 '대한민국 정통성 확립'을 내세우며 철거했다. 김영삼은 위안부 문제에 대해서도 "일본에 보상을 요구하지 않겠다."며 강경하게 대응했다.

　　이에 일본은 일본군 위안부 동원의 강제성을 인정한 '고노담화', 식민지 지배와 침략 전쟁에 대해 '통절한 반성'과 '마음으로부터의 사죄'를 표명한 '무라야마(村山)담화'를 발표했다. 하지만 강경책으로 일관하면서 결국 폭탄이 터졌다. 에토 다카미 일본 총무상이 1995년 11월 11일 "식민지 시절 좋은 일도 있었다."고 하자 한국은 장관 해임을 요구했고 일본은 거부했다. 3일 후인 14일 김영삼은 중국 장쩌민 주석과 정상회담 후 가진 공동기자회견에서 "일본의 버르장머리를 기어이 고쳐 놓겠다."고 말했다. 일본은 관방장관을 통해 강한 불쾌감을 표시했다. 두 나라 관계는 1965년 국교 정상화 이후 최대 위기에 봉착했다.

　　2년 후 김영삼은 결정타를 맞는다. 김영삼은 1996년 12월 선진국의 상징이라 불리던 OECD(경제협력개발기구)에 29번째 회원국으로 가입했다. 가입 조건이었던 금융시장 개방 조치로 단기성 국제금융거래를 자유화했지만 이를 규제하는 조치는 마련하지 않았다. 단기외

채가 급증하면서 외화가 급격히 빠져나갔고, 1997년 말 외환보유고는 50억 달러로 떨어졌다. 김영삼은 국제사회에 도움을 요청했지만 국제사회는 이를 외면했다. 일본과는 버르장머리 발언으로, 미국 클린턴 대통령과는 북핵 문제 해법을 두고 사이가 나빴다. 일본은 김영삼 정권이 무너지는 걸 확인하고 미국, 유럽, IMF(국제통화기금) 등과 함께 한국을 지원했다. 그걸로 끝이 아니었다. 1998년 1월 23일 하시모토 내각은 1965년 체결된 한일어업협정을 일방적으로 파기했다. 1982년 제정된 유엔해양법협약에 따르면 영해 바깥 기선에서 200해리까지 배타적경제수역(EEZ) 설정이 인정됐다. 이미 미국과 소련이 시행하고 있어 이의제기하기도 어려웠다. 기존 한일어업협정에 따른 어업전관(專管)수역은 12해리(약 22㎞)였다. 2백 해리 유엔해양법협약이 적용되면서 한국 어선들이 쫓겨나기 시작했다. 국제무대에서 일본의 힘은 한국보다 훨씬 강했다.

김대중·오부치 선언과 식민지배 사과

1998년 2월 25일 김대중이 15대 대통령에 취임했다. 냉랭한 한일 관계를 풀기 위한 물밑 작업이 진행됐다. 한국에서 일왕을 어떻게 불러야 하는지는 오랜 논란이었다. 5월 김대중은 일본이 부르는 것처럼 천황이라고 해도 무방하다며 분위기를 조성했다. 이어 10월 김대중의 일본 국빈 방문이 결정됐다. 10월 7일 일본에 도착한 김대중은 히로히토 천황이 주최한 공식 환영식에 이어 저녁에는 공식 만찬에 참석했다. 이 자리에서 김대중은 "한일 양국이 진정한 동반자 관계를 이끌어 가자."며 과거사를 언급하지 않았다. 10월 8일 영빈관에서 김대중과 일본 오부치 게이초 총리 간 한일 정상회담이 열렸다. 이어 두 사람은 11개 조항으로 된 '21세기의 새로운 한일 파트너십 공동선언'에 서명했다.

김대중 대통령과 일본 오부치 게이조 총리가 1998년 10월 8일 확대회담 후 공동선언문 서명에 이어 이를 교환하고 있다. 김대중-오부치 선언은 한일수교 조약에 이은 제2의 장전이라 할 것이다. (출처: e영상역사관)

김대중과 오부치는 "한·일 양국이 1965년 국교 정상화 이래 각 분야에서 긴밀한 우호협력 관계를 발전시켜 왔으며 이러한 협력 관계가 서로의 발전에 기여하였다는 데 인식을 같이하고, 국교 정상화 이래 구축되어 온 양국 간의 긴밀한 우호협력 관계를 보다 높은 차원으로 발전시켜, 21세기의 새로운 한·일 파트너십을 구축한다."고 밝혔다.

공동선언 중 가장 주목할 내용은 과거사에 대한 일본 총리의 대한 국 사죄였다. 오부치 총리는 "식민지 지배로 인해 한국 국민에게 다대 (多大)한 손해와 고통을 안겨 줬다."고 밝혔다. 이는 일본 정부가 식 민통치에 대한 통절한 반성과 사죄를 처음으로 외교 문서에 명시하 고, 또 한국을 직접 지칭했다는 점에서 큰 의미가 있었다. 앞서 1995 년 8월 무라야마 도미이치(村山富市) 총리가 식민지 지배와 침략 전 쟁에 대해 '통절한 반성'과 '마음으로부터의 사죄'를 밝혔지만 한국을 특정해서 한 발언은 아니었다.

일본 문화 개방, 한류에서 〈오징어게임〉 및 BTS로

또 주목할 내용은 공동선언 10항의 대일 문화 개방이었다. 당시 외 교부는 발표자료를 통해 "김대중 대통령은 한국 내에서 일본 문화를 개방해 나가겠다는 방침을 전달했으며, 오부치 총리대신은 이러한 방 침이 한·일 양국의 진정한 상호 이해에 기여할 것으로 환영했다."고 밝혔다. 당시 일본 문화 개방은 퇴폐문화 유입과 왜색문화를 부추기 는 것으로 통했다. 1945년 해방 후 한국에서 일본 문화 개방은 역린 (逆鱗) 즉, 용의 턱 아래 비늘을 건드리는 것이라고 비유할 정도로 민 감했다. 현실적으로 일본이 압도적인 문화 경쟁력을 갖고 있어 개방 을 택하기 어려운 것도 사실이었다. 당시 일본의 문화 경쟁력은 애니 메이션, 만화, 초밥을 앞세워 전 세계를 석권했고, 우리 방송과 영화 계에서는 이를 베끼기에 바빴다. 그러나 김대중은 "21세기는 문화산 업의 시대이며 더 이상의 문화쇄국정책은 누구에게도 도움이 되지 않는다. 일본 대중문화 개방에 두려움 없이 임하라."며 개방을 적극 지지했다.

일본 문화가 개방되자 〈포켓몬〉과 〈드래곤볼〉 등 일본 애니메이션 작품들이 쏟아져 들어왔다. 반대로 KBS 드라마 〈겨울연가〉가 2003년 4월 NHK 위성, 지상파 채널을 통해 방영됐다. 이를 본 일본 팬들이 드라마 촬영지인 춘천 등지에 대거 찾아오는 등 큰 인기를 누리면서 이른바 한류가 탄생했다. 한류는 한국 문화에 대한 인식을 높이고 이미지를 상승시키는 소프트파워의 핵심이다. 한류는 일본을 넘어 동남아시아와 중국을 거쳐 세계로 확산하는 등 폭발적으로 성장했다.

드라마, K팝 가수들의 진출이 이어졌고 마침내 2022년 남성 그룹 BTS는 빌보드 메인 싱글 순위를 석권하면서 세계 최정상에 올랐다. 또 한국인이 제작한 영화 〈기생충〉은 미국의 가장 권위 있는 영화 시상식인 아카데미상을 받았다. 〈오징어게임〉, 〈파친코〉 등 한국을 소재로 한 드라마는 넷플릭스, 애플 등 세계적 플랫폼에서 인기를 얻었다.

이밖에 공동선언에는 많은 원칙과 구체적인 행동계획을 담고 있었다. 양국 정상 간 상호방문(셔틀외교), 의원교류 활성화, WTO(세계무역기구) 등 다자기구에서 협력, 대량살상무기 비확산, 한·일 어업협상 진전, 2002년 한·일 월드컵 축구대회의 성공적 개최를 위한 협력, 한·일 범죄인인도조약과 한·일 사회보장협정 체결 등 다양한 협력 방안이 담겼다. 한·일 사회보장협정은 양국 국민이 상대국에서 일

하면서 낸 국민연금과 의료보험 등을 서로 인정하는 조치였다. 다자 기구에서 협력은 유엔 안전보장이사회에서 일본의 역할 확대를 한국이 지지한다는 뜻이었다. 정상회담을 마친 김대중은 일본 의회 연설에서 "독재정권하에서 망명생활을 할 때도, 사형선고를 받고 옥에 갇혀 있을 때도 지켜주고 도와준 일본 국민과 언론인, 정치인들에게 깊은 감사를 드린다."고 말했다. 또 목포상업학교 시절 일본인 스승 무쿠모토 이사부로(椋本伊三郎)를 초청해 감사의 인사를 전했다. 김대중은 그 후에도 고이즈미 총리의 신사참배에도 불구하고 한일 정상회담을 거부하지 않았다. 또 위안부 문제에 대해서도 개인보상은 한국이 하되 일본 정부에는 사죄를 요구하는 등 유연하게 대처했다.

NO재팬의 뿌리, 종북과 위정척사(衛正斥邪)

한일관계는 역사적 특수성으로 인해 조금만 잘못 다루면 반일감정이 폭발하는 민감성이 있다. NO재팬은 2019년 대법원의 강제징용 배상 판결에 반발해 일본이 한국에 대한 수출 규제를 하자 이에 대응해 일어났던 일본제품 불매운동이다. 일본산 차량을 대표하는 '렉서스', 패션 브랜드 '유니클로', 유명 맥주 '아사히' 등 많은 일본제품이 팔리지 않았다. 이는 평범한 사람들이 대거 NO재팬에 참여했다는 뜻이다. 우리는 일본 관련 사안이 터지면 더 민감해진다. NO재팬의 강력한 뿌리는 종북과 위정척사(衛正斥邪) 사고다.

한일기본조약 3조는 '대한민국 정부가 국제연합 총회의 결정 제195

호(III)에 명시된 바와 같이 한반도에 있어서의 유일한 합법정부임을 확인한다.'고 규정돼 있다. 3조는 한반도에서 누가 정통성을 갖고 있는지를 규정하는 중요한 조항이다. 이는 일본과 북한의 국교 수립을 막는 근거이자 동시에 우리가 일본은 견제하는 수단이다. 1970년대 중반까지 일본에서 공산당과 사회당은 큰 세력을 가진 야당이었다. 일본 정부도 북한과 관계개선이나 국교수립을 추진했다. 그때마다 우리 정부는 3조를 근거로 북한에 접근을 자제할 것을 요청했다. 일본과 북한은 현재 정식 외교관계가 없다. 북한이 우리처럼 1960년대 일본과 수교를 하고 수교자금으로 경제개발을 했다면 현재의 한반도 판도는 달라졌을 수도 있다. 이를 보면 북한이나 종북주의자들이 왜 그렇게 집요하게 반일운동에 집착하는지 설명이 된다.

위정척사는 조선 말 외국 세력 및 문물에 맞서 성리학적 전통을 지킬 것을 주장한 사회운동이다. 위정(衛正)은 바른 것을 지키고, 척사(斥邪)란 간사함을 물리친다는 뜻이다. 즉, 위정이란 성리학과 성리학적 질서를 수호하는 것, 척사는 성리학 이외의 모든 종교와 사상을 배척하는 것이다. 이들은 개방과 개화사상에 반대했고 조선왕조가 만든 질서를 지지했다. 위정척사 운동은 1910년 대한제국이 망하면서 서서히 사라졌다. 하지만 개방과 개화사상에 반대하며 일본 및 서구에 배타적이었던 위정척사의 정서는 우리 사회에 그대로 남았다.

중국 국경 안에서 전개된 모든 역사를 중국 역사로 만든 동북공정(東北工程)에 따르면 고구려와 발해 등 우리 역사가 뭉텅 잘려 나간다. 그렇지만 일본의 교과서 왜곡을 비난하는 것에 비해 중국을 비난하는 목소리는 상대적으로 작은 경향이 있다. 또 평소 우파라고 생각하던 사람도 일본 문제만 나오면 과도하게 목소리를 높이는 경우도 있다. 그러다가 좀 지나면 아사히 맥주를 마시고 일본으로 여행을 간다. 이런 이중적 행동은 개방과 개화에 반대했던 위정척사(衛正斥邪)적 정신세계와 무관하지 않다.

한일관계 제1장전과 제2장전

현재까지 한일관계에서 묵은 과제로 남아 있는 건 위안부와 징용이다. 헌법재판소는 2011년 8월 위안부 피해자 64명이 낸 헌법소원 사건에 대해 "국가의 무책임한 대일외교로 행복추구권을 침해받았다."며 위헌 결정을 내렸다. 이후 2012년 현직 대통령으로는 처음으로 이명박이 독도를 방문하자 일본은 강력히 반발했다.

아베 신조 일본 총리의 신사참배로 관계는 더 악화됐고 양국 정상이 두 나라를 오가며 만나는 셔틀외교도 중단됐다. 2015년 박근혜와 아베가 위안부 문제에 합의해 일본 총리가 공식으로 사과하고, 일본 정부 예산으로 위안부 재단 출연금이 조성됐다. 하지만 2017년 문재인이 이를 뒤집으면서 죽창가와 토착왜구로 지칭되는 서슬 퍼런 대일관계가 5년간 이어졌다. 2022년 윤석열은 한일관계 정상화의 출발점을 김대중-오부치 선언으로 정했다. 이에 따라 2023년 3월 윤석열은 일본을 방문했고, 5월 서울에 온 기시다 총리는 국립 서울현충원을 참배했다. 5월 말 7개국 정상회담(G7) 때 두 사람은 히로시마 한국인 원폭 희생자 위령탑을 참배했다. 1965년 체결된 한일수교조약은 두 나라 사이의 과거, 현재, 미래의 규칙을 정한 것이다. 양국이 이를 부정하는 건 전쟁 등으로 외교가 단절됐을 때다. 따라서 한일수교조약이 한일관계를 규정짓는 제1장전(章典)이라면, 김대중-오부치 선언은 제2장전(章典)이라 할 것이다.

2. 세계 10대 강국의 길을 걷다

2021년 10월 국제통화기금(IMF) 기준 한국의 GDP(국내총생산)은 1조 8천 238억 달러로 세계 10위다. 2022년에는 강달러에다 국제유가 고공 행진의 영향으로 GDP는 약 1조 6733억 달러로 줄었다. 순위는 13위로 떨어졌다. 우리보다 GDP가 많은 나라는 미국, 중국, 일본, 독일, 인도, 영국, 프랑스 등 국토가 넓고 인구가 많거나 제국주의 시절 식민지를 거느렸던 나라, 또는 자원대국이다. 1인당 GDP 3만 달러, 인구 5000만 명이 넘는 나라를 진정한 의미의 강국인 '30-50클럽'이라 한다. 미국, 일본, 영국, 독일, 프랑스, 이탈리아, 한국이 이에 속한다. 한국은 우리 생각하는 것보다 훨씬 강국이다. 반도체(전자), 자동차, 철강, 조선, 화학 등 제조업 분야 세계 5대 공업국이며 2차전지, 인공지능, 로봇 등 신산업 분야의 강자다. K9 자주포, K2 전차, KF50 전투기 등 K-방산을 앞세운 방산수출국이자 아랍에미리트(UAE)에 한국형 차세대 원전 4기를 수출한 6대 원전수출국, 한국형 로켓 누리호, 달 탐사 우주선 발사에 성공한 10대 항공우주 강국이다. 이런 부국강병을 이룬 지도자가 박정희다. 싸고 안정적으로 전기를 공급하는 원전은 이승만이 기초를 놓고 박정희가 처음 건설했지만 이를 이어받아 세계적 수출품인 한국형 원전 APR1400을 개발한 것은 전두환, 이를 수출한 것은 이명박이었다. 1999년 대한민국에 초고속 정보 통신망을 구축한 김대중은 디지털 혁명에 뚜렷한 족적을 남겼다.

2-1 세계 5대 공업국 한국

박정희, 근대화와 산업화 혁명을 시작하다

이승만은 1948년 8월 대한민국 정부가 출범할 때 자유민주주의 정치체제와 시장경제주의를 택했다. 미국에서 오래 생활한 그는 자본주의가 풍요와 번영의 지름길이라 생각했다. 식민지 화폐인 조선은행권을 바꾸기 위해 1950년 7월 한국은행권을 발행하고 충주비료 공장, 내수산업 육성을 위한 설탕과 제분공장을 세우고, 1959년 경제개발 3개년 계획을 수립하는 등 경제를 발전시키기 위해 노력했다. 하지만 6·25전쟁으로 국토가 초토화되는 등 여러 사정상 역부족이었다. 1945년부터 1960년까지 미국의 원조 총액은 약 28억 달러였다. 당시 나라 살림의 3분의 2를 미국의 대외원조에 의존할 정도로 미국의 원조가 없으면 나라를 운영하는 건 불가능했다. 이는 1960년 4·19로 정권을 잡은 민주당도 마찬가지였다. 이승만과 장면 정권이 쉽게 무너진 원인 중 하나는 미국이 무상원조를 대폭 줄였기 때문이었다. 1961년 박정희가 5·16군사혁명을 통해 정권을 잡았을 때도 마찬가지였다. 당시 한국의 1인당 국민소득은 93달러, 통계로 잡힌 103개 나라 중 87번째로 가난했다. 미국이 2926달러로 1위, 일본은 559달러로 26위였다. 현재 독재와 가난에 시달리는 짐바브웨는 274달러, 필리핀은 268달러로 한국보다 약 3배 많았다. 당시 두 나라는 한국에게 선망의 대상이었다.

구미 박정희기념관에 있는 박정희 동상이다. 박정희는 경제개발을
통해 부국강병을 이룬 지도자다. 한국은 반도체(전자), 자동차, 철
강, 조선, 화학 등 제조업 분야 세계 5대 공업국이며 2차전지, 인공
지능, 로봇 등 신산업 분야의 강자다. K9 자주포, K2 전차, KF50 전
투기 등 K-방산을 앞세운 방산수출국이자 6대 원전 수출국, 한국형
로켓 누리호, 달 탐사 우주선 발사에 성공한 10대 항공우주 분야 강
국이다. 그 중심에 박정희가 있다.

박정희는 최우선 목표를 경제발전으로 삼았다. 박정희는 제1차 경
제개발 5개년계획을 수립했다. 이승만과 장면 정부가 세운 계획을 참
조해 외국에서 수입하던 각종 소비재를 국내에서 생산하는 수입대체
산업 육성을 위주로 경제개발을 짰다. 그러나 결과는 신통치 않았다.
박정희는 경제개발의 주력을 수출산업 육성으로 바꿨다. 섬유와 가

발 등 당장 가능한 경공업 위주로 수출을 시작했다. 1960년 3천만 달러였던 수출은 1967년 1억 달러, 다시 1970년 10억 달러로 빠르게 늘어났다. 하지만 경공업만으로는 부족했다. 박정희는 경제개발을 위해서는 기초소재인 철강산업이 무엇보다 시급하다고 봤다. 철은 이른바 산업의 쌀이었다. 그러나 제철소를 만들겠다는 박정희에게 미국 케네디 정부는 한국은 고도의 기술이 필요한 제철에 손을 대서는 안 된다며 반대했다. 오히려 한국은 농업 생산에 주력해 식량 부족을 해결하고, 필요한 공산품은 일본에서 수입하라고 했다.

다른 선진국들도 한국은 저임금의 이점을 살려 노동집약적인 경공업 제품을 만드는 게 낫다며 소비재 중심으로 공업을 발전시키라고 조언했다. 반면 박정희는 중공업을 육성하지 않으면 진정한 공업화는 불가능하다고 봤다. 그러나 박정희가 백방으로 돈을 구했지만 이들의 입김이 들어간 세계은행(IBRD) 등 국제기구는 돈을 빌려주지 않았다. 이때 구세주가 된 돈이 한일수교자금이었다. 1968년 박정희는 혁명 동지이자 부하인 박태준에게 포항제철을 맡기고 한일수교로 받은 무상·유상 자금 5억 달러의 23.9%에 달하는 1억 1948만 달러를 투입해 부지를 다지고 고로를 지었다. 포항제철은 1973년 7월부터 철을 생산하기 시작했다.

다른 경제개발의 성과도 점차 가시화됐다. 1962년 착공한 울산공업센터에는 석유화학단지, 자동차 공장, 조선소가 들어섰다. 한적한 농촌이던 울산은 산업의 중심지로 변모했다. 야당의 극렬한 반대

K-민국 이승만 박정희 김대중

를 뚫고 착공한 경부고속도로가 1970년 7월 개통하면서 경부축을 중심으로 경제가 급성장했다. 1973년 호남고속도로와 남해고속도로, 1975년에는 영동고속도로가 개통돼 전국 주요 지역을 연결하는 고속도로망도 구축됐다. 월남(베트남) 파병을 통해 벌어들인 외화, 그리고 1963년부터 독일에 보낸 광부와 간호사가 번 외화도 경제개발에 큰 도움이 됐다. 이병철·정주영 같은 걸출한 경제인을 만난 것도 행운이었다. 1969년 1월 박정희는 전자공업진흥법을 제정하고 전자공업 육성 8개년 계획을 발표했다. 삼성 창업주 이병철은 같은 해 수원에 삼성전자를 설립했다. 1967년 현대자동차를 설립한 현대 창업주 정주영은 1975년 12월 첫 고유 모델 자동차 1호 포니를 생산했다. 또 1974년 6월 30만 톤 대형 유조선 2척을 건조했고, 사우디아라비아에 진출해 중동건설 붐을 일으켰다.

세계 5대 중화학공업국의 탄생

한국은 현재 미국, 중국, 독일, 일본과 어깨를 나란히 하는 세계 5대 중화학공업국이다. 철강, 비철금속, 기계, 조선, 전자, 석유화학은 한국을 대표하는 주력산업이다. 또 이를 기반으로 반도체, 로봇, 인공지능, 배터리 등 신사업 분야에서도 세계적 강자가 됐다. 그 시작은 1973년이다. 박정희는 진정한 의미의 산업화, 근대화된 나라가 되려면 철강·정유·조선·자동차 등 중공업을 발전시켜야 한다고 생각했다. 그는 1월 12일 대통령 연두 기자회견에서 한국을 중화학공업국으로 만들겠다고 선언했다. 1981년까지 중화학공업의 비중을 50% 이상으로 늘리겠다는 원대한 계획이었다.

"나는 오늘 이 자리에서 우리 국민 여러분에게 경제에 관한 하나의 중요한 선언을 하고자 합니다. 우리나라 공업은 이제 바야흐로 중화학공업 시대에 들어갔습니다. 따라서, 정부는 이제부터 중화학 공업 육성의 시책에 중점을 두는 중화학 공업 정책을 선언하는 바입니다. 정부는 지금부터 철강, 조선, 기계, 석유화학 등 중화학 공업 육성에 박차를 가해서 이 분야의 제품 수출을 목적으로 강화하려고 추진하고 있습니다. 80년대 초에 100억 달러의 수출 목표를 달성하려면, 전체 수출 상품 중에서 중화학 제품이 50%를 훨씬 더 넘게 차지해야 되는 것입니다."
(박정희 대통령 연설문집 제10집 1월 편/대통령기록관)

박정희는 구체적인 목표를 제시했다. 100만 톤인 제철은 80년대 초 1000만 톤으로, 조선은 25만 톤에서 500만 톤으로 늘리겠다고 밝혔다. 정유는 하루 39만 배럴에서 94만 배럴로, 전력은 380만kW(킬로와트)에서 1000만kW로, 자동차는 3만 대에서 50만 대로 생산을 늘리겠다고 선언했다. 이를 위해 포항제철 규모의 제철소와 울산 석유화학 공업단지 크기의 종합화학공업단지, 대단위 기계종합공업단지, 100만 톤급의 조선소 1~2개, 마산과 같은 수출자유지역을 2~3개 더 만들겠다고 약속했다. 또 동해안, 남해안, 서해안에 대단위 국제 규모의 공업단지 또는 기지를 조성하겠다고 밝혔다. 이를 실행할 사업 책임자는 청와대 경제 제2수석비서관 오원철이었다. 1973년 1월 31일 청

K-민국 이승만 박정희 김대중

와대 국산병기전시실에서 오원철은 '방위산업 건설 및 공업구조 개편 계획'을 보고했다. 오원철은 1981년까지 중화학공업 생산액을 5.9배, 수출액은 16.8배 늘리겠다고 밝혔다. 이에 필요한 재원은 국내 자본과 외국 자본을 합쳐 약 백억 달러였다. 보고를 들은 박정희는 "(김종필) 총리를 위원장으로 하는 중화학공업추진위원회를 구성토록 하시오. 그리고 중화학공업을 육성하는 데 필요한 외자도입 조치를 하시오."라고 지시했다.

중화학공업건설에는 많은 자금이 들고 투자비 회수에 많은 시간이 걸린다. 1972년 당시 한국의 국내총생산(GDP)은 102억 달러. 박정희는 1년간 생산하는 국가의 모든 부를 중화학공업에 쏟아붓기로 했다. 당시 한국의 저축률은 15%에 불과해 재원이 턱없이 부족했다. 박정희는 1973년 12월 중화학공업에 투자할 자금을 마련하기 위해 국민투자기금법을 제정한다. 국민투자채권을 금융기관이 매입하는 방법으로 국민투자기금을 조성하는 방식이었다. 또 같은 해 산업기지개발촉진법을 제정하고 산업기지개발공사를 설립했다. 산업기지개발공사는 1974년 4월부터 1979년 12월까지 창원, 여천, 온산, 안정, 구미, 포항, 북평, 아산 등 전국 8곳에 산업단지를 건설했다. 아울러 재정을 튼튼히 하기 위해 1977년 7월 부가가치세를 도입했다. 모든 경제활동 단계마다 10%의 세금을 부과하는 부가가치세는 현재 국가 재정의 약 35%를 차지하는 가장 중요한 세금이다. 한마디로 부가가치세가 없으면 나라 살림을 유지하기 어렵다. 하지만 박정희는 부가가치세 도입에 따른 조세저항으로 1978년 12월 총선에서 패배했고, 결국 정권이 무너지는 대가를 치러야 했다.

또 중화학공업 정책은 당시 야당과 일부 학자, 학생의 강한 반발을 불러왔다. 좌파 경제학자 박현채는 "외국 돈을 빌려 그런 거창한 정책을 펼치면 재정이 거덜 나고 외국에 종속될 것이다. 한국과 같은 후진국이 오랜 전통을 가진 선진국과 경쟁하는 것은 불가능하다."라고 주장했다. 대표적 야당 인사 김대중도 정책 무효화를 요구했다. 선진국 전문가들도 박정희의 도전을 허황한 것이라고 비웃었다. 이들이 주장한 대안은 당시 중남미 등에서 유행한 대표적인 발전전략인 수입대체산업 육성이었다. 즉, 국내 기술로 직접 완성품을 만들어 선진국의 기술종속에도 벗어나고 자본재 수입의존도를 줄여야 한다는 것이었다. 이들의 주장은 후일 대부분 실패로 드러난다. 중화학공업이 본격화되면서 한국 경제는 1979년 박정희가 숨질 때까지 연평균 10% 넘는 고도성장을 이뤘다.

전두환의 물가안정과 노태우의 인천공항

박정희 사후 등장한 전두환의 가장 시급한 과제는 2차 석유파동으로 급등한 물가를 안정시키는 것이었다. 1980년 물가상승률은 28.7%로 국민이 겪는 고통은 극심했다. 전두환이 가격과 임금인상을 강력히 통제하면서 물가는 1982년 7.19%로 떨어졌고 그 이후 2%대를 기록했다. 물가가 낮아지자 국민의 삶은 훨씬 풍요로워졌다. 무역수지도 저유가, 저환율, 저금리의 3저 호황에 힘입어 만성적인 적자에서 흑자로 전환됐다. 전두환 집권 시절 경제성장률은 평균 8.7%, 경제가 본궤도에 들어선 1982년부터는 10.2%에 달했다. 전두환이 반도체와 컴퓨터, 전자교환기를 3대 전략산업으로 육성하면서 그때까지 가전이 주력이던 전자산업은 점차 반도체 및 정보통신 등 IT산업으로 바뀌었다.

공정한 경쟁을 위한 대기업 관련 각종 규제도 이때 시작됐다. 1980년 공정한 시장질서 성립을 위한 목적으로 공정거래법이 도입됐고, 1987년에는 재벌의 경제력 집중을 막기 위해 여신한도관리제도와 출자총액제한제도가 시행됐다. 이에 현대 창업주 정주영이 이끄는 전국경제인연합회(현 한국경제인협회)를 중심으로 기업들이 거세게 반발했다.

모든 금융거래는 실명으로 하는 금융실명제도 전두환이 기초를 다졌다. 전두환은 대규모 어음 사기인 이철희·장영자 사건이 터지자 유사한 사례를 막기 위해 1982년 7월 3일부터 금융실명제를 실시한다고 발표했다. 하지만 전산망을 제대로 갖추지 않은 상태에서 금융실명제 도입은 무리였다. 전두환은 부동산시장이 흔들리자 실명제 시행을 연기했다.

후임 노태우는 북방외교와 북방경제에 주력했다. 노태우는 1989년 헝가리를 시작으로 유고슬라비아, 폴란드, 불가리아 등 동유럽 국가와 잇따라 국교를 맺었다. 북방외교의 하이라이트는 소련과 중공(중국공산당) 수교였다. 1990년 9월 30일 사회주의권 수장인 소련과 수교한 데 이어 1992년 8월 24일 6·25전쟁 때 적이었던 중공과 수교했다. 자유중국으로 불렸던 대만과의 외교관계는 단절됐다. 북방외교를 통해 개척한 시장은 이후 30년간 경제발전의 원동력이 됐다. 또 공항과 철도 등 굵직한 인프라가 이때 건설됐다. 노태우는 1990년 6월 지반이 가라앉고 안개가 자주 낀다며 반대하는 사람이 많았지만 영종도에 인천공항을 착공했다. 2001년 3월 개항한 인천공항은 현재 한국을 대표하는 허브공항이다. 1992년 6월 30일 착공한 경부고속철도도 노태우의 작품이다. 천성산 터널 등 숱한 반대를 뚫고 2004년 경부고속철도 전 구간이 개통됐다. 이후 호남고속철도 등이 잇따라 건설되면서 고속철도는 한국의 기간 철도망이 됐다.

김영삼은 박정희의 중화학공업, 전두환의 물가안정, 노태우의 북방외교와 인프라 등 세 사람이 이룩한 한국 경제의 자산을 고스란히 물려받았다. 30여 년 동안 계속된 경제개발로 대한민국의 국부는 크게 늘었고 삼성과 현대, 포스코 등은 세계적 기업이 됐다. 이를 바탕으로 김영삼은 1993년 전두환이 미뤘던 금융실명제를 11년 만에 전격 실시했고, 이어 1996년 선진국 클럽인 OECD(경제협력개발기구)에 가입했다. 그러나 금융산업 경험 부족과 무차별적인 외화차입으로 1997년 심각한 국가부도 위기에 몰렸다. 김영삼은 IMF(국제통화기금) 등 국제사회에 손을 벌리는 굴욕을 맛봐야 했다.

김대중, 산업화는 늦었지만 정보화는 앞서자

김대중은 "19세기 말에는 한국이 근대화 지체로 산업혁명 대열에서 뒤떨어졌다. 그래서 100년 동안 고생했다. 이런 시련의 역사는 다시 없어야 한다. 산업화는 늦었지만 정보화는 앞서가자. 빛의 속도로 변하는 디지털 시대에 한번 뒤처지면 따라잡을 수 없다."며 정보화에 과감히 투자했다. 그러면서 우리 사회는 지식정보화사회, 인터넷 강국, IT기술이 접목된 나라로 빠르게 변모했다. 그의 유연한 접근이 우리 사회의 시스템을 디지털화하고 국민의 사고를 한 단계 끌어올렸다. 김대중은 집권 초부터 지식정보화 강국 건설을 강조했다. 그의 생각은 1998년 2월 25일 대통령 취임사에 잘 나와 있다.

"세계는 지금, 유형의 자원이 경제발전의 요소였던 산업사회로부터, 무형의 지식과 정보가 경제발전의 원동력이 되는 지식정보사회로 나아가고 있습니다. 정보화 혁명은 세계를 하나의 지구촌으로 만들어, 국민경제시대로부터 세계경제시대로의 전환을 이끌고 있습니다. 정보화 시대는 누구나, 언제나, 어디서나, 손쉽고 값싸게 정보를 얻고 이용할 수 있는 시대를 말합니다. 이는 민주사회에서만 가능합니다. 우리 민족은 높은 교육수준과 찬란한 문화적 전통을 가진 민족입니다. 우리 민족은 21세기의 정보화사회에 큰 저력을 발휘할 수 있는 우수한 민족입니다. 새 정부는 우리의 자라나는 세대가 지식정보사회의 주역이 되도록 힘쓰겠습니다. 초등학교부터 컴퓨터를 가르치고 대학입시에서도 컴퓨터 과목을 선택할 수 있도록 하겠습니다. 세계에서 컴퓨터를 가장 잘 쓰는 나라를 만들어 정보대국의 토대를 튼튼히 닦아나가겠습니다." (김대중 대통령 연설문집 제1권/대통령기록관)

1998년 5월 한반도 정보화추진본부가 출범했다. 추진본부는 '1인 1PC(컴퓨터), 1인 1홈페이지, 1인 1발명'을 슬로건으로 활동을 시작했다. 12월 정부는 5대 국정지표로 '지식기반 확충'을 선정했다. 이어 1999년 3월 정부는 사이버코리아(cyber korea) 21을 발표했다. 정부는 정보인프라를 구축해 국가경쟁력과 국민 삶의 질을 선진국 수준으로 향상한다는 목표를 세웠다. 계획에는 2002년까지 100배 빠른 인터넷 초고속정보통신망 구축, 2001년까지 인터넷 사용자 천만 명 이상 확대, 사이버공간에서 전자상거래와 정보유통사업 구현이 포함됐다. 이를 위해 4년간 28조 원을 투입하기로 했다.

김대중은 2001년 6월 7일 세계적인 미래학자인 앨빈 토플러를 청와대에서 만났다. 토플러는 "한국은 이미 세계 수준의 정보화 인프라를 구축했다."며 김대중의 정보화정책을 높이 평가했다. (출처: e영상역사관)

K-민국 이승만 박정희 김대중

2000년 12월 전국 공공기관을 광케이블로 연결하는 전국 정보고속도로 구축을 위한 광케이블 기간전송망이 완료됐다. 이에 따라 전국 모든 지역을 연결하는 고속·대용량 광케이블망과 초고속(ATM) 교환기가 설치돼 초고속인터넷 서비스를 이용할 수 있는 기반이 마련됐다. 이로써 정부부처, 지자체 등 2만여 공공기관이 초고속망을 이용해 업무를 온라인으로 처리할 수 있게 됐다. 또 전국 모든 학교에 200Kbps급 고속인터넷을 연결해 디지털 교육기반을 조성했다. 2002년 10월 초고속인터넷서비스 가입자가 전체 가구의 70%에 달하는 1000만 가구를 돌파했다.

한국의 보급률은 영국(0.8%), 일본(6.3%), 미국(13.1%)보다 훨씬 높았다. 11월 1일 대한민국 전자정부(www.egov.go.kr)가 완전히 개통됐다. 이로써 민원 서비스 확충, 4대 보험 정보연계, 홈택스(세무), 시·군·구 행정 정보화가 이뤄졌다. 정부와 지방자치단체의 민원업무를 인터넷으로 완전통합한 서비스는 세계 최초였다. 주민등록 등·초본 등 20가지의 행정서류를 행정기관끼리 주고받을 수 있게 되면서 서울 동사무소에서 제주도에 사는 사람의 주민등록등본 등 행정 서류를 떼는 게 더 이상 꿈이 아니었다. 다만 2004년 글로벌 버블 붕괴로 김대중이 중점 육성한 IT산업은 심각한 후유증을 겪기도 했다.

앞서 박정희 집권기인 1975년 6월 총무처가 처음으로 행정전산화 기본계획을 수립했다. 1980년대 전두환은 당시 컴퓨터 기종과 소프트웨어(SW)가 달라 정부 컴퓨터 시스템이 서로 연계되지 않는 문제를 해결하기 위해 행정·금융·교육연구·국방·공안전산망을 연결하는 사업을 시작했다. 국가기간전산망사업은 1차(1987~1991년)와 2차(1992~1996년)에 걸쳐 진행됐다. 김영삼은 1995년 초고속정보통신 기반구축 종합계획을 수립해 시행했다.

2-2 세계로 뻗어 간 K-방산

박정희, 방위산업·중공업 동시 육성정책

박정희 사후(死後) 43년 만인 2022년 9월 27일 한국방위산업학회는 창립 31주년을 맞아 그에게 '자랑스러운 방산인 대상'을 시상했다. 이는 박정희를 빼고 한국의 방위산업을 설명할 수 없다는 걸 보여 준다. 박정희가 방위산업 육성에 착수한 건 1970년대 초다. 특히 방위산업과 민수산업을 동시에 육성한다는 박정희의 독특한 발전론이 만들어진 건 1972년 2월 방위산업육성회의다. 그는 민간이 주도하고 정부가 뒷받침하는 체제를 생각했다. 모든 병기를 부품별로 구분화하고 계열화된 생산업체에 배정해 생산된 부품을 군 소속 공창(工廠)이나 지정 조립업체에서 최종적으로 완성하는 방식이었다. 이는 통상 다른 선진국들이 무기체계별로 전용 생산시설을 갖추고 무기를 만드는 방식과 다른 것이었다. 이는 민수산업을 기반으로 한 병기생산체제의 구축이었다. 10월 열린 방위산업육성회의에서 이를 구체화했다. 박정희는 1973년 1월 12일 연두 기자회견에서 '중화학공업 선언'을 발표한다. 이어 1월 31일 청와대 국산병기전시실에서 방위산업 건설 및 공업구조 개편 보고회가 열렸다. 청와대 경제제2수석비서관 오원철이 박정희의 구상을 구체화해서 보고했다.

"중화학공업 육성이나 방위산업 육성이나 똑같은 하나의 사업입니다. 병기란 중화학공업에서 나오는 제품입니다. 중화학공

장은 평화 시에는 산업기계를 만드는 곳이고 비상시에는 병기
가 나오는 곳입니다. 이 좋은 기회를 놓치면 언제 또 이런 기회
가 올지 모르겠습니다. 지금 중화학공업과 방위산업은 상부상
조하는 역사적인 절호의 기회입니다." (한국의 명운을 결정한
오원철의 보고/조갑제닷컴)

오원철은 "기계공업단지를 경남 창원에 건설해 정밀기계 제품부터
최대형 제품까지 못 만드는 것이 없는 곳으로 만들겠다. 군수용으로
각종 대포, 탱크, 장갑차, 항공기용 제트 엔진 및 군함용 대형 엔진을
생산하고 방위산업의 기초소재가 되는 특수강 공장을 짓겠다. 산업
용 기계와 장치, 선박 및 자동차부품, 객차, 기관차, 선박용 초대형 엔
진 등 민수용(民需用) 각종 기계제품을 생산하겠다."고 밝혔다.

이어 "종합화학공장을 전남 여천에 건설해 평상시에는 비료생산을
하고, 비상시에는 화약 제조용으로 공급하겠다. 포탄과 총탄을 생산
하려면 화약, 놋쇠, 납(鉛)이 필요하다. 이를 위해 울산 온산공업기지
에 제련소를 건설하겠다."고 설명했다. 또 "민수용, 대형군함, 필요하
면 초대형 항공모함도 건조할 수 있는 조선소를 경남 진해만에 건설
하겠다. 전자병기는 기존 공장은 경북 구미공업기지에 이전하고 신
설하는 공장은 모두 구미에 짓겠다."고 보고했다. 박정희가 "돈이 얼
마나 들지?"라고 하자 오원철은 "약 100억 달러입니다."라고 답했다.
박정희는 "남덕우 재무(장관)! 돈을 낼 수 있소?"라고 물었다. 그대로
하라는 것이었다.

전차 생산 현장을 방문한 박정희 대통령이 직원과 악수를 나누고 있다. 현대 창업주 정주영 회장이 이를 지켜보며 웃고 있다. K-방산이라 불리는 한국의 방위산업은 박정희 손에서 탄생했다. (출처: 박정희대통령기념관)

1973년 9월 박정희는 창원기계공업단지 건설을 지시했다. 1975년 부분 가동을 시작한 총 1600만 평의 부지의 창원기계공업단지에는 현대정공, 기아기공, 대한중기, 삼성항공 등 대형업체들이 속속 입주했다. 1976년 국방부는 현대조선중공업(현 현대중공업)을 전차(탱크) 생산 1급 방산업체로 지정했다.

현대조선중공업이 세운 현대차량(이후 현대정공→현대로템)은 1978년부터 미군 M48전차를 개조한 한국형 M48전차를 군에 공급했다. 국산 전차를 만드는 데는 박정희와 현대 창업주 정주영과 얽힌 일화가 있다. 박정희가 "전차를 만들어 보라."고 했지만 정주영은 대답하지 않았다. 그러자 박정희는 "소련군 전차는 적탄을 피하려고 미군보다 차체를 작게 만드는데 그 이유를 아느냐?"며 "소련군은 전차병으로 체구가 작은 중앙아시아 출신 병사들을 많이 쓴다."라고 설명했다. 대통령의 깊은 뜻을 이해한 정주영은 "전차를 해 보겠다."고 말했다. 현대는 1984년 K1 전차를 개발해 1987년 실전 배치했다. 이후 주포를 120㎜ 활강포로 교체한 K-1A1, K2 흑표전차가 잇따라 개발됐다. K2 전차는 한국군의 주력이자 현재 폴란드에 수출되는 모델이다. 정주영의 뜻을 손자 정의선(현대자동차그룹 회장)이 이어받았다.

현재 세계에서 주목받는 K9 자주포 개발도 박정희의 지시로 시작됐다. 주요 무기를 국산화하라는 지시에 따라 국방과학연구소는 미제 105㎜ 견인곡사포를 역설계하는 방식으로 곡사포를 생산했다. 그러자 기술을 주지 않던 미국은 곡사포 등 각종 병기의 도면 등 기술 자료를 제공하는 대신 수출할 때 미국과 협의하도록 했다. 이를 토대로 국방과학연구소는 KH178 105㎜ 곡사포와 최대 사거리 30㎞의 155㎜ 견인곡사포 KH179를 개발했다. 생산은 기아기공(현 WIA)이 맡았다. 곡사포 성공 후 박정희는 국방과학연구소에 자주포 개발을 지시했다. 자주포는 삼성의 창업주 이병철, 그리고 아들인 고 이건희 삼성회장이 맡았다. 삼성항공(이후 삼성테크윈)은 미국의 M109A2 자주포를 라이선스해 한국형 자주포 K55를 출고했다. 천 대 이상의 K55 자주포가 군에 보급되면서 북한에 열세였던 포병 전력이 대등해졌다.

국방과학연구소와 삼성은 K55 자주포를 기반으로 1999년 사정거리 40km의 신형 자주포 K9을 개발했다. K9은 기동성, 가격 대비 성능에서 우위를 차지한 세계 최정상급 무기다. 이병철의 손자 이재용(삼성전자 회장)은 사업구조 개편 계획에 따라 삼성테크윈을 2015년 한화그룹에 팔았다. 현재 K9 자주포는 한화에어로스페이스가 생산한다.

여수산업단지에는 화약 제조를 위해 남해화학과 여천 한국화약 2공장이 설립됐다. 울산 온산공업단지와 경주에는 탄약과 포탄 생산을 위한 업체로 풍산과 고려아연, LS니꼬동제련 등 비철금속공업 관련 기업들이 입주했다.

전자병기는 구미공업단지에서 생산한다는 결정에 따라 각종 미사일과 레이더를 만드는 LIG넥스원과 한화시스템은 구미에 터를 잡았다. 진해만 입구에는 대우 옥포조선소(대우조선→한화오션), 진해만 안에는 삼성조선소(현 삼성중공업)가 건설됐다. 오원철의 말대로 조선소는 어떤 군함, 필요하면 초대형 항공모함도 만들 수 있는 곳이 됐다. 전두환은 1980년대 초부터 한국형 구축함 사업(KDX)과 한국형 잠수함 사업(KSX)을 시작했다. KDX 사업을 통해 7600톤급 이지스함인 세종대왕함과 서애유성룡함이, KSX 사업을 통해 3000톤급 도산안창호함과 안무함이 각각 진수했다. HD현대중공업은 2021년 한국형 경항공모함 기본설계 사업에 착수했다.

박정희가 시작한 K-방산은 현재 활짝 꽃을 피우고 있다. 스웨덴 스톡홀름 국제평화연구소(SIPRI)가 밝힌 2018~2022년 세계 방산 수출 시장에서 한국의 점유율은 2.4%로 세계 8위다. 7위 영국(2.9%)과 6위 이탈리아(3.1%)와의 격차가 크지 않아 순위는 더 올라갈 것으로 기대된다. K2 전차, K9 자주포, 한국형 패트리엇 미사일 천궁, FA-50 경공격기 등 한국산 무기는 빠른 출고와 뛰어난 품질, 검증된 실전 능력을 토대로 세계적인 인기를 끌고 있다. LIG넥스원은 2022년 1월 UAE(아랍에미리트)에 한국형 패트리엇 '천궁Ⅱ' 4조 원어치를 수출했다. 한화에어로스페이스는 이집트에 2조 원, 폴란드에 3조 2000억 원 규모로 K9 자주포를, 11월에는 폴란드와 5조 원 규모의 다연장로켓 천무 수출계약을 체결했다. 현대로템은 8월 폴란드와 약 4조 5000억 원 규모 K2 전차 1000대 수출계약을, 한국항공우주산업(KAI)은 폴란드와 FA-50 경공격기 48대(3조 9060억 원), 말레이시아에 18대(1조 1000억 원) 어치 수출계약을 체결했다. 풍산은 K9 자주포, K2 전차 등에 사용되는 수천억 원대의 탄약 공급 계약을 맺었다. 2022년 방위산업 수출액은 약 21조 5000억 원, 170억 달러다.

K-방산의 산실 국방과학연구소

박정희가 방위산업을 육성한 건 북한의 잇따른 도발과 대외여건이 급속히 변했기 때문이다. 1960년대 말 월남전 수렁에 빠진 미국이 대대적인 화해정책을 추진하면서 대외환경이 급속도로 변했다. 1968년 12월 대선에 승리한 공화당 소속 리처드 닉슨은 1969년 7월 ▲미국은 핵보유국들로부터 동맹국 자유가 위협을 받을 때 방패(핵우산)을 제

K-민국 이승만 박정희 김대중

공한다. ▲다른 형태의 침략(재래전)의 경우 미국은 필요하고 타당할 경우 군사·경제적 지원을 제공할 것이나 위협을 받는 당사국이 자국 방위를 위한 1차적 책임을 져야 한다는 '괌 선언' 즉, 닉슨 독트린을 발표한다. 이는 한마디로 내란이나 외부 침략에 대해 아시아 각국이 알아서 대처하라는 것이다. 다시 말해 베트남 전쟁을 끝내고 아시아에 주둔하는 미군을 줄이겠다는 뜻이었다. 1970년 2월 닉슨은 의회에 외교교서를 보내 닉슨 독트린을 공식화했다. 파고가 한반도로 몰려오면서 1971년 3월 27일 미 7사단이 24년 만에 한국에서 철수했다.

미국의 변화 징후를 파악한 북한은 대대적인 도발을 감행한다. 1967년 1월 19일 북한군은 동해 군사분계선 부근에서 우리 해군초계정 56함을 격침해 승조원 79명 중 39명이 전사하고 14명이 중경상을 입었다. 8월 하순에는 북한군이 판문점 남방 미2사단 공병부대 막사를 습격해 미군 3명이 죽고 20여 명이 다쳤다. 1968년 1월 21일에는 북한 특수부대 31명이 박정희 제거를 목적으로 청와대를 습격해 서울을 발칵 뒤집어놨다. 이틀 후인 23일 미 해군 정보수집함 푸에블로호가 원산 앞 공해상에서 북한 해군초계정에 납치돼 승조원 83명이 억류됐다. 이어 25일 비무장지대(DMZ)를 통과한 북한군이 미 2사단 소속 미군 14명을 살상하고 도주했다. 하반기에도 도발은 계속됐다. 10월 30일 북한 무장공비 120명이 울진-삼척 일대에 침투했다. 이들을 소탕하는 데만 2개월이 걸렸고, 민간인과 군인 등 40여 명이 죽고 30명 이상이 다쳤다. 이듬해인 1969년 4월 15일 동해에서 미 해군 정찰기 EC-121이 북한 전투기에 격추돼 승무원 31명 전원이 사망하는 초유의 일이 발생했다. 1970년에도 6월 5일 서해에서 어선을 지도하던 해군 방송선이 북한 해군에게 나포돼 승무원 20명이 끌려갔고, 6월 22일에는 박정희 암살을 노린 북한 무장공비 3명이 동작동 국립묘지 현충원 지붕에 폭탄을 설치했다. 6·25전쟁 이후 가장 큰 전쟁 위기에 봉착하자 박정희는 1970년 1월 9일 연두기자회견에서 자주국방을 선언한다.

> "우리는 적어도 북괴가 단독으로 무력 침공을 해왔을 때에는 우리 대한민국 국군의 단독의 힘으로도 충분히 이것을 제지하고 분쇄할 수 있는 강한 힘을 빨리 갖춰야 합니다. 이것이 바로 내가 주장하는 자주국방에 대한 개념입니다. 이러한 준비를 우리는 서둘러야 합니다. 우선 장비 현대화를 서둘러야 하겠고, 전군의 장병들에 대한 실전적인 훈련을 강화해야 되겠고, 우리가 가지고 있는 2백만여 명의 향토 예비군은 빨리 동원 체제를 확립해 유사시에는 정규군으로 전환할 수 있는 태세를 갖추어야 하며, 군수산업을 점차 육성해 나가야 되겠습니다." (1970년 연두 기자회견/대통령기록관)

그러나 현실은 극도로 열악했다. 당시 북한은 총기, 화포, 탱크를 자체 생산하고 있었지만 우리는 스스로 소총 한 자루도 만들 기술이 없었다. 1970년 4월 박정희는 정래혁 국방부 장관에게 국방과학연구소 설립을 지시했다. 또 초대 국방과학연구소 소장으로 신응균 예비역 중장을 지명했다. 국방과학연구소(ADD)는 준비작업을 거쳐 8월

6일 설립됐다.

　책임자의 직급은 차관급, 외풍을 막기 위한 목적으로 대통령 직속 기관이 됐다. 이듬해인 1971년 1월 18일 국방부를 연두 순시한 박정희는 1976년까지 이스라엘 수준의 자주국방을 목표로 총포, 탄약, 차량, 통신 등 기본병기를 국산화하고 1980년대 초까지 전차, 항공기, 유도탄, 함정 등 정밀병기를 개발, 생산할 수 있는 기반을 확보하라고 지시했다.

　그해 11월 10일 국방과학연구소에 첫 과제로 '긴급병기개발지시' 즉 '번개사업' 지시가 떨어졌다. 내용은 연말까지 소총, 기관총, 박격포, 수류탄, 지뢰, 소형고속정, 경항공기의 시제품을 만들라는 것이었다. 연구소는 "소형고속정, 경항공기는 현재 기술로는 어렵다."며 "소총 등 총 7종의 제품을 만들겠다."고 보고했다. 연구소는 무기를 분해해 역설계하는 방식으로 시제품을 만들어 12월 16일 청와대에서 공개했다. 이어 24일 해운대와 태릉에서 시제품 사격시험이 진행됐다. 테스트 결과 3.5인치 로켓 발사기와 소총 등 모든 병기의 성능이 우수한 것으로 나타났다. 그러자 2차 시제품 개발 지시가 떨어졌다. 1972년 4월 3일 의정부 26사단에서 M79 유탄발사기 등 2차 시제품 공개 시범사격이 성공리에 끝났다. 그 후 박정희는 "소총을 국내 독자 기술로 개발해 국내 방위산업의 기반 기술을 확보하라."고 지시했다. 이른바 XB 소총 개발계획을 수립한 연구소는 미국의 M16과 소련제 AK47 소총 등을 참조해 K1 기관단총을 개발했다. K1 소총은 1981년 실전 배치됐고, 이어 1982년 함께 개발된 K2 소총이 군의 주력 소총으로 보급됐다.

1977년에는 사거리 20㎞, 28연장(連裝)의 차량 탑재형 다연장로켓 '구룡'을 개발했다. 28연장은 한꺼번에 로켓 28발을 발사한다는 뜻이다. 또 사거리 50~60㎞ 중거리 로켓 황룡, 단거리 대함 미사일 해룡, 무인기 솔개가 개발됐다. 국방과학연구소는 설립 이후 소총부터 대포, 장갑차, 전차, 미사일, 위성통신, 훈련기, 헬기, 전투기, 무인기, 함정, 잠수함 등 현재 K-방산이라 불리는 무기를 개발했다.

미국의 군사력 평가기관 글로벌파이어파워(GFP)는 세계군사력지수 평가에서 한국의 국방력을 세계 6위라고 밝혔다. 또 국내에 있는 국방기술진흥연구소는 2020년 기준 대한민국의 국방과학기술력을 세계 9위, 국방 R&D(연구개발) 투자 규모는 미국과 중국, 영국에 이어 4위라고 밝혔다. K-방산의 산실 국방과학연구소는 우리 국방기술을 대표하는 기관이다. 이를 만든 박정희는 오늘날 세계 6위의 국방력을 갖게 한 한국방위산업의 선각자다.

백곰미사일 하늘로 날다

1971년 12월 27일 박정희는 청와대 오원철 경제제2수석비서관에게 사거리 2백㎞의 지대지 미사일을 개발하라는 극비 메모를 건넸다. ▲독자적 개발 체제를 확립할 것 ▲지대지 미사일을 개발하되 1975년

이전 국산화를 목표로 할 것 ▲기술 개발을 위하여 국내외 기술진을 총동원하고 외국 전문가도 초청하며 외국과 기술제휴를 하라는 내용이었다. 오원철은 국방과학연구소 로켓연구실장 구상회 박사에게 이를 전달하고 각별히 보안을 지킬 것을 당부했다. 국방부를 통해 정식 공문으로 국방과학연구소에 지시가 전달된 것은 1972년 4월 14일이다. 국방과학연구소 2대 소장 심문택은 한국과학기술연구소에서 대전차미사일을 개발하던 이경서 박사와 함께 계획을 수립했다. 박정희는 1974년 5월 14일 "1978년까지 퍼싱(Pershing) 미사일급 유도무기를 독자 개발하라."며 계획을 최종 승인했다.

극비 프로젝트인 백곰사업의 위장 명칭은 〈항공공업육성계획〉이었다. 1974년 9월 '대전기계창'이라는 명칭으로 유도탄연구소가, 1975년 1월 '안흥 측후소'가 충남 태안 국방과학연구소에 착공됐다. 안흥 측후소는 비행시험장의 위장명칭이었다. 국방과학연구소는 미 맥도널드 더글러스(MD)사가 제조한 나이키 허큘리스 지대공 미사일을 개발 모델로 택했다. 연구소는 미국의 미사일 감축 정책으로 경영난을 겪던 미국의 록히드 추진제회사(LPC)의 공장을 인수해 통째로 한국으로 이전 설치하고, 추진제 제조 기술은 프랑스 SNPE에서 도입했다. 1977년 5월 22일 박정희는 청와대 비서진에게 중요한 비밀을 털어놓았다.

"내년에 프랑스에서 장갑차 150대를 도입하고 가을에는 서해에서 미사일 발사 실험을 할 것입니다. 이번에 하비브 미국 국무차관이 오면 핵을 가져가겠다고 으름장을 놓을 텐데 가져가 겠다면 가져가라지. 그들이 철수하고 나면 핵을 개발할 생각 이오.”

1978년 국산 미사일 백곰 시험 발사에서 미사일이 솟아오르고 있다. 우리는 백곰미사일 발사에 성공해 세계 7번째 미사일 개발국이 됐다. (출처: 박정희대통령기념관)

1978년 9월 26일 안흥시험장에서 박정희가 참석한 가운데 공개 시사회가 열렸다. 오후 1시쯤 백곰으로 명명된 미사일이 하늘로 솟아올랐다. 잠시 후 백곰은 보기 좋게 목표물에 명중했고, 통제관은 “탄착”을 외쳤다. 이로써 한국은 자주국방의 기치를 내건 지 8년 만에 세계 7번째 미사일 개발국이 됐다. 백곰의 사정거리는 180km로 유사시 평양 공격이 가능했다. 백곰은 외형만 미국산 나이키 허큘리스와 같았을 뿐 유도장치 등 내부는 완전히 새로운 미사일이었다. 미국은 백곰미사일이 핵무기 운반체로 발전해 동북아시아에 군비경쟁이 격화될 것을 우려했다. 주한 미국대사, 미국 정부 특사까지 국방과학연구소를 찾아와 압박을 가했다. 이듬해 우리나라는 탄도미사일 사거리를 180km로 제한하는 ‘한미 미사일 지침’을 체결했다.

미국의 미사일 기술 도입이라는 당근은 얻었지만 사거리 제한이라는 족쇄를 차게 됐다. 1979년 10월 26일 박정희가 김재규에 의해 시해되는 돌발변수가 생겼다. 이후 한국의 미사일 개발은 장기간 침체기에 빠졌다. 1980년 7월 국방과학연구소 심문택 소장이 해임되고, 이경서 박사도 반강제로 사직해야 했다.

미사일 개발은 전두환이 미얀마(버마)를 방문한 1983년 10월 9일 북한 공작원에 의한 아웅산 묘소 폭탄테러로 되살아난다. 이날 테러로 대통령 수행원과 보도진 등 17명이 사망하자 전두환은 미사일 개발 재개를 지시했다. 1987년 백곰 미사일의 추진 방식을 개량하고 유도방식을 바꾼 현무가 개발됐다. 북한이 장거리 미사일을 발사하고 핵실험을 강행하면서 '한미 미사일 지침'은 점차 완화됐다. 2001년 김대중은 탄도미사일 사거리 제한을 300㎞로 늘리고 사거리를 줄이면 탄두 중량을 늘릴 수 있는 트레이드 오프(Trade-off) 조항을 추가했다. 이어 2012년 10월 탄도미사일 사거리는 800㎞로 늘어났다. 그러다가 2021년 5월 한미 미사일 지침이 종료되면서 한국은 사거리와 탄두 중량에 규제받지 않고 미사일을 개발할 수 있게 됐다. 현재 한국의 미사일 보유와 개발 능력은 세계 최정상급이다. 현무2A는 사거리 300㎞ 탄두 중량 500kg, 현무2B는 사거리 500㎞ 탄두 중량 300kg, 현무2C는 사거리 800㎞ 탄두 중량 500kg를 자랑한다. 현무4는 탄두 중량이 2t 이상, 최대 사거리는 800㎞다. 소형 핵무기급인 현무5는 8~9t의 세계 최고 위력의 탄도미사일이다. 북한 전역에 있는 지하갱도 내 지휘부와 핵시설을 공격하기 위해 개발됐으며 추진체 등을 포함한 미사일의 총무게는 36t으로 알려졌다.

박정희 45년의 꿈, 국산 초음속 전투기 KF-21

우리 손으로 만든 전투기로 영공을 지키겠다는 꿈은 박정희가 꾸기 시작했다. 그는 45년 전 1978년 1월 18일 연두 기자회견에서 이를 공개적으로 밝혔다.

"군과 민간 정비창을 확장해서 엔진을 포함한 항공기의 정비도 우리가 할 수 있게 되었으며, 헬리콥터는 벌써 생산을 개시했고, 항공기 공업도 부분적으로 착수를 개시했다고 말할 수 있습니다. 앞으로 80년대의 중반에 가면 우리는 고도의 정밀도를 요하는 전자병기와 항공기까지도 국내 생산을 할 수 있도록 지금부터 기술을 축적하고 개발 능력을 키워 나가고 있습니다."(박정희 대통령 연설문집 제15집 1월편/대통령기록관)

박정희는 1978년 8월 26일 제1차 방위산업진흥 확대회의에서 항공기 생산 계획을 연내에 앞당겨 착수할 것을 지시했다. 그해 12월 항공공업진흥법이 제정되고 국산 제트전투기 생산이 결정됐다. 1979년 7월 1일 노스럽(Northrop)사의 F-5E/F 전투기가 면허생산 기종으로 결정됐다. 그해 10·26사건으로 갑자기 박정희가 사망했다. 전두환은 이듬해인 1980년 10월 미국과 F-5E/F 전투기 생산 양해각서를 체결했다. 대한항공이 기체 생산 및 조립을, 삼성정밀(이후 삼성항공→

한국항공우주산업)이 엔진 생산을 맡았다. 1982년 9월 9일, 대한항공 항공우주사업본부 김해공장에서 1호기가 출하됐다. 이로써 한국은 아시아에서 일본과 대만에 이어 세 번째 전투기 생산국이 됐다. 전두환은 하늘을 제패하라는 뜻에서 '제공'이란 이름을 부여했다. 제공호는 1986년까지 총 68대가 생산됐다.

F-16은 록히드마틴이 개발해 1978년 미 공군에 배치된 전투기다. 45년이 지난 현재도 최강의 전투기 중 하나로 꼽힌다. 러시아와 전쟁 중인 젤렌스키 우크라이나 대통령은 미국에 F-16 전투기 여러 번 공급을 요청했지만 미국은 확전을 우려해 전투기를 지원하지 않다가 2023년 8월에서야 지원을 결정했다. 42년 전 F-16 전투기 도입의 문을 연 사람이 전두환이다. 전두환은 1981년 11월, 평화의 다리(Peace Bridge)란 이름으로 F-16 전투기 도입사업을 시작했다. 이 사업을 통해 1986년까지 한국 공군에 36대가 인도됐고, 추가로 1991년까지 4대가 더 도입됐다.

전두환은 1984년 11월 F-16 전투기를 국내에서 면허 생산하는 차세대 전투기 사업을 시작한다. 삼성항공을 주계약자로 대한항공, 대우중공업이 사업에 참여했다. 1994년 미국 공장에서 생산된 12대가 도착했고, 1995년 국내에서 처음으로 생산된 KF-16 전투기가 출고됐다. 2002년까지 직도입과 조립 등을 통해 총 140대의 KF-16 전투기가 생산됐다. 삼성항공이 108대, 삼성항공과 대우항공, 현대항공을 통폐합해 설립한 한국항공우주산업(KAI/카이)이 20대를 각각 생산했다.

현재 한국 공군은 F-16과 KF-16 전투기 167대를 운용하는 공군 강국이다.

우리 손으로 독자 개발한 KF-21 전투기가 우리 영공에서 시험비행을 하고 있다. 국산 항공기 개발의 꿈은 박정희 때 시작됐다. (출처: 한국항공우주산업/KAI)

우리 손으로 독자적인 형상의 항공기를 만들겠다는 도전은 1988년 기본훈련기를 통해 시작됐다. 국방과학연구소가 사업 전반을 맡고 대우중공업이 기체 설계 작업과 양산을 책임졌다. 1991년 6월 KT-1 시제기 9대가 완성됐고 11월 초도비행에 성공했다. KT-1은 1995년 양산을 시작했다. 김영삼은 기운차고 용기 있게 날라며 '웅비(雄飛)'란 이름을 부여했다.

고등훈련기는 1992년 국방과학연구소 주관으로 KTX-2(골든이글)라는 이름으로 개발을 시작했다. 삼성항공이 70%, 미국 록히드마틴이 비행제어 등에 30%를 투자했다. 2002년 T50이 비행에 성공했고, 2006년 1월 개발이 완료됐다. T50 골든이글 훈련기는 한국과 미국이 함께 개발한 한국 최초의 초음속기였다. T50은 전술입문훈련기인 TA50, 대한민국에서 만든 최초의 다목적 경전투기(light combat aircraft) FA-50 파이팅이글로 발전했다. FA-50은 2011년 12월 양산계약이 체결돼 2013년 공군에 실전 배치됐다. FA-50은 현재 필리핀, 폴란드, 말레이시아 등에 수출됐다.

순수 국내 기술로 최신예 초음속 전투기를 개발하겠다는 도전은 2천 년대 시작됐다. 2001년 3월 20일 김대중은 공군사관학교 49기 졸업식에서 "지금 우리 공군은 KF-16을 비롯한 최신예 전투기를 보유하고 있습니다. 특히 전투조종사의 기량은 세계 최고의 수준입니다. 뿐만 아니라 순수 우리 기술로 생산한 기본훈련기를 수출까지 하고 있고, 내년에는 우리 손으로 만든 고등훈련기가 첫 비행을 시작합니다. 이제 곧 차세대 전투기를 확보하게 되고, 늦어도 2015년까지는 최신예 국산 전투기를 개발할 것입니다."라고 말했다. 그러나 회의적이고 비관적인 시각이 만만치 않았다. 독자 개발 여부를 놓고 지루한 공방이 계속되면서 사업은 계속 늦어졌다. 2015년 박근혜가 14년간의 논란을 종결하고 독자적인 한국형 전투기 개발을 결정했다. 그해 12월 방위사업청은 KAI(한국항공우주산업)와 계약을 체결했다. 8조 8000억 원, 단군 이후 최대 규모라는 말이 나왔다. 7년 후인 2022년 7월 19일 국산 초음속 전투기 보라매(KF-21) 시제 1호기가 하늘로 올랐다.

이어 6개월 후인 2023년 1월 17일 남해 상공에서 마하 1.0 음속(약 1224㎞/h)의 벽을 뚫었고 기총사격과 미사일 발사시험도 성공했다. 5월 16일 KF-21은 잠정 전투용 적합 판정을 획득했다. 2026년까지 전투기 양산을 위한 시험을 마치면 한국은 세계 8번째 초음속 전투기 개발국이 된다. KF-21의 최종 국산화 비율은 80% 이상이다. '전투기의 눈'으로 불리는 에이사(AESA) 레이더는 개발했고, 남은 건 엔진이다. KF-21 전투기는 우리 손으로 만든 전투기로 영공을 지키겠다는 박정희, 그리고 그 꿈을 이어받은 후임 대통령들의 땀이 배어 있다. 45년간 이어온 오랜 꿈이 성공을 눈앞에 두고 있다.

신의 한 수, 러시아 군사기술 도입

1990년 9월 노태우 정부는 구(舊)소련과 국교를 맺으면서 30억 달러의 경제협력 차관을 제공했다. 하지만 1991년 소련이 갑자기 붕괴하면서 실제 집행된 차관은 14억 7000만 달러였다. 소련을 계승한 러시아는 외환 사정이 어려워지자 빌려 간 돈을 무기로 대신 갚겠다고 했다. 이른바 불곰사업의 시작이었다. 2006년까지 T-80U 전차, BMP-3 장갑차, 메티스-M 대전차미사일 발사기, 대공 미사일 발사기, 카모프 헬리콥터 등 모두 7억 4천만 달러 상당의 러시아 무기가 들어왔다. 그래도 러시아에서 받을 돈은 7억 달러 이상이 남았다. 2011년 이명박은 돈 대신 무기와 군사기술을 받기로 했다. 이때 전차, 장갑차용 열상조준경 등 7억 3천만 달러 상당의 무기와 러시아의 첨단무기 기술이 들어왔다. 당시 이런 결정이 우리나라 방위산업 육성에 '신의 한

K-민국 이승만 박정희 김대중

수'가 되리라고는 상상하지 못했다.

어떤 나라도 미사일 등 첨단무기를 만드는 기술은 쉽게 가르쳐 주지 않는다. 러시아산 무기와 기술은 한국의 미사일 개발에 엄청난 기여를 했다. 현재 우리는 지대지 타격용인 현무, 함대함 미사일 해룡, 대공미사일 신궁, 극초음속 순항 미사일을 비롯해 청상어와 백상어, 홍상어 등 여러 종류의 어뢰를 생산하고 있다. 이런 미사일 개발에 러시아 기술이 사용됐다. 한국형 발사체 누리호는 2022년 6월 발사에 성공한 후 2023년 5월 25일 3차 발사에서 상업용 위성을 궤도에 안정적으로 진입시켰다. 누리호 개발에 도움을 준 곳은 역설적으로 미국과 냉전을 벌였던 러시아였다. 누리호 발사에 이용된 발사체 기술을 전환하면 군사무기인 대륙간탄도미사일(ICBM)이 된다. 이는 우리가 마음만 먹는다면 언제든지 ICBM를 만들 수 있다는 뜻이다.

2-3 원자력, 한국 에너지 자립의 기원

75년 전 북한의 단전과 에너지 위기

전기는 대표적인 전략 물자다. 해방 직후인 75년 전 한국은 우크라이나 전쟁으로 러시아가 가스공급을 줄이면서 유럽이 겪은 에너지 위기보다 더 심각한 전기 위기를 겪었다. 1945년 해방 당시 한반도의 발전설비용량은 172만 2700㎾(킬로와트)였다. 문제는 발전용량의 92%가 북한지역에 있다는 것. 북한은 압록강 유역의 수풍댐을 비롯해 허천강, 장진강, 부전강 등 풍부한 수량을 이용해 많은 전기를 생산했다. 동양 최대인 수풍수력의 당시 발전용량은 60만㎾(설비는 70만㎾). 해방 후 소련이 발전기 2대를 떼어 카자흐공화국 이르티쉬강 상류 댐에 설치할 정도로 최신 시설이었다. 북한의 풍부한 전력은 흥남 질소비료공장 등 중화학공업을 일으키는 데 사용됐다. 화력발전소 연료로 사용하는 석탄도 79%가 북한에서 나왔다. 조선총독부가 통치권을 행사하던 해방 전에는 북한에서 생산한 전기를 남쪽으로 가져와 사용했다. 해방 후에도 남한은 전력의 60~70%를 북한에 의존했다. 하루 전력 수요 10만㎾ 중 최대 7만㎾가 북한에서 왔다. 하지만 북한은 전기를 대남 전략물자로 사용해 툭하면 전기를 끊었다. 이에 미군정은 2만㎾ 용량의 자코나(Jacona) 발전함을 부산항에, 6900㎾ 용량의 일렉트라(Electra) 발전함을 인천항으로 가져와 전기를 생산했다. 하지만 급한 불을 끄는 수준이었다.

1948년 5월 10일 남한에서 정부 수립을 위한 총선이 치러졌다. 그러자 소련 군정과 북한 김일성은 14일 남쪽으로 가는 전기를 일방적으로 끊었다. 당시 남한의 발전설비용량은 5만 8000㎾에 불과했다. 단전 조치로 남한은 안보와 경제에 결정적 타격을 입었다. 공장은 문을 닫아야 했고, 전차에 공급할 전력이 없어 시민들은 걸어 다녀야 했다. 1950년 6월 25일 전쟁이 터지면서 상황은 더 악화됐다. 적의 수중에 넘어가지 않도록 발전함 일렉트라호는 폭파됐다. 7만 3557㎾였던 전력공급능력은 3개월 만에 1만 1333㎾로 떨어졌다. 이승만이 전기를 얼마나 중요하게 생각했는지 보여 주는 예가 1943년 완공된 화천댐 수력발전소를 둘러싼 공방전이었다.

강원도 화천군 간동면 구만리에 있는 화천댐의 발전용량은 8만 1000㎾(현재는 10만 5000㎾)다. 38선이 그어지면서 북한의 소유가 된 화천댐 발전용량은 남한 전체보다 더 많았다. 1951년 5월 국군은 중공군이 장악하고 있던 화천댐을 빼앗았다. 이를 기뻐한 이승만은 호수 이름을 오랑캐를 깨뜨린 곳이라는 뜻에서 파로호(破虜湖)라 지었다. 이승만이 미군사령관 벤 프리트 장군에게 특별히 사수를 부탁할 정도로 화천댐을 두고 미군과 중공군 간 치열한 전투가 계속됐다. 전쟁을 겪으면서 이승만은 국가의 생명줄인 전기의 중요성을 뼈저리게 절감했다. 그는 서울 당인리와 마산, 삼척에 화력발전소를 짓고 강원도 탄광을 개발했다. 그러나 이런 노력에도 불구하고 전기는 늘 부족했다.

이승만, 원자력 유학생에게 쥐여 준 달러

원자력이 세상에 알려진 것
은 1945년 8월 일본 히로시마
와 나가사키에 떨어진 원자폭
탄이었다. 원자폭탄 2발로 일
본이 항복하는 걸 본 이승만
은 원자력의 강력한 힘을 알고
있었다. 1953년 유엔총회에서
미국 아이젠하워 대통령은 국
제원자력기구(IAEA) 창설 구
상을 밝혔다. 아울러 원자력
을 농업과 의학 등에 사용하고
핵연료를 후진국에 대여하는
등 원자력을 평화적으로 이용

이승만 대통령이 1959년 7월 실험용 원자로 〈트
리가 마크 II 〉설치 공사를 위해 첫 삽을 뜨고 있다.
이는 우리나라 원자력 시대의 개막을 알리는 공사
였다. (출처: e영상역사관)

하겠다고 밝혔다. 이승만은 미국의 움직임에 빠르게 대응했다. 1956
년 2월 '원자력의 비군사적 이용에 관한 한미 간 협력 협정'이 체결됐
다. 이어 3월 문교부 기술교육국에 원자력의 연구개발 및 이용을 위
한 부서로 '원자력과'가 설치됐다. 원자력과는 원자력법 제정, 전담 행
정기구의 조직, 향후 설립될 연구소의 직제 구성, 연구용 원자로의 노
형 선정 및 건설 등을 맡았다. 4월 우리나라 최초의 원자력 연구생인
윤세원, 김희규 두 사람이 미국 아르곤 원자력연구소로 떠났다.

그해 여름 이승만은 귀가 번쩍 뜨이는 말을 듣는다. 1956년 7월 2차 세계대전 후 유럽 전력 복구사업 총책임자였던 에디슨전력회사 회장 워커 시슬러(Cisler)가 경무대(현 청와대)를 방문했다. 시슬러는 이승만에게 '에너지 박스'라 불리는 한 뼘 크기의 갈색 나무상자를 보여 줬다.

"이 작은 상자 안에 든 것은 3.5파운드의 우라늄입니다. 만일 이 상자에 같은 무게의 석탄이 들었다고 가정하고, 그걸 원료로 하면 전기 4.5kWh를 생산해낼 수 있습니다. 하지만 이 상자의 우라늄을 원자로에서 태운다면 자그마치 1200만kWh의 전기를 생산할 수 있습니다. 즉, 석탄의 250만 배가 넘는 전기를 만들어 낼 수 있는 셈입니다."(2013. 12. 10. 영남일보)

이승만은 놀라움을 감추지 못했다. 대통령의 얼굴에 결의의 빛이 스쳐 갔다. "좋소. 시슬러 씨. 그럼, 앞으로 우리 한국에서 원자력 발전을 시작하려면 먼저 무엇부터 해야 하는지 얘기해 줄 수 있겠소?" 그러자 시슬러는 이승만에게 원자력 전담 행정기관과 연구기구를 설치하고 50명 정도의 젊은 과학자를 해외로 보내 교육할 것을 제안했다. 이승만은 많은 사람이 최첨단 원자력 기술을 배워야 한다고 생각했다. 당시 한국은 달러가 부족해 단돈 10달러를 쓸 때도 대통령 결재를 받던 때였다. 그는 10개월 연수에 최소 6000달러가 드는 원자력 유학에 과감히 돈을 투자했다. 이승만은 첫 유학생들이 해외로 떠나기 전 경무대(현 청와대)로 불러 "자네들이 열심히 공부해야 우리나라가 부강하게 된다는 점을 명심하고 열심히 공부해야 하네."라며 직접 유학비를 건넸다.

이를 계기로 대한민국 원자력의 아버지가 불리는 이창건 등 283명이 미국에서 원자력을 공부했다. 1958년에는 20명의 유학생이 영국으로 떠났다. 또 국내 인력 양성을 위해 1958년 한양대에 원자력공학과, 1959년 서울대에 원자핵공학과를 설치했다. 1958년 3월 원자력법을 공포했고, 8월에는 국제원자력기구(IAEA) 창설국으로 가입했다. 1959년 1월에는 대통령 직속 장관급 행정기구인 원자력원이 출범했다. 대한민국 최초의 원자력 담당 정부 기관이었다. 2월 3일 원자력원 산하에 원자력연구개발을 종합적으로 수행할 원자력연구소(현 한국원자력연구원)가 설립됐다. 연구소는 서울 공릉동 서울공대 13만 평 중 5만 평을 부지로 확보했다. 1959년 7월 14일 원자력연구소에서 실험용 원자로 '트리가 마크Ⅱ' 설치 기공식이 열렸다. 미국 원조금 35만 달러를 합쳐 총 73만 달러가 투입된 큰 공사였다. 미 제너럴 아토믹사가 만든 원자로는 열출력 100kW(후일 250kW로 출력 증강)의 소형 연구로 기공식에 참석한 이승만이 첫 삽을 떴다. 1962년 3월 가동된 이 원자로는 기술요원 훈련, 전문 인력 양성, 방사성 동위원소 생산, 하나로(HANARO) 연구로 자력 설계 및 건조 등에 사용되다 1995년 1월 폐쇄됐다.

한국 최초 원전, 고리원자력발전소

1961년 정권을 잡은 박정희의 관심은 한국의 근대화와 산업화였다.

7월 1차 경제개발 5개년 계획을 수립하고 종합제철소 건설 및 관련 대규모 인프라 건설 계획을 마련했다. 경제개발을 위해서는 전력이 반드시 필요했고, 그 일환으로 원자력발전소 건설이 검토됐다. 박정희는 1962년 11월 원자력원에 원자력발전대책위원회를 설치해 원전 조사 연구와 원자력발전 기술개발 현황, 원자력발전소 부지 예비조사 업무를 맡겼다. 1965년 12월 원전 건설 타당성 조사보고서를 작성한 원자력발전조사위원회는 1967년 고리 일대를 발전소 부지로 결정했다. 부산광역시 기장군 장안읍 고리와 효암리, 울산광역시 울주군 서생면 신암리까지 이어지는 광대한 지역이었다. 그해 4월 박정희는 원자력원을 원자력청으로 확대했다. 1968년 박정희 정부는 고리 일대에 50만kW급 원전 2기를 짓는다고 발표했다.

1978년 7월 20일 박정희가 완공된 고리원자력발전소를 시찰하고 있다. 박정희는 원전이 미래에너지원으로 경제개발과 문화생활의 핵심이 될 것임을 강조했다. (출처: e 영상역사관)

1970년 6월 정부는 설계, 주기기 공급, 시공 일체를 모두 맡기는 턴키 베이스 방식으로 미 웨스팅하우스(Westinghouse)와 고리 1호기 원전 건설 계약을 체결했다. 고리 1호기 예상 발전용량은 58만 7000㎾였다. 1969년 당시 국내 발전설비용량은 184만㎾. 원전 1기가 총발전용량의 31%를 차지할 정도로 원전은 어마어마했다. 그러나 원전 건설에는 막대한 비용과 위험부담, 기술적 어려움이 있었다. 고리 1호기 예상 건설비는 543억 원. 1호기가 착공된 1971년 정부 예산은 5200억 원이었다. 원전 1기 건설비가 정부 예산의 10%가 넘었다. 더구나 세계적으로 상업용 원전이 가동된 지 불과 10년 후였다. 너무 많은 돈이 들고 원전 건설과 경험이 없는 한국에서 무리라는 목소리가 나왔다. 그러나 자립경제와 자주국방을 해야 하는 박정희의 선택은 무조건 원전이었다. 1971년 3월 19일 경상남도 동래군 장안면(현 부산시 기장군 장안읍)에서 고리 1호기 기공식이 열렸다. 박정희는 원전이 경제발전은 물론 국민의 삶을 획기적으로 개선할 것이라고 밝혔다.

"처음 건설 초에 있어서는 굉장히 건설 단가가 비싸게 먹는 것은 사실입니다. 그러나 긴 장래를 내다볼 때는 처음에는 돈이 많이 들지만 조그마한 원자력 원료로 사용하기 때문에, 시간이 가면 갈수록 여기서 발전하는 이 전력은 굉장히 싼 전력을 공급할 수 있다는 것입니다. 우리나라에는 지금 경제 건설, 기타 모든 국가 개발에 가장 많이 소요되는 것이 전력입니다. 공장에도 필요하고 우리 국민의 문화생활을 위해서 전력의 수요는 나날이 늘어가고 있는 것입니다. 1964년도만 해도 우리 농촌

K-민국 이승만 박정희 김대중

에 전기가 불과 12%밖에 들어가지 않았습니다. 1976년 말에 가서는 약 70% 정도가 된다고 내다보고 있는 것입니다. 이 전력이 개발됨으로써 보다 더 큰 경제발전을 촉진할 수 있고, 보다 높은 문화생활을 할 수 있을 것입니다."(원자력발전소 기공식 치사/대통령기록관)

고리 1호기는 1978년 4월 29일 상업발전을 시작했다. 우리나라는 세계 21번째, 아시아에서는 일본, 인도, 파키스탄에 이어 4번째 원자력발전소 보유국이 됐다. 고리 1호기는 2017년 6월 18일 영구 정지될 때까지 부산지역 전체가 8년간 사용할 수 있는 1560억kWh의 전기를 생산했다. 박정희는 1977년 한국 두 번째 원전인 월성 1호기, 그리고 고리 2호기, 3호기, 4호기를 잇따라 착공하는 등 총 5기의 원전을 건설했다.

2022년 한국 전체 발전량은 59만 4392GWh(기가와트시)다. 원전 발전량은 17만 6054GWh, 비율로는 29.6%를 차지한다. 2022년 원자력발전 정산 단가는 1kWh(킬로와트시)당 52.5원으로 유연탄 157원, 무연탄 202.4원, LNG는 239.3원에 비해 3~4배가량 싸다. 2023년 6월 현재 한국의 가정용 전기요금은 1kWh당 154.6원이다. 덴마크는 778.3원, 독일 748.3원으로 우리보다 약 5배 더 비싸다. 344.3원인 일본, 240원인 미국에 비해서도 훨씬 저렴하다. 한국이 이처럼 싸고 풍부하게 전기를 이용하는 것은 물론, 세계 5대 산업 강국으로 경쟁력을 유지할 수 있는 건 25기의 원전을 갖고 있기 때문이다.

박정희, 핵무기 개발의 유산을 남기다

박정희의 원전 건설에는 전력 생산 외에 핵무기 개발을 통한 자주국방 완성이라는 목표도 있었다. 박정희는 1970년대 초 한국과학기술연구소(KIST), 국방과학연구소를 통해 핵 관련 기술을 확보하기 위한 극비 프로젝트를 가동했다. 당시 우리에게 기술을 줄 수 있는 나라는 프랑스였다. 한국과 프랑스는 1974년 10월 '한·불 원자력협정'을 맺었다. 1975년 1월 원자력연구소와 프랑스 핵연료 제조회사 체르카(CERCA)는 '핵연료 제조장비 및 기술도입 계약'을 체결했다. 이어 4월 원자력연구소와 프랑스 원자력위원회 산하인 생고뱅(SGN)사는 '핵연료 재처리공장 설계 및 기술용역도입' 계약을 맺었다. 또 정부는 1975년 벨기에와 혼합핵연료 연구시설 도입을 위한 차관협상을 추진했다. 하지만 핵연료 재처리 기술은 플루토늄 추출을 통해 바로 핵무기 개발을 할 수 있는 핵심기술이다. 1974년 5월 18일 인도가 비밀리에 플루토늄을 추출해 핵실험에 성공한 상태였다. 핵무기 확산을 우려한 미국은 박정희에게 재처리 사업을 중단하지 않으면 모든 관계를 끊겠다고 경고했다. 정부는 실험용 재처리 시설과 연구용 원자로 도입은 핵연료 자립화를 위한 연구 목적이라고 주장했다. 또 1975년 4월 23일 핵확산금지조약(NPT)에 서명했다. 그러나 미국은 의심을 거두지 않았다. 결국 1976년 1월 26일 프랑스와 맺은 실험용 재처리시설 도입에 관한 계약은 파기됐고, 벨기에에서 도입하려던 혼합핵연료 연구시설 도입도 무산됐다.

박정희는 1977년 미국과의 관계 등을 고려해 핵개발을 공식적으로 포기해야 했다. 그러나 박정희는 핵무기를 개발할 수 있는 유산을 남겼다. 경상북도 경주 월성에는 6기의 상업용 원전이 있다. 이 가운데 1, 2, 3, 4호기는 캐나다가 개발한 캔두형 가압중수로이다. 1983년 상업운전을 시작한 월성 1호기는 2018년 6월 문재인의 탈원전 정책에 따라 한국수력원자력이 조기 폐쇄해 현재 2, 3, 4호기만 가동되고 있다. 중수로는 경수로와는 달리 농축되지 않은 우라늄을 연료로 사용한다. 배출되는 사용 후 핵연료의 양이 많고, 그것을 재처리하면 많은 양의 고순도 플루토늄을 얻을 수 있다. 또 박정희는 비밀리에 원자력의 군사적 이용에 관한 기술에도 접근했다. 그는 미국의 압력으로 중도 폐기된 재처리시설을 제외한 중수로, 경수로, 핵연료봉 공장 등 모든 핵시설을 건설했다. 이를 통해 원자로 설계, 핵연료 농축, 가공, 재처리 기술을 확보했다.

　우리는 국가의 의지만 있다면 원전에서 플루토늄을 뽑아내 핵폭탄을 만들 수 있는 능력을 갖추고 있다. 핵무기 개발은 중간에 좌절됐지만 그 기술은 충분히 확보했다. 박정희를 도왔던 오원철 전 청와대 수석은 2010년 주간조선과의 인터뷰에서 "박 대통령이 서거하기 전 우리 기술진은 우라늄이든, 플루토늄이든 핵연료를 100% 확보할 수 있는 기술력을 가지고 있었다."고 증언했다. 윤석열 대통령은 2023년 4월 30일 미 하버드대 케네디스쿨 연설에서 "한국은 핵무장을 하겠다고 마음먹으면 1년 내에도 핵무장을 할 수 있는 기술 기반을 갖고 있다."고 말해 이를 다시 확인했다. 박정희의 도전이 없었다면 이는 불가능했다. 원전 건설 과정에서 보여 준 혜안(慧眼), 의지, 강단, 애국심은 어떤 정치지도자와도 비교하기 어렵다. 그는 진정한 핵 전문가, 안보 전문가였다.

전두환, 원전 수출의 초석을 놓다

2009년 12월 27일 한국전력은 아랍에미리트(UAE) 원자력공사와 47조 원 규모의 한국형 차세대 원전 APR1400 4기를 수출하는 계약을 체결했다. 체결식에는 수주 공로자인 이명박 대통령이 배석했다. 이로써 우리나라는 세계에서 6번째로 원전 수출국이 됐다. 이 사업은 한국형 차세대 원전 APR1400 4기를 수도 아부다비 서쪽으로 270㎞ 떨어진 바라카 지역에 건설하는 프로젝트다. 원전 1기당 발전용량은 140만㎾(킬로와트), 발전용량은 모두 560만㎾다. ㎿(메가와트)로 환산하면 5600㎿가 된다. 바라카 원전은 2021년 4월 1호기, 2022년 3월 2호기, 2023년 1월 3호기가 가동을 시작했다. 우리가 UAE 수출한 원전 APR1400은 우리 원자력계가 독자 개발한 원자로다.

한국은 현재 세계 5위의 원전대국이자 미국, 프랑스, 일본, 러시아, 중국과 함께 수출 능력을 가진 나라다. 그 시작은 1970년대 박정희의 원전 국산화 계획, 그리고 직접적으로는 1980년대 전두환 시대로 거슬러 올라간다. 원자력발전 초기 원자로 가동에 필요한 핵연료는 전량을 외국에서 가공된 농축우라늄을 수입해 사용했다. 1970년대 중반 박정희는 이를 국내에서 농축·가공할 수 있다면 막대한 연료비를

K-민국 이승만 박정희 김대중

줄일 수 있다며 국산화를 지시했다. 국방과학연구소에 있다가 한국 원자력연구소로 이동한 우리 원자력산업 분야의 거목인 한필순이 이를 맡았다. 1983년 7월 한필순 에너지연구소장(한국원자력연구소에서 개칭)이 마침내 중수로 연료 국산화에 성공한다. 이에 고무된 대통령 전두환은 1984년 한필순에게 한국형 표준원전 개발을 지시했다. 1985년 1월 영광(현 한빛) 원전 3·4호기 국제입찰이 시작됐다. 입찰 안내서에는 "100% 기술이전을 하는 업체를 선정한다."는 내용이 들어갔다. 원전 기술이전을 노린 한전 사장 박정기의 요청을 전두환이 받아들인 것이다. 1986년 4월 소련에서 체르노빌 원전 사고가 터졌다. 많은 나라가 원전 건설을 포기하면서 세계 원전업계에 일감이 뚝 떨어졌다. 회사 운영에 어려움을 겪던 미국 컴버스천 엔지니어링(CE)사가 수주를 위해 과감한 기술이전을 제안했다. 결국 CE가 3조 4천억 원에 영광원전을 따냈다.

2022년 12월 14일 준공된 신한울 1호기(왼쪽)와 2024년 준공을 앞둔 2호기(오른쪽) 전경. 대한민국 27번째 원전인 신한울 1호기는 2010년 첫 삽을 뜬 지 탈원전 정책으로 인해 12년 만에 준공됐다. 두 원전 모두 한국이 2009년 독자 개발한 가압경수로(APR1400)로 건설됐다. (출처: 한국수력원자력)

1986년 12월 14일 국내 연구진 44명이 CE설계센터가 있는 미 동부 코네티컷주 윈저(Windsor)로 가는 출정식이 열렸다. 이날 이들은 한필순 소장의 제의로 '필(必)설계 기술자립'을 세 번 외치고 떠났다. 기술자립에 성공하지 못하면 태평양에 빠져 죽겠다는 결의의 표시였다. 이후 3년간 연인원 200명의 한국 기술진이 CE설계센터에서 기술을 배웠다. 당시 CE를 선택한 건 신의 한 수였다. 경쟁사였던 웨스팅하우스의 원천기술은 미 정부 소유였지만 CE는 순수 민간회사로 100% 기술이전에 거리낌이 없었다. 원자로 계통설계 기술을 배운 연구진은 100만kW 발전용량의 가압경수로 한국형 표준원전 KSNP를 만들어 한울(울진) 3·4·5·6호기, 한빛(영광) 5·6호기에 탑재했다. 이어 이를 개선한 100만kW 용량의 한국형원전 OPR1000으로 신고리 1·2호기, 신월성 1·2호기를 지었다. 140만kW의 발전용량을 가진 한국형차세대 원자로 APR1400은 OPR1000을 개선한 모델이다. 원자로 냉각재펌프와 원전 계측제어시스템 기술 등 핵심 설비를 국산화하고 미국 원자력규제위원회(NRC)에서 설계 인증도 받았다. 현재 한국을 대표하는 원자로이자 대표적인 수출 모델이다.

2022년 12월 14일 가동을 시작한 신한울 1호기, 신고리 3·4호기, 신월성 3·4호기, 신고리 5·6호기, 해외 진출 첫 원전인 UAE 바라카 원전 4기에 모두 이 원자로가 들어갔다. 현재 한국은 체코와 튀르키예에 원전 수출을 추진하고 있다. 스마트(SMART) 원전은 2012년 한국이 개발한 10만kW급의 모듈화된 일체형 원전이다. 한국은 2016년 사우디아라비아와 함께 독자 개발한 스마트 원전 사업을 시작했다. 스

　　　　　　　　　　　K-민국 이승만 박정희 김대중

마트원전이 성공하면 아프리카처럼 대규모 전력 공급이 어려운 지역, 제철 등 특정 공정에 전력이 필요한 기업, 원전 건설 부담이 큰 선진국 등에 다양하게 쓰일 것으로 기대된다.

원전을 거부한 문재인

원전 건설은 5~10년 정도의 긴 시간이 소요된다. 현직에 있는 대통령이 착공한다고 해도 후임 대통령 임기 중에 완공되는 게 태반이다. 전두환이 착공한 영광 1·2호기는 임기 중에 완공됐지만, 한울 2호기는 노태우 때 가동됐다. 노태우가 착공한 한울 3·4호기, 한빛 3·4호기, 월성 2호기는 김영삼 때, 김영삼이 착공한 월성 3·4호기, 한빛 5·6호기는 김대중 임기 중에, 김대중이 착공한 한울 5·6호기는 노무현 임기 중에 각각 가동됐다. 노무현이 착공한 신월성 1호기, 신고리 1·2호기는 이명박 때, 신월성 2호기는 박근혜 집권기에 각각 완공됐다. 2008년 이명박이 착공한 신고리 4호기는 11년 만인 2019년 문재인 임기 때 상업운전을 시작했다. 박정희가 첫 원전을 건설한 이후 후임자들은 대부분 그의 정책을 따랐다. 전두환부터 박근혜까지 역대 대통령은 임기 중에 최소 2기에서 최대 6기의 신규 원전을 건설했다. 김대중은 2기, 노무현은 4기의 건설을 허가했다.

한때 탈원전을 주장했던 김대중은 평민당 총재 시절인 1989년 11월 입장을 바꾼다. 이를 원전업계에서는 '김대중 총재의 목포선언'이라 부른다.

"우리나라는 부존자원이 적어 원자력 에너지 개발은 불가피한 실정이다. 자원빈국인 우리나라 사정에서 원전을 건설할 수밖에 없다고 본다. 물론 안전문제는 신경을 써야 할 것이다. 석유나 석탄 등 발전소도 공해가 많다." (석성환, 원자력발전소 뒤안길 이야기)

노무현은 2007년 월성 원자력환경관리센터 착공식에서 "한국 원전은 세계 최고 안전성을 갖고 있다."고 말했고, 루마니아에 원전을 팔기 위해 세일즈 외교를 했다. 전두환 이후 원전을 1기도 건설하지 않은 역대 대통령은 문재인이 유일하다. 대신 그는 국내 최초 원전인 고리 1호기를 폐쇄하고, 수명연장 보수작업을 마친 월성 1호기를 조기 폐쇄하는 등 5년간 탈원전 정책을 폈다. 신고리 5·6호기는 장기간 공사가 중단됐고, 신한울 1·2호기는 건설이 지연되거나 장기간 가동이 미뤄졌다. 2019년 12월 24일 원자력안전위원회는 월성 1호기의 영구 폐쇄 및 해체를 결정했다. 하지만 현재 월성 1호기 폐쇄는 조작된 보고서를 바탕으로 이뤄진 것으로 확인돼 재판이 진행 중이다. 또 탈원전 정책과 에너지 가격 급등으로 한전은 2022년 32조 원, 2023년 1분기 6조 원의 적자를 기록했다.

2-4 과학자가 우대받는 나라

박정희의 집현전, 한국과학기술연구소(KIST)

1965년 5월 17일 미국 워싱턴에서 한미정상회담이 열렸다. 핵심 안건은 한국군의 월남(베트남) 파병 문제였다. 회담은 우호적인 분위기 속에서 진행됐다. 박정희는 한국군 1개 사단을 파병하기로 했고 존슨은 한국에 대한 경제지원과 원조를 약속했다. 회담 말미에 존슨은 베트남 파병에 대한 감사 표시로 한국에 공과대학을 지어 주겠다고 했다. 이에 박정희는 "우리나라로서는 공과대학보다 공업기술과 응용과학을 발전시킬 수 있는 연구소가 필요하다."고 말했다. 5월 18일 두 사람은 월남지원에 대한 긴밀한 협조, 한국에 대한 1억 5천만 달러의 장기 개발차관 공여, 주한미군지위협정(SOFA)의 조기 체결 등 모두 14개 항의 공동성명서를 발표했다. 발표문에는 의제에 없던 특별한 항목 즉, '한국의 공업기술 및 응용과학연구소 설립에 관한 공동성명'이 들어 있었다. 이는 미국이 한국에 과학기술연구소를 설립해 주겠다는 내용이었다. 미국이 연구소 설립을 위해 지원하기로 한 돈은 5천만 달러였다. 당시 한국의 1년 수출액은 1억 달러 안팎, 5천만 달러는 우리나라 1년 수출액의 절반에 해당하는 어마어마한 돈이었다.

우리나라 최초의 정부출연연구소 설립은 숨 가쁘게 진행됐다. 한국과학기술연구소(KIST) 설립자는 박정희였다. 그는 백만 원의 출연금을 납부했다. 미국은 당시 세계 최고의 연구기관인 바텔기념연구소

(Battelle Memorial Institute)를 설립 지원기관으로 선정했다. 1966년 2월 2일 재단법인 신청서가 경제기획원에 제출됐고, 3일 창립 이사회, 4일 한미 사업계획협정서 조인에 이어 10일 한국과학기술연구소(KIST)가 탄생했다. 박정희는 회계 감사와 사업 계획 승인을 별도로 받지 않도록 독립성을 보장하는 등 바람막이를 자처했다. 초대 소장으로 미 미네소타대 화학박사 출신인 원자력연구소장 최형섭이 임명됐다. 최형섭은 KIST 초대 소장에 이어 과학기술처 장관으로 7년 6개월간 재직하며 박정희를 도운 인물이다. 그는 박정희에게 "일에 지장이 있으니 자주 좀 오지 마십시오."라고 말할 정도로 강단이 있고, 리더십이 뛰어난 인물이었다.

박정희 대통령은 1966년 10월 6일 한국과학기술연구소 기공식에 참석했다. 그는 우리나라 과학발전의 토대를 마련한 과학대통령이다. (출처: 박정희대통령기념관)

K-민국 이승만 박정희 김대중

최형섭은 한국과학기술연구소 부지로 서울 회기동과 석관동 일대 천장산에 조성돼 있던 임업시험장을 택했다. 우리나라 최초의 식물원인 임업시험장에는 일제 식민지 시절인 1922년 8월부터 전국에서 모은 4천여 종 30만 점의 식물표본이 있는 중요한 장소였다. 당연히 부지 소유자인 농림부가 펄쩍 뛰었다. 그러자 박정희는 당시 농림부 장관과 서울시장을 대동하고 임업시험장으로 갔다. 박정희는 "임업시험장도 중요하지만 한국과학기술연구소는 그보다 더 중요하니 38만 평 모두를 주라."고 지시했다. 최종 타협된 부지는 약 15만 평이었다. 박정희는 국내외에서 가장 유능한 한국인 과학자들을 유치할 수 있도록 급여와 대우를 파격적으로 책정했다. 연구원 월급은 서울대 교수의 3배로 하고, 미국에 있는 한국인 과학자를 데려오기 위해 국내에 없던 의료보험을 제공했다. 첫해인 1966년 18명이 귀국했고 1990년까지 모두 1000명이 넘는 한국인 과학자가 귀국했다.

1966년 10월 6일 기공식을 가진 연구소는 1969년 10월 23일 준공됐다. 박정희는 KIST가 과학 한국의 산실, 미래를 여는 창이 될 것임을 강조했다.

"국내외에서 우수한 지식과 기술을 습득한 우리의 과학자·기술자들이 한데 모여, 연구개발에 심혈을 기울이는 연찬의 도장으로서, 다른 연구기관과의 협동의 광장으로서, 또한 산학 일체의 심장부로서, 우리나라의 과학기술 진흥, 경제개발, 국력 증강을 위해 실로 막중한 사명을 본 연구소는 수행해야 할 것입니다. 그리하여 머지않은 장래에, 우리의 과학기술이 세계에 그 이름을 떨치는 날, 그때 한국과학기술연구소가 바로 과학 한국의 산실이요, 주역이었다고 자랑스럽게 회고할 수 있게 되기를 기대해 마지않습니다." (한국과학기술연구소 준공식 치사/박정희도서관)

박정희는 1976년 KIST에 경제개발과 국가안보를 뒷받침해 달라는 취지로 '과학입국(科學立國) 기술자립(技術自立)'이라는 친필 휘호를 보냈다. 그의 바람대로 KIST는 우리나라 과학과 경제발전을 이끈 싱크탱크가 됐다. 과학계에서는 KIST가 그동안 창출한 가치를 6백조 원이 넘는 것으로 본다. KIST는 1960~1970년대 철강, 기계, 자동차, 선박, 전자 등 중공업 분야 설립 타당성 조사에 참여했다. 그들의 두뇌가 경부고속도로, 포항제철, 현대의 포니 자동차와 조선소 건설을 이끌었다. 과학기술정보통신부 국가과학기술연구회 산하에는 23개 출연연구소가 있다. 한국기계금속연구소, 한국화학연구소, 한국표준연구소, 전자통신연구원, 생명공학연구원, 기계연구원, 생산기술연구원 등 대다수 연구소의 뿌리를 거슬러 올라가면 KIST로 연결된다. 키스트는 우리나라 과학계의 본산이다.

KIST 이후 홍릉은 거대한 연구단지로 변모했다. 분야도 과학기술, 국방, 경제, 농업 등을 망라했다. 1970년 국방과학연구소에 이어 1971년 한국경제개발연구원(KDI)이 박정희를 설립자로 출범했다. 박정희의 지시로 1971년 과학기술처 산하에 국내 최초의 연구 중심이공계 특수대학원 한국과학원(KAIS)이 설립됐다. 현재의 카이스트 (KAIST)다. 1976년에는 산업연구원(KIET), 1978년에는 한국농촌경제연구원이 입주했다. 홍릉단지에서 공릉동 한국원자력연구소까지는 한국을 대표하는 거대한 연구벨트로 발전했다. 세종 때 설치한 학문연구기관 집현전(集賢殿)처럼 홍릉은 박정희의 꿈이 집약된 곳이었다.

현재 국방과학연구소와 카이스트(KAIST)는 대전으로, 한국개발연구원·산업연구원·한국농촌경제연구원은 세종으로 이전했지만 KIST는 여전히 과학계 맏형으로 홍릉에 있다.

과학대통령 박정희

박정희는 1962년 경제개발을 뒷받침하기 위한 기술진흥 5개년 계획을 수립했다. 2차 대전 후 독립한 140여 개 국가 중에서 과학기술 발전을 위해 기술진흥 5개년 계획을 수립하고 시행한 것은 대한민국이 사실상 최초였다. 기술진흥계획은 1981년까지 총 4회에 걸쳐 진행됐다. 1967년에는 과학기술의 진흥에 관한 국가기본계획 수립과 지원체계를 구체화한 과학기술진흥법이 제정됐고 장관급 부처인 과학기술처가 발족했다. 과학입국에 대한 그의 생각은 과학기술처 개청식 치사에 잘 나와 있다.

"돌이켜보건대 우리의 과학문명이 뒤떨어지게 된 근본 원인은

19세기 말 우리 조상들이 그 당시의 선진 과학 문명에 위압당하여, 아무런 향상과 발전의 노력도 없이 그대로 이를 좌시한 채 허송세월하였기 때문입니다. 만일 오늘의 우리 세대가 다시 이러한 전철을 밟는다면, 우리 후손들은 영원히 회복될 길 없는 과학의 미개지에서 빈곤과 후진의 너울을 벗지 못한 채 혹심한 고난과 굴욕을 겪게 될 것은 두말할 나위도 없는 것입니다. 나는 조국의 근대화와 경제자립을 위해 증산·수출·건설, 그리고 저축의 필요성을 강조했거니와, 그에 못지않게 일찍부터 과학기술의 진흥이야말로 그 모든 것을 가능케 하는 가장 빠른 지름길임을 강조한 바 있습니다.”(과학기술처 개청식 치사/대통령기록관)

1973년은 우리나라 과학기술에 큰 획을 그은 해다. 박정희는 1월 12일 연두 기자회견에서 모든 국민의 과학화를 외쳤다.

“우리 국민에게 내가 제창하고자 하는 것은, 이제부터 우리가 모두 전 국민의 과학화 운동을 전개하자는 것입니다. 모든 사람이 과학기술을 배우고 익히고 개발해야 하겠습니다. 그래야 우리 국력이 급속히 늘어날 수 있습니다. 과학기술의 발달 없이는 우리가 절대로 선진국가가 될 수 없습니다.”(박정희 대통령 연설문집 제10집/대통령기록관)

5월 18일 과학기술처 장관 최형섭은 ‘연구학원도시 건설계획’ 시안을 대통령에게 보고했다. 연구도시는 연구소, 대학 등이 들어선 5만 명이 거주하는 도시로 설계됐다. 12월 21일 박정희는 이를 최종 승인했다. 이로써 현재 세계적인 과학기술의 메카인 대덕연구단지가 탄생했다. 840만여 평으로 시작된 대덕연구단지는 대덕연구개발특구로 확대돼 3배로 커졌다. 12월 31일에는 '특정연구기관 육성법'이 제정됐다. 이는 과학기술과 산업경제의 발전을 위해 정부가 출연하는 연구기관을 보호·육성하는 데 필요한 사항을 규정한 법이었다. 이 법이 제정되면서 다양한 산업 분야의 정부출연연구기관 설립이 가능해졌다.

대덕연구단지에는 현재 40여 개 민간연구소를 포함한 2622개 기업과 26개 정부출연연구기관이 입주해 있다. 정부출연연구기관은 연구성과를 기업에 이전해 산업과 경제발전에 기여하는 핵심적인 역할을 하고 있다. 전두환 집권기 민간기업의 연구개발이, 그리고 김영삼 때는 대학으로 기초연구가 확대됐다. 한국의 과학경쟁력, 기술경쟁력, 과학 인프라는 반세기 만에 세계 선두권으로 부상했다. 초대 이승만부터 현직 윤석열에 이르기까지 많은 대통령이 과학기술에 관심을 쏟았지만 가장 큰 공을 세운 사람은 박정희다. 박정희는 홍릉과 대덕을 개발해 국가연구개발의 기초를 놓았고 현대과학기술 발전에 꼭 필요한 법과 행정제도를 정비했다. 2016년 3월 KIST와 과학기술단체총연합회는 KIST 본관 옆에 설립자 박정희 동상을 세웠다. 그는 진정한 대한민국 과학대통령이다.

2-5 선택과 집중, 공기관 육성과 민영화

전기는 공공재, 박정희의 한전

실용주의자 박정희는 이념에 얽매이지 않고 실용과 효율을 따져 정책을 결정했다. 그런 그였기에 공공성을 감안해 다수의 국영기업을 설립하면서 동시에 다수의 국영기업을 민간에 넘길 수 있었다. 박정희는 1962~1969년 사이 국영기업 20개를 신설하고 2개는 기존 공기업을 개편·통합하는 등 총 22개 국영기업을 만들었다. 새로 만든 국영기업은 대부분 철강과 전기 등 기초산업 육성 그리고 수자원, 도로, 토지, 주택 등 사회간접자본(SOC)을 위한 것이었다. 1967년 소양강댐 등 다목적댐 건설을 위해 수자원개발공사(K-water)를, 1968년 국영제철소인 포항제철, 1969년 경부고속도로 건설에 맞춰 한국도로공사를 만들었다. 1975년에는 공단개발과 택지 조성을 위해 토지금고(현 LH)를 설립했다. 또 민간이 쉽게 접근하기 어려운 투자금융 분야에는 산업은행, 수출입은행 같은 금융기관을 설립했다.

현재의 한국전력은 박정희 손에서 탄생했다. 1961년 한국에는 전기를 생산하는 조선전업, 그리고 배전사(配電社)인 경성전기와 남선전기 3개의 전력회사가 있었다. 조선전업은 해방 전 조선 최대 발전소였던 수풍댐을 소유한 회사였다. 하지만 해방 후 남북이 분단되면서 북한에 있는 발전소를 운영할 수 없게 되면서 적자가 쌓였다. 1953년부터 전력회사 통합방안이 나왔지만 정치권의 분열, 회사의 이해관계가 엇갈려 시간만 끌었다. 집권 후 본격적인 경제개발을 시작한 박정희에게 안정적인 전기 공급은 중요한 과제였다. 철강이 산업의 쌀이라면 산업의 피는 전력이었다. 박정희가 3사 통합을 강력히 추진하면서 1961년 7월 1일 한국전력이 출범했다. 박정희는 발전소 건설을 위한 전원개발특례법과 토지수용법을 제정하고 발전소 건설 차관을 도입하는 등 한전을 전폭 지원했다. 집권 초 36만 7천㎾였던 발전설비 용량은 그가 사망하는 1979년 8백만㎾로 22배 증가했다. 한전은 1994년 뉴욕 증권시장에 상장될 정도로 한국 최고의 우량기업으로 성장했다.

한국전력은 박정희의 손에서 탄생했다. 1961년 통합 한전이 사옥으로 쓴 서울 을지로 한전 서울본부의 모습이다. 1928년 5층 건물로 준공된 국내 최초의 오피스빌딩이다. 일제 당시에는 경성전기 사옥이었다.

하지만 한전은 외환위기 후인 1998년 40여 년 만에 다시 분할될 위기를 겪었다. 정부는 1998년 1차로 발전 부문을 분할하고 이어 배전을 분리시키고 마지막으로 전력 판매를 자유화하는 3단계 방식의 한전 민영화 계획을 발표했다. 이에 따라 2001년 4월 한전은 발전 부문을 한국수력원자력, 동서발전 등 6개 사로 나누고 자회사로 포함시켰다. 하지만 어렵게 통합한 한전을 다시 분할하는 건 바람직하지 않다는 부정적 여론이 높아졌다. 특히 공공재인 전기를 민간에게 넘기고 한전을 민영화하면 일부 대기업에 지나치게 경제력이 집중된다는 지적이 제기됐다. 결국 정부는 한전 민영화 계획을 포기했다.

대한항공과 롯데 호텔 왕국의 등장

박정희는 민간이 운영하는 게 더 낫다고 생각하는 국영기업은 과감히 민영화했다. 필요하면 기업주를 직접 불러 인수를 요청했다. 대표적인 곳이 국영 대한항공공사다. 1946년 3월 1일 설립된 민영 대한국민항공사가 전신인 대한항공공사는 20여 개 국영기업 중에서 가장 적자 규모가 컸다. DC-9 제트기 한 대를 제외하면 7대는 수명이 다하거나 임차한 프로펠러기였고, 비행기 전체 좌석 수는 400석에 불과할 정도로 경영상태가 나빴다. 박정희는 항공과 비즈니스, 관광을 연계시키면 훌륭한 사업이 될 것으로 봤지만 적자투성이 회사를 인수하려는 사람은 없었다. 박정희는 한진그룹 창업주 조중훈을 불렀다.

"나 역시 빚더미에 올라앉은 대한항공을 인수하고 싶은 마음은 추호도 없었다. 1968년 여름 무렵, 청와대로부터 느닷없이 부름을 받았다. 박정희 대통령이 주위 사람들을 물리고, 단둘이 남아 독대하게 됐다. 한 나라의 원수인 대통령이 국가의 체면까지 거론하며 그렇게까지 요청하는데 사업가로서 더 이상 거절할 수 없었다."(조중훈 자서전, '내가 걸어온 길')

1969년 3월 1일 민영 대한항공이 출범했다. 대한항공은 한국이 경제발전에 성공하면서 빠르게 성장했다. 현재 대한항공은 43개국, 120개 도시에 취항하고, 154대의 항공기를 보유한 거대 항공사가 됐다. 호텔도 국가가 운영하는 대표적인 시설이었다. 국제관광공사는 서울에 워커힐, 반도, 타워, 조선호텔을, 그리고 지방에 서귀포, 무등산, 설악산, 불국사, 대구, 해운대, 온양호텔 등 여러 곳의 호텔을 소유했다. 반도호텔은 1938년 조선전업을 만든 일본인 사업가 노구치 시다가후(野口遵)가 건설한 지상 8층의 유서 깊은 호텔이었다. 영빈관은 1959년 이승만의 지시로 건축한 외국 귀빈 숙소였고, 워커힐은 1963년 4월 8일 개관한 국내 최대 규모의 접객업소였다. 박정희는 호텔을 과감히 민간에 넘기고 관광업 활성화를 통해 달러를 버는 게 더 좋다고 생각했다. 1970년 11월 박정희는 롯데 창업주 신격호를 불러 호텔 인수를 요청했다.

"신 회장께서 반도호텔과 워커힐호텔을 인수해 한국 제1호텔, 아니 세계 제1호텔로 키워 보는 게 어떻겠소?"라고 했다. 신격호는 당황했지만 박정희의 진심 어린 요청을 받아들였다. "저는 지금껏 호텔 경영은 생각해 본 적이 없습니다. 그러나 각하의 말씀에 따라 먼저 반도호텔로 시작해 보겠습니다."(롯데의 영원한 연인 신격호/2015. 12. 20. 주간조선)

롯데호텔 서울과 롯데백화점 본점 전경. 롯데 창업주 신격호는 박정희의 요
청을 받고 일본인 사업가 노구치가 세운 반도호텔 자리에 롯데호텔을 신축
했다.

1979년 10월 지상 38층, 지하 3층, 객실 1020개를 갖춘 초대형 관광
호텔이 준공됐다. 현재 서울 명동에 있는 롯데호텔 서울이다. 1972년
삼성의 창업주 이병철도 영빈관을 인수해 국빈이 투숙하고 대규모 국
제회의를 열 수 있는 호텔을 건설해 달라는 요청을 받았다. 이병철은
자서전에 "찬란한 우리 고유문화를 꽃피웠던 신라시대의 우아한 품

위와 향기를 재현시켜 보고자 호텔신라를 건설하게 됐다."고 썼다. 이 때 건설된 호텔이 신라호텔로, 영빈관은 신라호텔의 부속시설이 됐다. 워커힐호텔은 선경그룹(현 SK)에 매각됐다. 항공과 호텔 외에도 1962년 대한중공업공사, 1966년 대한철광개발, 1968년 대한통운, 한국기계공업(현 HD현대인프라코어), 대한조선공사(현 한진중공업), 대한해운공사 등 다수의 국영기업이 매각됐다. 1970년대에는 한국광업제련, 대한염업, 상업은행(현 우리은행), 한국수산개발, 대한재보험공사(현 코리안리재보험)의 소유권이 민간에게 넘어갔다.

박정희의 민영화 정책에 따라 국영기업을 인수한 곳은 거대 기업으로 성장했다. 한진그룹은 항공·조선·해운을 갖춘 물류기업으로, 인천중공업(현 현대제철)을 인수한 현대그룹은 건설을 모기업으로 자동차와 조선, 철강 등을 갖춘 세계적 그룹으로 성장했다. 현재는 현대자동차그룹, HD현대 등으로 분화됐다. 그러나 모든 기업이 살아남은 건 아니다. 한국기계공업을 인수한 대우그룹, 대한통운을 인수한 동아그룹, 대한철광개발을 인수한 삼미그룹은 치열한 경쟁을 이기지 못하고 몰락했다.

박정희 사후 등장한 전두환은 박정희의 민영화 정책을 이어받아 시행했다. 대한석유공사(현 SK이노베이션)는 1981년 SK그룹으로, 대한준설공사는 한진그룹에 경영권이 완전히 넘어갔다. 석유공사를 인수한 SK는 이를 바탕으로 재계 순위 2위의 그룹으로 발돋음했다. 한일은행, 제일은행, 서울신탁은행, 조흥은행 등 은행 지분도 과감히 민간에 넘겼다. 당시 은행의 민영화는 금융산업 효율화를 위한 획기적 조치였다. 다만 지분을 매각하면서도 최대 지분은 정부가 소유해 경영권은 여전히 정부가 갖고 있었다. 전두환은 1987년 4월 공기업민영화추진위원회를 구성해 공기업 민영화 방안을 추가로 확정했다. 한국증권거래소는 정부 지분 전부를 기존 주주인 25개 증권사에 매각하고 포항종합제철(포스코)과 한국전력공사는 정부 지분 일부를 '국민주' 형태로 배분하기로 했다. 이를 실행한 건 후임 노태우다. 노태우는 1988년 6월 포스코, 1989년 8월 한국전력 주식을 국민주 방식으로 상장했다. 노태우는 1990년 2월 한국통신과 중소기업은행, 국민은행 등 8개 기업에 대한 지분 매각 계획을 수립했지만 증권시장이 불안해지자 이를 유보했다.

김대중, IMF와 공기업 민영화

김대중은 1997년 찾아온 외환위기로 대한민국이 국가부도 상태에 빠지자 사실상 취임 전부터 대통령 권한을 행사했다. 그는 외환위기 극복을 위해 공공 부문 개혁을 추진했다. 이는 IMF(국제통화기금)와의 약속이기도 했다. 1998년 2월 대통령직인수위원회는 134개 공기업 민영화 추진 계획을 담은 '공기업 민영화 방안'을 김대중에게 보고했다. 공기업 민영화는 외환위기로 극심한 달러 부족을 겪고 있는 상황에서 정부 재정과 외화 확보를 위한 불가피한 선택이었다. 2월 25일 대통령에 취임한 김대중은 공기업 개혁을 위해 기획예산위원회를 설립했다. 책임자는 정통 경제기획원 관료였던 진념이었다. 진념 기획예산처 장관은 1998년 7월 3일 총 11개 공기업을 민영화하는 내용의 '1차 공기업민영화 계획'을 발표했다. 포항제철, 한국중공업, 한국종합화학, 한국종합기술금융, 국정교과서 5개 공기업과 21개 자회사 지분을 경영권과 함께 넘기기로 했다. 또 한국통신, 담배인삼공사, 한국전력, 가스공사, 대한송유관공사, 지역난방공사 등 6개사는 2002년까지 단계적으로 민영화하기로 했다. 이어 8월 4일 1차 민영화 대상에서 제외된 19개 공기업의 55개 자회사 중 41개사를 통폐합하는 2차 공기업 혁신방안이 나왔다.

이에 따라 한국통신(KT), 포항제철(포스코), 담배인삼공사(KT&G)가 민영화됐다. 2000년 10월 포항제철은 철강이 산업의 쌀이라는 특성상 특정 재벌에게 넘기지 않고, 전문경영진의 책임경영과 이사회의 경영감시 및 견제기능 강화라는 독특한 모델로 민영화됐다. 한국중공업(두산에너빌리티), 한국종합화학, 대한송유관공사, 국정교과서는 완전 민영화됐다. 철도 민영화 계획에 따라 공무원이 운영했던 철도청은 공기업인 코레일(한국철도공사)과 철도건설을 맡는 철도시설공단으로 분리됐다. 민영화된 공기업은 대부분 성공적으로 시장에 안착했다. 이는 경영 성과를 통해 확인된다. 대한송유관공사는 2000년 민영화 이전 4년간 영업이익률 평균치가 마이너스 1.9%로 적자였지만 민영화 이후 평균 42%로 좋아졌다. 포스코는 전 세계 철강사와 치열한 경쟁을 통해, 그리고 KT는 SKT와 LG유플러스 등 다른 거대 통신사와 경쟁하면서 세계적 규모의 기업으로 성장했다.

2022년 현재 공정거래위원회가 발표한 재계 순위(기업집단의 공정자산 기준)에 따르면 포스코(포항제철)는 96조 원으로 재계 순위 6위, KT(한국통신)는 42조 원으로 12위, KT&G는 13조 원으로 36위다. 이들이 만약 공기업으로 그대로 있었으면 LH(한국주택토지공사)와 한전처럼 무리한 정부 정책을 시행하느라 적자기업이 됐거나 아니면 일방적인 정부의 공기업 지방 이전 계획에 따라 경쟁력이 더 약화됐을 것이다.

세계 1티어(등급)가 된 삼성·현대차

1997년 외환위기는 부실 대기업의 연쇄 도산과 그에 따른 금융권의 부실이 이어지면서 시작됐다. 금융권의 부실채권 규모는 1998년 3월 말 112조 원, 국내총생산의 28%에 달하는 엄청난 규모였다. 이런 현실은 한국에 혹독한 구조조정을 요구했다. 김대중은 금융감독 정책의 사령탑으로 재무부 출신 이헌재를 기용했다. 김대중은 특별한 인연은 없던 이헌재에게 사실상 금융개혁 전권을 부여했다. 정부는 금융을 체계적으로 관리하기 위해 은행감독원, 증권감독원, 보험감독원, 신용관리기금을 통합하기로 했다. 1999년 1월 4개 감독기관을 합친 금융감독원이 출범했다. 이어 4월 파생상품 시장 활성화를 위한 선물거래소가 설립됐고, 2000년 3월에는 전자금융 활성화 방안이 마련됐다. 2001년 말 155조 원의 공적자금을 투입해 부실채권을 매입했다. 금융감독 체계가 구축되자 기업들의 분식회계가 크게 줄어들고 주가조작 행위가 대폭 감소했다.

김대중은 IMF 등과 협의해 외환위기의 진원지였던 금융권에 대해서도 과감히 칼을 댔다. 1998년 국제결제은행(BIS) 자기자본비율이 8% 미만인 12개 은행에 대한 처리 방침이 결정됐다. 대동, 동화, 동남, 경기, 충청은행은 퇴출당했고 조흥, 상업, 한일, 외환, 강원, 충북, 평화은행 등 7곳은 조건부로 승인됐다. 백 년 전통이라는 조흥은행은 신한은행에 흡수됐고, 상업과 한일은행은 합병된 뒤 우리은행으로 간판을 바꿔 달았다. 제일은행은 영국의 스탠다드차타드로, 서울은행은 후발 은행인 하나은행에 팔렸다. 국민은행은 2003년 완전히 민영화됐다. 30개 종금사(종합금융사) 가운데 18개는 퇴출당했고, 증권사는 36개 가운데 6개가 문을 닫았다.

이런 과정을 거쳐 한국의 금융시장은 선진화된 틀을 갖추고 경쟁력을 서서히 회복했다. 살아남은 은행들은 BIS(자기자본비율)를 확충해 결국 국내 은행은 국민, 신한, 하나, 우리, NH(농협) 등 5대 금융지주로 재편됐다.

부채비율 200%를 적용해 기업에 대한 대대적인 구조조정도 단행했다. 외환위기 여파로 30대 그룹 가운데 16개 그룹이 도산했고 중견·중소기업들도 고금리정책에 줄줄이 무너졌다. 김대중은 5대 재벌기업에 대해서는 사업을 맞교환하는 이른바 빅딜을 시행해 삼성그룹은 자동차를, LG그룹은 반도체 사업을 포기해야 했다. 그 과정에서 당시 5대 그룹 중 부채비율이 가장 높았던 대우는 망했다. 6~30대 기업은 은행이 주도하는 워크아웃을 시행했다. 구조조정 과정에서 재계순위 30대 그룹 중 11개가 사라졌다. 하지만 강력한 구조조정으로 상장기업들의 부채비율은 100% 수준으로 낮아졌고, 기업들은 과잉투자와 부실 해소라는 체질개선을 통해 경쟁력을 빠르게 회복했다. 또 방만했던 경영시스템과 기업 내 연공서열 문화 등도 선진국 형태로 바뀌었다. 외환위기 끝난 후 삼성전자와 현대자동차 등은 세계적 기업으로 성장했다. 이들은 현재 최상위 기업들만 들어가는 1티어(tier)로 분류된다. 그러나 부채비율을 일률적으로 200%에 맞추면서 과도한 실업이 생기고 비정규직이 일상화되는 등 적지 않은 부작용이 생긴 것도 사실이다.

3. 국민이 주인인 나라

조선은 농업을 기본으로 여기는 나라였지만 땅의 주인은 거의 왕가나 양반이었다. 백성은 그들의 땅을 빌려 농사를 짓는 신세였다. 이는 일본 식민지 시절도 마찬가지였다. 전체 농지의 80%는 주인이 따로 있었다. 이런 오랜 질서가 깨진 건 해방 후 농지개혁을 통해서다. 이때부터 대부분 농민이 자기 이름으로 된 땅을 갖게 됐다. 교육의 혜택도 마찬가지다. 교육기관인 서당과 향교에 다닐 수 있는 사람은 양반 등 경제적 사정이 좋은 일부에 그쳤고, 백성 대다수는 평생 글을 모르는 문맹자로 살아야 했다. 일제 식민지 시절에도 많은 사람이 초등학교 문턱을 넘지 못했다. 절대다수의 국민이 글을 깨우친 건 이승만이 초등학교 의무교육을 실시하면서다. 글을 알게 된 사람들은 박정희가 경제개발을 추진할 때 기술을 배워 거대한 중산층으로 성장했다. 의료, 연금, 산재보험은 남북분단과 전쟁 등 어려운 나라 사정상 꿈꾸기 어려운 복지였다. 그러나 박정희 시대에 의료보험, 연금보험, 산재보험이 시작되고 수십 년에 걸쳐 국민연금 등 각종 공적보험이 정비되면서 꿈은 현실이 됐다. 박정희가 도입한 영세민 제도는 김대중 때 국민기초생활보장제로 발전하면서 가난한 사람도 인간으로서의 삶을 보장받게 됐다.

3-1 경자유전의 원칙을 세우다

땅의 주인은 왕가와 양반, 일본인 지주

조선은 농업을 국가의 근간으로 삼는 농업국이었다. 이는 '농사가 천하의 큰 근본'이라는 농자천하지대본(農者天下之大本)이라는 말로 대표된다. 농업과 농민의 위치는 사농공상(士農工商) 체제에서 선비를 제외한 일반 백성 중에 으뜸이었다. 이는 농업이 가장 중요한 백성의 생업이며 농민과 농촌을 바탕으로 삼아 국가를 경영해야 한다는 것이다. 유학과 농업을 강조하는 건 조선왕조의 건국과 더불어 채택한 왕조의 통치이념이었다. 그러나 이런 거창한 구호와 달리 조선에서 대부분 땅의 주인은 왕가나 양반이었다. 조선의 지배층들은 노비를 이용해 농사를 짓거나 땅이 없는 백성들에게 땅을 빌려주고 소작료를 받았다. 1592년 임진왜란, 1636년 병자호란 등 전쟁이 후에는 상황이 더 악화됐다. 왕가나 양반, 지방 토호들은 백성의 땅을 사거나 빼앗고, 일부는 하천변이나 간척지를 개간해 자기 땅으로 만들었다. 조선 말 남부 지방에는 수백 결(1결은 약 3천 평)의 땅을 가진 지주들이 수두룩했다. 역사문화학회가 발행한 '조선후기 양반층의 토지 소유 규모 변화'란 논문을 보면 1590년에서 1900년까지 약 300년간 양반층이 가진 토지는 약 47% 증가했다. 또 구한말 학자이자 우국지사인 황현(黃玹)이 쓴《매천야록》에도 그 실태가 나와 있다. 매천야록은 흥선대원군이 집정한 1864년부터 대한제국이 망하는 1910년까지의 근세사를 기록한 역사책이다. 이 책에는 "양주에 별장이 있는데 서울에서 왕래하는 80리 길이 모두 이유원의 밭두렁이라 다른 사람의 땅은 한 평도 밟지 않고 다녔다."는 기록이 있다. 이유원은 흥선대원군 집정 당시 영의정을 지냈다.

1910년 조선이 망한 후에도 백성의 처지가 바뀐 건 아니었다. 왕가와 양반에 이어 일본인 지주가 대거 등장했다. 대표적인 사람이 1932년 전북 일대에 약 3500정보, 천만 평이 넘는 땅을 소유했던 구마모토 리헤이(熊本利平)다. 1정보는 3천 평으로 1ha와 같다. 여의도 면적의 10배가 넘는 그의 땅은 김제, 부안, 옥구, 정읍, 전주 등 5개 군 26개 면에 걸쳐 있을 정도로 많았다. 확인된 소작인만 2687명, 일각에서는 약 3천 명 정도로 추산하기도 한다. 당시 1가구 당 4~5명의 식구가 있다고 보면 구마모토 땅에 기대어 사는 사람은 약 2만 명이었다.

구마모토가 별장으로 쓰던 건물이다. 전북 군산시 개정동 봉정요양병원 동쪽 언덕 위에 자리 잡고 있다. 현재는 이영춘 가옥으로 전라북도 유형문화재 200호다. 구마모토는 소작인들의 진료를 위해 자신의 농장 안에 진료소를 지었다. 이는 현재 군산간호대학으로 연결된다. 구마모토는 전성기 때 여의도 면적의 10배에 해당하는 천만 평이 넘는 땅을 보유했다.

조선인 대지주도 그대로 있었다. 농촌경제연구원 자료에 따르면 1930년 말 전남지역에서 50정보 즉, 15만 평 이상의 땅을 가진 조선인은 23명이었다. 호남 최고 부자라는 현준호가 730정보, 219만 평을 갖고 있었다. 현준호는 전남 영암군 서호면 성재리와 군서면 양장리 간 1.2㎞의 갯벌을 막는 서호강 간척사업을 벌여 수백만 평의 토지를 확보했다. 현준호를 포함해 백만 평 이상의 땅을 가진 사람이 7명이었다. 대다수 농민은 이들의 땅을 빌려 농사를 지었다. 예를 들어 1930년 전북지역에서 지주의 땅을 빌려 농사를 짓는 순수 소작농이 70.78%였다. 소작과 자작을 함께 하는 자소작농 23.27%를 합치면 94%가 소작농이었다. 자기 땅에서 농사를 짓는 자작농은 4.4%에 불과했다. 조선총독부 자료에 따르면 1937년 당시 소작지 비중은 전북이 80.2%로 전국에서 가장 높았다. 이어 충남 76.7%, 경기 74.3%, 충북 68.1% 순이었다. 땅은 적고 농사를 지을 사람은 많았다. 지주의 마음이 바뀌면 땅을 빼앗기고 가족은 굶어야 했다.

조선의 소작료는 지역에 따라 달랐지만 지주와 농민이 수확량을 반반씩 갖는 병작반수제가 가장 흔했다. 일제 식민지 시대에도 소작료는 통상 수확량의 50%(5할)였다. 1년 농사를 지으면 반은 지주가 가져갔다. 더 심한 경우도 있었다. 1923~1924년 전남 무안군 암태도의 지주 문재철은 소작료로 70%(7할) 부과했다. 이에 소작료를 40%(4할)로 내릴 것을 요구하는 농민 수백 명이 시위를 벌여 큰 문제가 됐다. 1945년 해방 후에도 사정은 비슷했다. 당시 남한의 경지면적 222만 6000ha 중에 소작지가 144만 7000ha로 경작지의 63.4%는 땅 주인

이 따로 있었다. 농가의 절반이 넘는 51.6%는 자기 땅이 없는 순소작
농, 33.5%는 자소작농으로 소작농 비율이 85.1%였다. 자기 땅에서
농사를 짓는 자경농은 14.9%에 불과했다. 해방 후 많은 농민이 사회
주의에 눈을 돌린 것도 이런 요인 때문이었다.

　북한은 1946년 3월 '토지는 밭갈이하는 농민에게'라는 구호 아래 토
지개혁을 단행했다. 북한은 '무상몰수 무상분배' 즉, 지주에게 땅을 빼
앗아 농민들에게 분배하는 방식이었다. 그러나 농민에게 준 건 경작
권에 불과했다. 사적 소유를 전면 부정하는 공산주의 이념상 땅의 주
인은 국가였다. 과거에 수많은 일본인과 조선인 지주가 있었다면 이
제는 국가라는 단 1명의 지주만 남았다. 그렇지만 농민들은 북한의
토지개혁 소식을 듣고 술렁였다. 미군정도 서둘러 토지개혁을 추진
했다. 그러나 남한 내 좌익들은 북한처럼 무상으로 분배할 것을 요구
했고, 우익에서는 지주층을 중심으로 거세게 반대했다. 미군정은 양
측의 요구가 모두 옳지 않다고 생각했다. 1948년 3월 미군정은 우선
일본 동양척식회사 등에서 넘겨받은 국유지 29만 1000ha, 약 8억 7천
만 평을 농민에게 유상으로 분배했다. 연평균 생산량의 300%에 해당
하는 쌀과 보리를 15년간 균등 상환하는 조건이었다. 즉, 3년간 농사
지은 곡물을 15년에 걸쳐 상환하면 그 땅은 농민 소유가 됐다.

이승만의 강공, 땅은 농사짓는 사람의 것

　1948년 8월 15일 대한민국 정부가 출범했다. 농민이 80%가 넘는 대

한민국에서 농지개혁은 가장 중요한 과제였다. 토지개혁을 하지 않으면 나라가 무너질 위기였다. 이승만은 "부자는 대대로 부자요, 양반은 대대로 양반으로 지냈으니 이와 같이 불공평하고 부조리한 일은 다시는 없을 것"이라고 선언했다. 공산주의에서 전향한 조봉암을 초대 내각 농림장관으로 임명했다. 그러나 조봉암은 공금유용 문제로 6개월 만에 낙마하면서 후임인 윤영선이 업무를 맡았다.

일제 당시 현준호 등 목포 일대 일본인과 조선인 대지주의 토지 소유 현황이 담긴 문서가 전시된 목포근대역사관. 식민지 당시에는 영사관 건물이었다. 조선시대에는 왕과 양반이, 일본 식민지시대에는 대지주가 대부분 땅을 소유했고 해방 직후에도 마찬가지였다. 이런 오랜 소작제는 이승만의 토지개혁으로 깨졌다.

농지개혁에 착수한 이승만은 '유상몰수 유상분배' 즉, 지주에게 땅을 헐값에 사서 농민에게 싸게 파는 방식을 택했다. 농민이 내야 할 땅값은 해당 농지 평년 수확량의 150%, 5년에 걸쳐 30%씩 균등 상환하는 방식이었다.

예를 들어 1년에 쌀 100가마를 생산하는 농민이 1년에 30가마씩 5년간 국가에 내면 그 땅은 자기 땅이 됐다. 매년 수확량의 50%를 내도 평생 땅 주인이 될 수 없던 농민에게 큰 기회가 생겼다. 이는 앞서 미군정이 한 토지분배보다 농민에게 절대 유리했다.

하지만 헐값에 땅을 빼앗기게 된 지주들은 불만이 컸다. 1948년 5월 출범한 제헌국회에는 지주 출신 의원들이 많았다. 국회는 농민들이 내야 할 토지 대금을 수확량의 1.5배에서 3배로 올리는 안을 마련했다. 예를 들어 정부안에 따르면 쌀 150가마를 내면 되지만 국회 안을 채택하면 300가마를 내야 했다. 그러자 농민들이 크게 반발했고 이승만은 이들을 동원해 국회를 압박했다. 이를 견디지 못한 국회는 1949년 4월 25일 정부안을 통과시켰다. 그러나 실제 땅을 농민들에게 분배하려면 시행령 제정 등 후속 조치가 필요했다. 국회는 다시 시간을 끌었다. 1950년 1월 11일 이승만은 "만난(온갖 어려움)을 배제하고 단행하라."고 지시했다. 결국 시행령도 없는 상태에서 농림부는 농민이 토지대장을 열람하면 어느 땅을 받는지 알 수 있도록 '분배 농지 예정 통지서'를 배포했다. 이승만의 강공에 결국 국회가 손을 들었다. 3월 25일 농지개혁법 시행령이 제정됐고, 4월 15일 농지개혁의 모든 절차가 완료됐다. 농민이 해당 농지 평년 수확량의 150%, 5년에 걸쳐 30%씩 균등 상환하면 그 땅은 농민의 것이 됐다. 대신 국가는 지주에게 땅값을 보장하는 지가증권을 줬다. 셈법이 빠른 일부 지주는 지가

증권을 팔아 산업자본에 투자해 성공하기도 했다.

국가가 농민에게 분배한 토지는 부재지주의 농지, 스스로 농사짓지 않는 농지, 지주가 갖고 있던 땅 중에서 3정보(9천 평)를 초과하는 농지였다. 당초 국가가 분배하려던 토지는 144만 7000ha였지만 지주들이 자경(自耕), 임의처분, 은닉 등을 통해 다량의 땅을 처분해 실제 분배된 토지는 약 61만 3000ha였다. 하지만 지주들이 소작을 짓던 농민들에게 서둘러 땅을 팔면서 당초 분배하려던 토지 대부분은 농민에게 넘어갔다. 해방 직후인 1945년 말 전체 경지면적의 35%에 불과했던 한국의 자작농지는 1951년 말 95.7%가 됐다. 태평양전쟁 후 미국은 점령지인 일본과 한국, 대만에서 모두 토지개혁을 추진했다.

한국의 자작농지 비율은 성공적으로 농지개혁을 했다고 평가받는 일본의 90%보다 더 높았다. 이는 2차 세계대전 후 필리핀, 그리고 남미 등에서 토지개혁에 실패한 것과 비교된다. 이들 나라는 대농장주가 그대로 땅을 과점하면서 사회통합에 실패했다. 토지개혁 후 한국은 세계 최고 수준의 농지 소유 균등성을 실현한 나라가 됐다.

우리 헌법 121조 1항은 '국가는 농지에 관해 경자유전의 원칙이 달성될 수 있도록 노력해야 하며 농지의 소작제도는 금지된다.'로 되어 있다. 이 조항이 바로 경자유전(耕者有田) 즉, '땅은 농사를 짓는 사람이 소유한다.'는 규정이다. 경자유전의 원칙은 미군정과 이승만이 실시한 토지개혁으로 실현됐다. 1996년 개정 농지법에 따라 도시거주인도 농지를 소유할 수 있고, 2003년 '주말농장' 제도를 통해 비농업인이 농지를 주말농장, 체험영농 등의 목적으로 취득할 수 있게 됐다. 그러나 그것은 어디까지나 제한된 범위 내에서다. 경자유전의 원칙은 현재도 허물어지지 않고 있는 우리 토지제도의 근간이다. 남로당 총수 박헌영은 전쟁이 일어나면 농민 100만 명이 봉기한다고 했지만 그런 일은 없었다. 지켜야 할 땅이 있는 농민 출신 군인은 목숨을 걸고 싸웠다. 이승만의 토지개혁은 조선 518년, 일본 식민지 35년 동안 계속된 봉건시대 토지 소유제도를 바꾼 것이자 농촌에 강고하게 남아 있던 신분제 질서를 깬 역사적 대사건이었다.

3-2 중진국 함정의 탈출, 교육

배움의 기회를 박탈당한 백성

과거 대부분 나라에서 평범한 사람들이 글을 읽고 쓰는 건 어려운 일이었다. 산업혁명이 태동한 대영제국에서도 모든 아동을 대상으로 글을 가르친 건 1870년 포스터교육법(Forster's Education Act)을 제정한 후다. 우리도 삼국시대부터 조선시대까지 글을 읽고 쓸 줄 아는 사람은 소수였다. 조선의 유력 가문 자제들은 서당에서 천자문과 소학언해, 동몽선습 등 유교 경전을 배우고 15~16세 무렵에 서울은 학당, 지방은 향교(鄕校)에서 공부했다. 이후 소과(小科)에 응시해 합격하면 성균관(成均館)에 들어가 과거시험을 보고 관료가 됐다. 중인들은 주로 의학 등 잡과 계통의 교육을 받았다. 백성도 형편이 좋으면 서당에 다니고 과거에 응시할 수 있었지만 합격은 현실적으로 어려웠다. 세종대왕이 한글을 창제했지만 확산은 더뎠고 조선 지배층인 왕과 양반들은 한글 사용을 외면하는 게 일반적이었다.

물론 교육의 기회는 조선 말 점차 확대된다. 조선에 진출한 미국 선교사들은 1885년 배재학당을 시작으로 이화학당, 광성학교, 정신여학교 등 근대식 서구 교육기관을 세웠다. 조선 정부도 1886년 호머 헐버트 등 선교사의 도움을 받아 육영공원을 세우는 등 근대식 교육에 착수했다. 교육에 눈을 뜬 일부 선각자들도 1895년 흥화학교를 시작으로 보성전문학교 등 사립학교를 세웠다. 다수의 학교가 설립되면서 1908년 학생 수는 20만 명으로 늘었지만 근대식 학교에 다니는 사람은 양반층 자제거나 돈이 있는 소수였다. 1910년 조선이 망한 후 종교계 학교에서 민족주의 교육을 실시할 것을 우려한 일제가 탄압하면서 식민지배 초기 조선인의 교육 여건은 더 악화된다. 일본은 1911년 1차 조선교육령을 발표한다. 조선인은 4년제 보통학교를 졸업하면 4년제 고등보통학교나 실업학교로 진학할 수 있었다. 이는 6년의 초등교육을 의무화한 일본인과 차별적인 조치였다. 이로 인해 대한제국 말 823개이던 종교계 학교는 279개로 감소했다.

조선총독부의 이런 정책은 1919년 3·1운동을 계기로 바뀐다. 총독부는 1922년 2차 조선교육령을 통해 일본인과 조선인 간 교육 기간 차이를 없애고 조선어 사용을 허용하는 등 교육의 기회를 확대했다. 조선총독부는 1928년까지 2개 면에 1개 보통(초등)학교, 1936년까지 1개 면에 1개의 보통학교를 세우는 계획을 수립했다. 이어 외딴 지역에 초등교육을 제공하는 간이학교를 만들었고, 1938년에는 민족 간 학제 구분도 완전히 폐지했다. 2차 조선교육령으로 5년제 사범학교와 농업학교, 2년제 전문학교, 한반도 유일한 4년제인 대학인 경성제국대학이 설립됐다. 1935년이 되자 초등학생 나이의 17.6%, 1943년에는 33%가 학교에 다녔다. 다만 2차 조선교육령으로 조선의 교육 여건이 대폭 개선되기는 했지만 초등교육은 여전히 의무교육이 아니었다. 돈이 없는 가난한 조선인들은 자녀를 학교에 보내기 어려웠다.

이승만의 초등교육, 모든 국민이 읽고 쓰게 되다

1945년 해방 직후 문맹률은 78%였다. 전체 국민 중에 보통(초등)학교라도 들어가 본 사람은 14%에 불과했다. 해방 후 남한에 진주한 미군은 한국인에게 교육기회를 제공하는 데 적극적이었다. 2년 만에 중등학교의 숫자는 62개에서 250개로 증가했고, 취학률은 6배 증가했다. 해방 직후 3천여 명이던 대학생은 1947년 말 2만여 명으로 늘었다. 하지만 국민 대다수는 여전히 글을 읽거나 쓸 줄 몰랐다. 1948년 5월 10일 제헌의원을 뽑는 총선거가 실시됐다. 미군정은 글을 모르는 유권자의 투표를 돕기 위해 후보자를 구분할 수 있는 막대기를 준비해야 했다. 이승만 등 제헌의원들은 헌법 16조에 '초등교육은 보편적이고 의무적'이라고 규정하는 등 국민에게 교육의 기회를 확대하기 위해 노력했다. 1948년 8월 15일 대한민국 정부가 출범했다. 대통령 이승만은 1949년 '국민(초등)학교 보편화 계획'을 발표하고 문맹 퇴치에 착수했다. 1956년까지 초등학교 취학률을 학령인구의 95%에 도달하도록 한다는 야심찬 내용이었다. 이를 위해 교실 건설, 교사 채용 및 훈련, 입학장려운동 등 구체적인 계획이 수립됐다. 하지만 1950년 6월 25일 전쟁이 터졌다. 초등학교 의무교육 실시는 현실적으로 어려웠다.

경북 칠곡군 다부동전적기념관에 세워진 이승만 동상. 이승만은 6·25전쟁이 끝난 후 본격적으로 초등학교 의무교육을 통해 국민들의 문맹 해소에 착수했다. 초등학교 취학률은 1959년 96.1%로 급증했다. 이로써 역사 이래 처음으로 거의 모든 국민이 글을 읽고 쓰게 됐다.

전쟁이 끝난 후인 1954년 문교부장관은 의무교육완성 6개년 계획을 다시 만들었다. 이승만은 교육예산의 약 80%를 의무교육비에 배정했다. 초등학교 취학률은 1954년 38.8%에서 1959년 96.1%로 급증했다. 또 글을 읽고 쓰지 못하는 성인들을 위해 '문맹 퇴치 5개년 계획'을 수립했다. 매년 봄마다 수만 명의 강사가 성인들에게 초보적인 읽기와 셈하기를 가르쳤다. 1958년이 되자 나라 전체의 문맹률은 4.1%로 급감했다. 우리 역사에서 거의 모든 사람이 글을 읽고 쓰게 된 건 이때가 처음이었다. 특히 초등학교 의무교육과 문맹퇴치 5개년 계획은 그동안 상대적으로 교육에서 소외됐던 여성에게 큰 도움이 됐다. 이는 남녀평등과 여성의 지위 향상으로 이어졌다.

이승만은 대학을 졸업한 고급 인력에도 관심이 컸다. 6·25전쟁 중에도 전국의 대학생을 모아 부산 영도에 전시연합대학을 만들어 교육했고 병역 혜택도 줬다. 배우지 못한 사람만 전쟁터에 나가냐는 비난도 쏟아졌지만 이승만은 대학생은 후일 전후 복구의 동력이라며 물러서지 않았다. 이승만의 적극적인 정책으로 대학과 대학생은 급증했다. 해방 당시 4년제 대학은 경성제국대학(현 서울대) 1개, 2년제 전문학교를 포함해도 25개였지만 1950년대 말 대학은 135개, 대학생 수는 7만 6500명으로 급증했다. 전쟁이 한창이던 1952년, 이승만은 미국의 MIT(매사추세츠 공과대학교)와 같은 최고의 대학을 한국에 세우겠다고 밝혔다. 이후 자신이 운영하던 하와이 한인기독학교 매각 대금과 하와이 교포들의 성금, 정부기금 등을 합쳐 1954년 인하공대(현 인하대)를 만들었다. 유학도 적극 장려하면서 1960년까지 4800명이 공부를 위해 미국 등으로 갔다. 해외 기술연수를 받은 사람이 2300명, 이외에 군 장교 9000명이 미국의 각종 군사학교에 파견돼 교육받았다.

박정희가 세운 공고, 거대한 중산층을 만들다

경제개발 초기 섬유와 가발, 신발 등 경공업 분야에 주력했던 박정희는 1960년대 중후반부터 철강, 자동차, 전자, 조선 등 중화학공업을 적극적으로 육성하기 시작했다. 경공업에는 상대적으로 저숙련, 노동집약적 인력으로도 충분했지만 제철소나 자동차, 기계공장에는 기초적인 수학과 영어와 일어로 된 기계설명서를 읽을 줄 아는 기능 인력이 필요했다. 그러나 1966년 당시 기술공과 기능공의 3분의 2는 학교에 다니지 않은 무학자나 초등(국민)학교 졸업자였다. 공업학교 등 기술계 전문학교를 졸업한 사람은 6.5%에 불과했다. 박정희는 고급 기능인력 양성 방안을 만들 것을 지시했다. 이에 따라 정부는 기술자, 기술공, 기능공의 구성비를 1대 5대 25로 하는 기능인력 양성 계획을 수립했다. 기능인을 우대하는 법도 속속 제정했다. 1967년 공포한 직업훈련법에 '노동청장은 기능사를 우선 채용하도록 알선하여야 한다.'라는 기능인 우대 조항이 들어갔다. 이어 1973년 특수한 기술 분야 등에 종사하는 병역의무자가 일정 기간 방위산업체 등에서 일하면 병역을 면제하는 '병역의무의 특례 규제에 관한 법률'이 제정됐다. 1968년 중앙직업훈련원을 시작으로 한독부산직업공공훈련원, 용산 정수직업훈련원, 대전직업훈련원, 한백창원직업훈련원 등이 설립됐다. 또 군이나 기업에서 필요한 인력을 정부가 정한 기준에 맞추어 자체 교육하면 공공직업훈련을 마친 것으로 인정하는 '사업 내 직업훈련' 방식도 도입됐다.

가장 중요한 기능인 양성은 공업고를 통해 이뤄졌다. 1970년 59개였던 공업고는 박정희가 사망한 1979년 95개로 늘었다. 박정희 집권기에 새로 설립한 공고는 기계공고 19개, 시범공고 11개, 특성화공고

12개 등 특수한 목적을 가진 곳이 대부분이었다. 기계공고는 방위산업에 필요한 기계를 가공하는 정밀가공사를 양성하기 위한 목적이었다. 대표적인 학교가 1973년 박정희를 설립자로 개교한 금오기계공고다. 박정희는 "동양 최고의 학교를 건설하라."고 지시했다. 정부는 한일수교 청구권 자금을 투입해 구미전자공업단지 내에 6만 평의 부지를 확보해 최신식 학교를 지었다. 등록금과 학비를 전액 지원하고, 기술하(부)사관으로 5년간 의무복무하도록 하는 혜택을 부여했다.

1971년 박정희 대통령이 부산한독기술학교를 방문해 실습생을 격려하고 있다. 박정희 때 육성된 기술인력은 후일 거대한 중산층으로 성장했다. (출처: 박정희대통령기념관)

박정희는 국립부산기계공고를 다섯 차례 방문할 정도로 기계공고에 각별한 관심을 쏟았다. 특성화공고에서는 전자, 건설, 금속, 제철, 화학, 전기 등 특정 분야의 인력을 양성했다. 포항제철 창업주 박태준은 포항제철공고를 세웠다. 이들 학교에 학비와 병역, 취업혜택을 주자 농어촌, 도시 서민층의 우수한 학생들이 다수 진학했다. 시범공고에서는 기계조립, 판금, 배관, 제관, 전기공사 등 중동 진출에 필요한 인력을 양성했다.

1979년 공고를 졸업해 사회로 나온 사람이 5만 명이었다. 전국에 있는 공고와 직업훈련원은 한국 제조업에 숙련된 인력을 공급하는 원천이었다. 전문가들은 박정희가 집권하는 동안 공고와 직업훈련원 등을 통해 최소 100만 명에서 최대 130만 명의 기능인력이 양성된 것으로 본다. 한국이 오늘날 선진 공업국으로 발전할 수 있었던 건 박정희가 대대적으로 기능인을 양성했기 때문이다.

박정희는 이들을 '산업전사(産業戰士)'로 부르며 우대했다. 특히 기능올림픽 우승자를 김포공항에서 서울 시내까지 카퍼레이드를 벌이고 환영하는 등 기능인의 자긍심을 높이기 위해 노력했다. 이는 양반만 우대하고 장인을 천대했던 조선과는 확연히 다른 모습이었다. 이들은 울산 현대자동차와 현대중공업, 포항제철(포스코), 구미의 삼성전자, LG전자, 거제 삼성중공업과 대우조선, 창원의 삼성항공, 한국중공업(후일 두산중공업) 등 유명 대기업에 취업했다. 경제가 발전하면서 거대한 중산층으로 성장하는 이들을 보면서 한국의 오랜 사농공상(士農工商)의 정신세계는 허물어졌다. 박정희의 기능인력 양성은 문관 관료만 우대하는 사농공상이라는 오랜 정신세계를 바꾼 일대 혁명이었다.

지방재정교부금, 사라진 콩나물교실

이승만이 교육에 많은 재원을 투입해 국민의 문맹률을 떨어뜨렸지만 가난한 나라 사정상 100% 예산을 지원하기는 어려웠다. 1957년 교육에 소요되는 예산 중 초등학교 55%, 중학교 22%, 고등학교 24%만 정부 돈이었고 나머지는 학부모가 내야 했다. 학부모들은 수업료와 사친회비를 내고 교과서를 사 줘야 했다. 초등학교는 그럭저럭 보냈지만 가난한 사람들은 돈이 없어 자식을 중학교나 고등학교에 보내기 어려웠다. 5·16으로 정권을 잡은 박정희는 1965년 "학부모와 학생이 내는 비용을 줄여 주겠다."고 약속했다. 그러나 돈은 부족하고 쓸데는 많았다. 경제개발을 위해 공장을 짓고 도로를 만들어야 했고, 북한의 잇따른 도발과 미군 철수로 인해 국방비로 써야 할 돈도 부족했다.

하지만 교육 수요는 급격히 팽창하고 있었다. 1959년부터 1971년까지 1965년 한 해를 제외하고 매년 태어난 아이는 백만 명이 넘었다. 1955년 합계 출산율은 6.33으로 정부 수립 후 최고를 기록했다. 1974년 합계 출산율이 3.77로 떨어질 때까지 약 20년간 부부 한 쌍이 낳는 아이는 평균 4~6명이었다. 인구가 급팽창하면서 학급당 학생 수는 50명을 웃돌았다. 2021년 현재 초등학교 학급당 학생 수는 21.5명이다. 당시 학급당 학생 수는 현재와 비교하면 두 배가 훨씬 넘는 콩나물교실이었다. 교사 출신으로 교육의 중요성을 잘 알던 박정희가 마침내 결단을 내렸다.

박정희는 1972년 1월 1일 국세의 20.79%를 지방교육재정교부금으로 배정했다. 그러자 학교를 짓고 부족한 선생님을 확보할 수 있었다. 학생 수 70명이 넘는 이른바 콩나물교실과 2부제 수업이 점차 사라졌다. 현재 지방교육재정교부금은 내국세와 교육세를 재원으로 한다. 교육세는 부족한 교육비 충당을 위해 전두환이 1981년 도입했다. 1982년부터 1986년까지 5년간 한시적인 목적세로 운영할 계획이었지만 1990년 영구세로 전환됐다. 박정희의 결단, 그리고 전두환의 뒷받침이 있었기에 2002년 중학교 무상교육, 2019년 고등학교 무상교육이 가능했다. 2022년 정부가 시도교육청에 지급한 지방교육재정교부금은 81조 2976억 원이다. 다른 곳은 돈이 없어 아우성이지만 시도교육청은 은행에 돈을 쌓아 둘 정도로 여유가 있다. 2022년 한국의 출생률은 0.78명, 1년간 태어난 아이는 24만 9천 명에 불과하다. 거대한 기득권으로 전락한 지방교육재정교부금에 대한 혁명적 전환이 필요한 시점이다.

3-3 4대보험, 국민의 삶을 돌보다

박정희, 의료보험의 아버지

한국의 건강보험 제도는 세계에서 가장 효율적이고 충분한 보장을 받는 것으로 유명하다. 이는 교포들이 한국에 와서 큰 수술을 받고 가거나 저개발국 이주민, 탈북민들이 우리의 의료체계를 보고 부러움을 표시하는 걸 보면 알 수 있다. 현재 우리는 모든 국민이 건강보험에 가입돼 있다. 보험료를 적게 납부하거나 전혀 내지 않는 사람도 대한민국의 국민으로서 동등한 권리를 보장받는다. 우리나라 건강보험은 소득이 적은 사람은 보험료를 비교적 적게, 소득이 많은 사람은 더 많은 건강보험료를 납부하고 모든 국민이 같은 혜택을 받는 방식으로 설계되어 있다. 현재의 건강보험 체계가 자리 잡기까지는 수십 년의 세월이 걸렸다. 그 시간 동안 우리는 세계 사회보험 역사에서 유례없이 빠르게 전 국민 의료보험 시대를 열었고 견고한 공공의료 체계를 구축했다.

건강보험을 시작한 지도자는 박정희다. 1961년 정권을 잡고 국가재건최고회의 의장이 된 그는 1962년 7월 사회 보장 제도를 확립하라는 지시를 내렸다. 1963년 11월 대한민국 최초로 사회보장에 관한 법률과 산업재해 보상법이 제정됐다. 이어 12월 6일 의료보험법이 제정돼 의료보험조합을 설립할 수 있게 됐다. 박정희는 1964년 국회 시정연설에서 "의료보험을 시범적으로 실시하겠다."고 밝혔다. 그러나 최초 의료보험은 대상자가 모두 보험에 가입하는 강제가입이 아니었다. 당시 대한민국은 가난했다. 당장 쌀 살 돈도 없는데 평소에 보험금을 내고 아플 때 보장받으라는 건 먼 나라의 얘기였다. 1960년대 본격적인 경제개발로 나라 형편이 좀 나아지자 다시 의료보험을 추진했다. 박정희는 1973년 연두 기자회견에서 "1970년대 후반에 가서는 의료보험 제도를 도입해 생활보장제도를 점차 확대해 나가겠다."고 밝혔다. 그럼에도 의료보험 가입자는 좀처럼 늘지 않았다. 1976년 의료보험 가입자는 국민의 0.2%인 6만 8천여 명에 불과했다.

1976년 의료보험 실시를 위한 논의가 다시 시작됐다. 쟁점은 의료보험 가입을 선택하도록 한 임의가입(任意加入)을 폐지하고 대상자를 모두 의료보험에 가입하게 할지 여부였다. 보건사회부(현 보건복지부)는 강제가입이 필요하다고 했지만 경제기획원 등 경제관료들은 "강제적 보험료 납부는 사유재산권을 침해하는 것"이라며 반대했다. 9월 11일 열린 국무회의에서 박정희가 결단을 했다. 12월 강제가입 조항이 들어간 의료보험법 개정안이 국회를 통과했다. 박정희는 1977년 1월 연두 기자회견에서 "일반 국민들에 대해서는 직장 단위로 직장 의료보험조합을, 지역 주민들에 대해서는 지역의료보험조합을 만들어서 앞으로 단계적으로 실시할 계획"이라며 의료보험 확대를 천명했다.

"일반 국민들에 대한 의료보호제도는 금년 7월부터 단계적으로 추진해 나갈 계획입니다. 의료 보험 제도는 생활 무능력자,

생활보호 대상자가 전국에 약 33만 명가량 있다고 합니다마는, 이 33만 명과 또 저소득층에 속하는 약 173만 명에 대해서 우선적으로 실시하기로 한 것입니다. 물론, 고아원에 수용되어 있는 원아나 양로원에 들어 있는 노인들도 전부 시혜 대상이 될 것입니다. 그 밖의 일반 국민들에 대해서는 직장 단위로 직장의료보험조합을, 지역 주민들에 대해서는 지역의료보험조합을 만들어서 앞으로 단계적으로 실시할 계획입니다.” (1977년 연두기자회견/대통령기록관)

1977년 7월 1일 대한민국 의료보험 시대가 열렸다. 이날부터 상시노동자 5백 인 이상 기업체 1천 7백여 곳에 다니는 근로자 77만 명과 그 가족 등 385만 명, 22개 국가 및 지방공단, 민간공단 공단 근로자 13만 명과 가족 등 66만 명에게 의료혜택이 주어졌다. 대상자는 총 451만 명으로 전 인구의 약 10%였다. 대기업은 독자적인 의료보험조합을, 기업들은 업종별로 의료보험조합을 각각 만들었다. 보험료는 월급에 따라 3~8%로 하되 기업과 근로자가 절반씩 부담했다. 기업들의 참여를 독려하기 위해 의료보험료 지출을 세금에서 공제했다. 당시 우리나라는 대다수 국민이 병원에 가기 힘든 시절. 대기업에 우수한 인재들이 몰렸다. 이를 보고 공무원들도 의료보험을 적용해 달라고 요구했다. 이를 계기로 ‘공무원 및 사립학교 교직원 의료보험법’ 입법이 본격화됐다. 1979년 1월 1일 공무원, 군인, 사립학교 교사에게 의료보험이 적용됐고, 7월에는 300인 이상 사업장으로 확대됐다.

박정희는 1978년 11월 전국 8637개 의료기관을 요양취급기관으로 지정하는 당연지정제를 시작했다. 이는 모든 의료기관에서 의료보험 환자를 받으라는 것이었다. 의료계에서 수입 내역 공개 등을 이유로 도입을 결사반대했지만 박정희는 그대로 강행했다. 당연지정제는 의료보험 선진국인 미국도 의회와 의료계의 반대로 시행하지 못했던 제도였다. 당연지정제가 시행되면서 이제 의료보험이 있는 국민은 전국 아무 병원에 가서 치료받을 수 있게 됐다. 복지제도는 장기간 진행되는 프로젝트라는 특성상 어느 한 정권에서 모든 걸 다 할 수 없다. 박정희 사후 전두환은 1981년 100인 이상 사업체, 1982년 16인 이상 사업장으로 확대했고, 1988년 1월 1일 농어촌지역에 의료보험을 전면적으로 도입했다. 후임 노태우는 1988년 7월 5인 이상 사업장으로 확대했고, 마침내 1989년 7월 1일 도시지역에 의료보험을 적용하면서 전 국민 의료보험 시대를 열었다.

김대중과 의료보험조합 통합

이후 의료보험을 둘러싼 논란은 의료조합 통합문제로 바뀌었다. 당시 의료보험조합은 의료보험조합연합회 산하에 227개 지역의료보험조합, 139개 직장의료보험조합, 공무원과 사립학교 교직원 의료보험관리공단이 각각 별도로 운영됐다. 조합마다 재정 상태도 달랐고 보험료 역시 최대 4배가량 차이가 났다. 특히 재정이 안정적인 직장의료보험조합에 비해 시군구별로 되어 있는 지역의료보험조합은 부자와 가난한 조합이 있어 형평성이 문제가 됐다. 어떤 조합은 늘 적자였고, 어떤 조합은 부유해서 적립금이 넘쳐 났다. 이를 계기로 의료조합 통합문제가 사회 현안으로 떠올랐다. 통합 찬성론자는 부자 조합과 가난한 조합의 재정 문제 해소는 물론 공적 역할을 수행하는 사회보험 성격상 의료보험조합을 통합해야 한다고 주장했지만, 반대론자들은 직장의료보험조합 재원의 반은 기업주(사용자)가 내는데 이를 통합하면 기업주의 돈을 자영업자를 위해 쓰게 된다며 반대했다. 이 문제는 대통령 노태우가 거부권을 행사할 정도로 갈등이 컸다. 하지만 시간이 지나면서 여론은 통합으로 기울었다. 1997년 11월 지역의료보험조합과 공무원 및 사립학교 교직원 의료보험관리공단이 통합돼 국민의료보험관리공단으로 출범했다.

그 후 국민의료보험관리공단과 직장의료보험조합과의 통합문제가 부상했다. 1997년 12월 대통령 선거에서 김대중은 의료보험 완전 통합을 대선공약으로 내걸었다. 대통령이 된 김대중은 이를 강력히 추진했지만 전국경제인연합회를 비롯한 경제인단체, 직장의료보험 노조 등이 거세게 반발했다. 3년 만인 2000년 7월 마침내 국민의료보험관리공단과 142개 직장의보조합이 단일조직으로 통합돼 국민건강보험공단으로 출범했다. 10여 년간 이어지던 오랜 논쟁이 끝났다. 의료보험이란 명칭은 건강보험으로 바뀌었다. 보장률은 환자가 내는 의료비용 중에서 직접 부담 없이 의료보험을 통해 어느 정도를 보장받느냐를 나타내는 지표다. 국민건강보험공단 체제로 바뀌면서 통합 직후 40% 수준이던 보장률은 60%대로 올라가는 등 국민의 건강권이 대폭 확대됐다.

가난한 이에게 내민 손, 박정희의 영세민 제도

우리나라 역대 왕조는 빈민·행려자의 구호와 질병 치료를 목적으로 한 구료제도(救療制度)를 실시했다. 그러나 조선 말 어지러웠던 나라 탓에 극빈층에 대한 구호는 제대로 작동되지 않았다. 일본의 식민지배가 시작된 후 극빈층 지원책이 제도적으로 마련된 건 1938년 무렵이다. 당시 조선총독부가 파악한 부양자와 보호자가 없는 노쇠자(老衰者)와 아동, 신체장애자는 약 3만 7천 명이었다. 조선총독부는 '구호법'을 제정해 이들을 지원했다. 하지만 중일전쟁과 태평양전쟁이 격화되면서 극빈층 대책은 뒤로 밀렸다. 이는 해방 후에도 마찬가지였다. 3년간의 미군정 혼란기, 그리고 1950년 6·25전쟁을 거치면서 취약계층의 삶은 더 어려워졌다. 이들을 지원하기 위한 방안을 다시 검토하기 시작한 건 1961년이다.

5·16으로 정권을 잡은 국가재건최고회의 의장 박정희는 "실업, 질병, 노령 등의 생활 위협으로부터 국민을 보호하여 복지국가를 조속히 이룩함은 우리의 궁극적 목표이다. 사회보장제도의 중요 부분인 제 사회보험 중 실시가 쉬운 보험을 선택하여 착수하고, 사회보장제도를 확립하도록 하라."고 지시했다. 1961년 12월 생활보호법이 제정돼 극빈층에 대한 지원 방안이 마련됐다. 이후 생활보호법은 한국 저소득층 복지의 기본 축이 됐다.

부양의무자가 없거나 부양의무자가 있어도 부양 능력이 없는 65세 이상의 노쇠자, 18세 미만의 아동 및 임산부, 고치기 힘든 질병이 있거나 심신장애로 인해 근로 능력이 없는 사람, 천재지변, 기타 화재 등으로 부양의무자가 행방불명됐거나 교통이나 통신의 단절로 생활비의 전달이 일시 불가능한 사람에게 정부가 도움을 주기 시작했다. 정부는 이들을 영세민(零細民)이라 부르고 생계와 의료, 자활, 교육, 해산(解産), 장제(葬祭) 보호를 제공했다. 다만 박정희는 이들을 무조건 도와주는 대신 인센티브 방식을 택했다. 그가 생각한 복지는 "일하는 사람이 먹을 자격도 있다."였다. 예를 들어 취로사업 등 국가가 마련한 사업에 참여하면 추가로 밀가루를 더 가져갈 수 있도록 설계했다.

김대중의 국민기초생활보장제

1997년 말에 터진 한국의 외환위기는 우리 사회를 근본적으로 뒤흔든 세기적 사건이었다. 대량 실업 사태로 소득이 최저생계비에 못 미치는 절대빈곤 계층 비율은 1996년 3.0%에서 2000년 8.2%로 급등했다. 이를 계기로 빈곤층을 보호하기 위해 국가가 더 적극적으로 나서야 한다는 목소리가 커졌다. 이때 나온 대안이 기초생활보장제다. 생활보호법(영세민)에서는 기본적으로 근로 능력이 있는 국민에게 최저생계비를 보장하지 않지만 국민기초생활보장제는 가구의 소득이나 재산을 기준으로 최저생계비에 미달하는 모든 가구를 국가가 지원하는 제도다. 기존 생활보호법이 선택적 복지라면 국민기초생활보장제는 최저생계비 수준의 소득을 보장하는 보편적 복지였다. 기초생활보장제에서 제공하는 급여에는 돈, 무료식권, 각종 물품이 모두 포함된다. 구조상 많은 예산이 들어간다. 이 때문에 도입 당시 재정 낭비 등의 이유로 반대가 거셌다. 그러나 김대중은 "국민이 안심하고 살도록 대책을 마련할 것"이라며 국민기초생활보장제를 강하게 밀어붙였다. 1999년 9월 7일 국민기초생활 보장법이 제정됐다. 1년 후인 2000년 10월 1일 시행에 들어갔다.

2001년 보건복지부 업무보고에서 김대중은 "기초생활보장제의 도입으로 불우한 국민이 굶거나 병 치료를 하지 못하거나 자식 교육을 하지 못하는 우려는 이제 없어졌다. 약 155만 명이 기초생활보장제의 혜택을 받고 있는데 계속 점검하고 보완해 억울한 탈락자가 없도록 하고, 국민 속에 뿌리를 내리고, 국민이 정부에 대한 믿음을 가질 수 있도록 운영해 달라."며 어려운 국민을 적극 챙길 것을 당부했다. 현재 국민기초생활보장제는 우리나라 저소득층 복지제도에서 가장 핵심적인 제도로 발전했다. 2021년 기준 국민기초생활보장제 수급자는 235만 9675명, 전체 인구 대비 4.6%에 달한다.

국민연금의 주역 박정희와 전두환

연금제도는 일정한 액수의 기여금이나 보험료를 납부하고 퇴직하거나 특정 나이에 도달한 경우, 또는 갑자기 병이 들거나 사망하면 일정한 돈을 받는 것으로 국민의 노후를 책임지는 가장 핵심적인 수단이다. 연금은 지금의 독일인 프로이센에서 처음 시작했다. 1889년 당대 최고의 재상이던 비스마르크는 노동운동의 급진화를 막고 사회적 통합을 목적으로 국민노령연금을 도입했다. 독일에 이어 프랑스, 영국 등이 연금제도를 실시했다. 우리나라는 이승만이 1949년 8월 '공무원에 대한 재해보상 및 연금에 관한 규정'을 마련한 게 처음이다. 하지만 6·25전쟁과 어려웠던 나라 살림으로 인해 1960년 1월이 되어서야 공무원연금이 시행됐다. 당초 공무원연금에 통합돼 있던 군인연금은 1963년 박정희가 군 복무의 특수성 등을 고려해 군인연금법을 제정하면서 분리됐다. 1975년 시작된 사학연금은 처음에는 사립학교 교원들만 대상으로 하다가 1978년 사무직원으로 확대했다. 국민연금은 박정희가 설계했다. 박정희는 1973년 1월 12일 연두 기자회견에서 이를 밝혔다.

"내년(1974년)부터 실시하려고 추진하고 있는 사회보장 연금제도, 국민 복지 연금제도라고도 합니다. 이 연금제도는 현재 우리 공무원들에게는 실시하고 있습니다. 일반 기업체에서 일하고 있는 근로자들에게는 지금 적용이 안 되고 있는데 이 제도를 점차 우리나라의 모든 근로자에게도 확대해 나가는 계획을 추진하고 있습니다."(1973년 연두 기자회견/대통령기록관)

국회에서 국민연금복지법이 통과됨에 따라 그해 12월 정부는 보건사회부 내에 복지연금국을 신설하고, 연금관리공단 설립 준비에 착수했다. 하지만 1973년 10월 6일 이집트와 시리아가 이스라엘에 선제공격을 가하면서 제4차 중동전쟁이 발발했다. 3달러였던 국제 원유가격이 1974년 1월 4배인 12달러까지 올랐다. 이른바 1차 오일쇼크로 전 세계 경제가 공황 상태에 빠졌고 이는 한국도 마찬가지였다. 이런 상황에서 막대한 재원이 소요되는 국민연금제도를 실시하는 건 어려웠다. 박정희는 1974년 1월 14일 '긴급조치 3호'를 통해 이를 늦췄고, 1975년 사정이 나아지지 않자 12월 시행령을 통해 이를 무기 연기했다.

국민연금이 다시 무대로 등장한 건 4대 국정지표로 복지사회건설을 내세운 전두환이었다. 1980년대 중반 오일쇼크로 급등했던 물가가 안정되는 등 한국 경제는 점차 안정을 되찾았다. 전두환은 1986년 4월 정부에 박정희가 무기 연기했던 국민연금을 시행하라고 지시했다. 이어 6월 4일 '국민연금 실시를 위한 관계관 회의'에서 쟁점이었던 퇴직금 조정 문제가 마무리됐다. 8월 11일 전두환은 기자회견을 갖고 최저임금제, 국민연금, 의료보험의 확대 등 3대 복지입법을 추진하겠다고 밝혔다. 12월 17일 국민연금법이 국회를 통과한 데 이어 1987년 국민연금관리공단이 설립됐다. 준비를 마친 전두환은 1988년 1월 1일을 기해 10인 이상 사업장을 대상으로 국민연금을 전격적으로 실시했다.

또 이날 최저임금제와 농어촌지역 의료보험도 도입했다. 과거 노태우가 국민연금을 처음 실시했다는 기사가 있지만 이는 사실과 다르다. 국민연금은 1995년 농어촌지역, 1999년 도시지역, 2006년 1인 이상 사업장으로 확대됐다. 2008년 1월에는 국민연금에 가입하지 않은 저소득 노년층에게 월 8만 4천 원을 주는 기초노령연금이 도입됐다.

이는 현재 30만 7500원으로 올랐다. 2010년에는 생활이 어려운 18세 이상 중증장애인을 위한 장애인연금이 도입됐다. 이로써 국민의 노후를 책임지는 국가 연금제도의 틀이 완성됐다.

근로자 보호와 박정희의 산재보험

산재보험은 근로자가 일하는 도중 다치거나 죽는 등의 재해가 발생하면 근로자 본인과 가족의 생활을 보장하기 위해 마련한 제도다. 국가가 평소 사업주로부터 보험료를 걷어 적립해 뒀다가 근로자에게 산업재해가 발생하면 보상해 주는 방식으로 운용된다. 우리나라에 산재보험이 등장한 것은 박정희가 경제개발을 본격화하면서 근로자 보호가 중요해진 1960년대다. 1964년 1월 10일, 박정희는 연두교서를 통해 "정부도 현재 근로자가 처해 있는 어려운 형편을 충분히 인식하고 근로자의 복지향상을 도모함과 아울러 신년도부터는 산업재해보상보험 및 의료보험을 시범적으로 실시하여 근로자가 입는 재해에 대하여 적시 보상의 길을 터놓았다."며 산재보험을 실시하겠다고 밝혔다. 1964년 정부는 500인 이상 광업과 제조업 사업장 근로자를 대상으로 산재보험을 시작했다. 산재보험 도입으로 근로자 재해 보장의 질은 획기적으로 개선됐다.

대상 기업은 1965년 200인 이상으로 확대됐고, 1974년 다시 근로자 16인 이상의 사업장으로 범위를 넓혔다. 1976년 광업과 제조업 중 화학, 석유, 석탄 및 플라스틱 분야는 5인 이상의 사업장으로 적용 대상이 확대됐다. 산재보험은 전두환 집권기인 1982년 10인 이상 사업장으로 확대됐고, 1991년 5인 이상 사업장, 2000년 7월 1일 1인 이상 사업장, 2018년 상시 근로자 1인 미만 즉, 사업주 본인에게도 적용됐다. 박정희가 시작한 산재보험이 전 사업장으로 확대되는 데는 총 54년이 걸렸다. 이밖에 고용보험은 1987년 대선에서 노태우가 처음 공약으로 제시했지만 경제계의 반발로 연기됐다가 김영삼이 1995년 7월 전면적으로 도입했다.

3-4 인권 국가 구현과 남녀평등

독립운동과 여성 참정권 도입

유교의 나라 조선에서 남자와 여자는 다르게 대우받았다. 남녀 불평등을 표현한 대표적인 단어가 남존여비(男尊女卑)다. 이는 '남자는 높고 여자는 낮다'는 뜻이다. 조선에서는 이러한 관념에 근거해 여자의 사회적 활동을 금지했다. 과거를 통한 관직 진출이 허용되지 않았고, 남자에게 혼인 관계를 무효화시킬 권한을 주었다. 유교 그 자체가 그런 불평등을 조장한 측면이 있지만 유독 조선에서 차별이 더 심했던 이유는 조선 중기부터 성리학이 완전히 사회를 지배했기 때문이다. 성리학은 '배우고 닦아 도를 깨우친 후 이를 실행에 옮긴다'라는 선지후행(先志後行)을 강조했지만 실제로는 실천이 없었다. 이는 철저한 차별로 이어졌다. 반상(班常) 차별 즉, 양반과 상놈 사이에 철저한 차이를 두어 양반 계급의 특권을 유지했고, 직업적으로는 관료만 숭상하고 공업과 상업을 천시했다. 남존여비는 남녀 간 차별을 통해 남성의 기득권을 유지한 대표적 폐해였다.

조선에서 남녀가 법적으로 평등한 주체라는 목소리가 나온 건 1894년 갑오경장에 의해서다. 이때 연좌제를 폐지하고, 과부의 재혼을 허용했다. 또한 노비제도를 없애고 인신매매를 금지하는 등 다방면에 걸쳐서 근대화의 물꼬를 텄다. 하지만 조선에서 5백 년 넘게 계속된 성리학적 사회질서는 쉽게 바뀌지 않았다. 1912년 조선총독부는 개

개인의 권리를 보장하는 내용으로 조선민사령(민법)과 조선형사령 (형법)을 제정했다. 이로써 여성의 사회적 권리가 과거보다 훨씬 보장을 받게 됐다. 다만 혼인, 이혼, 상속 등 가사(家事)와 관련된 법은 조선의 관습을 그대로 위임하면서 많은 악습이 그대로 남았다. 예를 들어 아내가 이혼소송을 내는 것은 조선민사령 제정 이후에도 여전히 불가능했다.

법적으로 여성의 권리가 남성과 동등하게 규정된 건 독립운동과 관련이 깊다. 1919년 3·1운동 후 수립된 상하이 임시정부 임시헌장(헌법) 3조는 '대한민국의 인민은 남녀의 귀천(貴賤) 및 빈부의 계급(階級)이 없고, 일체 평등함', 5조는 '대한민국의 인민으로 공민(公民) 자격이 있는 사람은 선거권 및 피선거권이 있음'이라고 되어 있다. 선거권은 각종 공직선거에 투표하는 권리, 피선거권은 대통령, 국회의원, 지자체장 등이 되는 권리다. 미국에서도 1920년이 되어서야 여성에게 투표권을 줄 정도로 여성에게 보통선거의 권리를 준 건 오래된 일은 아니다. 여성을 포함해 우리 국민이 처음으로 투표권을 행사한 건 1948년 5·10총선거다. 이때 선출된 제헌의원들은 대한민국 헌법을 제정하면서 제25조와 26조에 남녀 모두에게 선거권과 피선거권을 부여했다.

김대중, 남존여비(男尊女卑)에서 남녀평등으로

이승만은 상하이 임시정부 초대 총리와 대통령, 제헌의회 국회의장, 초대 대한민국 대통령이었다. 미국에서 오래 생활해 일찍부터 남녀평등에 익숙했던 이승만은 여성에게 참정권을 주는 데 적극적이었다. 다만 1875년 태어난 이승만은 "삼강오륜을 잘 지켜라."란 연설을 할 정도로 유교적 여성관도 강해 일상생활에서는 구습이 적지 않았다. 박정희는 어머니가 사실상 가장 역할을 하며 자신을 공부시켰던 개인적 경험이 있다. 이런 영향 등으로 그는 새마을지도자로 여성을 적극 육성하고, 경제개발 과정에도 여성을 대대적으로 참여시켰다. 그러나 박정희는 법과 제도에서 불합리했던 남녀 차별적 요소까지 바꾸지는 못했다. 이런 부분이 크게 개선된 건 노태우가 집권하면서다. 노태우는 정부에 여성가족부의 전신인 '정무 제2장관실'을 만들고, 각 시도에는 가정복지국을 신설했다. 또 경찰대학에 여성 입학을 허용했다. 1989년 12월 민법이 대폭 개정돼 친권의 부모 공동행사가 규정됐다. 이로써 이혼한 엄마에게도 친권이 인정됐다. 또 재산분할제도와 부부간의 상속순위가 도입됐다. 김영삼은 '여성발전기본법'을 제정해 여성의 지위 향상과 성평등을 유도하는 근거를 만들었다.

여성과 관련된 법과 제도가 획기적으로 개선된 건 김대중 때다. 1989년 가족법 개정 주요 입안자로 활동했던 김대중은 대통령이 되자 그동안 여성에게 불리했던 각종 제도적 장벽을 허물기 시작했다. 1998년 12월, '국민연금법'에 분할연금수급권이 도입됐다. 이로써 혼인기간이 5년 이상이면 이혼할 때 배우자의 연금을 나눠서 받을 수 있게 됐다.

전남 남악신도시 김대중광장에 있는 김대중 동상이다. 유교의 나라 조선에서 남자와 여자는 다르게 대우받았다. 남녀 불평등을 표현한 대표적인 단어가 남존여비(男尊女卑)다. 이승만, 박정희, 노태우 등을 거치면서 여성의 권리는 점차 신장됐다. 이후 김대중 집권기에 법과 제도적 측면에서 획기적으로 개선됐다.

1999년 2월 여성 기업인의 활동과 여성의 창업을 적극적으로 지원하는 '여성기업지원에 관한 법률'이 제정돼 여성의 창업과 경영활동을 제도적으로 지원할 수 있는 길이 열렸다. 7월 1일 사회 모든 영역에서 남녀차별을 법으로 금지한 '남녀차별 금지 및 구제에 관한 법률'이 도입됐다. 이 법은 성차별로 인한 불이익을 방지하는 획기적 내용이었다. 피해 조사와 시정은 대통령 직속 기관인 여성특별위원회가 전담했다. 또 2000년 8월 근로기준법과 남녀고용평등법, 고용보험법에 모성(母性) 보호 비용을 사회가 부담하도록 하는 내용이 들어갔다. 출산휴가가 60일에서 90일로 확대됐고, 육아휴직을 하면 고용보험에서 월 20만 원을 지급했다. 현재는 육아휴직 1년이 보장되고, 육아휴직 동안 월 통상임금의 80%(상한 150만 원, 하한 70만 원)까지 지원하는 것으로 개선됐다. 남녀고용평등법 적용 대상도 5인 이상 모든 사업장으로 확대됐다. 12월에는 국가유공자와 독립유공자 후손에 대한 유족보상수급권 대상을 늘렸다. 이로써 아들과 손자녀 외에도 출가한 딸과 외손자녀도 유족보상을 받을 수 있게 됐다.

1999년 헌법재판소는 군 가산점 제도에 대해 위헌 결정을 내렸고, 김대중 정부는 군 가산점을 폐지했다. 2000년 10월에는 동성동본불혼제를 규정하고 있던 민법 제809조가 폐지됐다. 또 친아버지가 누구인지 확인하기 위해 남편과 이혼 또는 사별한 여성에 대해 6개월간 재혼을 금지했던 조항도 폐지됐다. 호주제는 2005년 2월 헌법재판소의 헌법불합치 결정에 따라 2008년 1월 1일부터 폐지됐다. 여성의 정치참여를 확대한 것도 그의 시대다. 2000년 2월 정당법이 개정돼 비례대표 후보자 중 여성을 30% 이상 공천하는 여성 할당제가 도입됐다. 2004년 여성 공천 비율은 50%로 확대됐다. 또 1998년 최초로 정부조직법에 따라 여성특별위원회를 대통령 직속으로 만든 김대중은 2000년 신년사에서 여성부 신설 계획을 밝혔다. 1년 후인 2001년 1월 29일 여성부가 독립부처로 출범했다. 하지만 여성부는 특정 성을 위한 부처라는 점에서 많은 논란을 낳았다. 노무현이 집권한 2005년 보육 업무를 이관받아 여성가족부로 개편됐다가 2008년 여성부로 축소

됐다. 2010년에는 청소년과 다문화 업무를 넘겨받아 다시 여성가족부가 됐다. 그렇지만 여성가족부에 대해서는 10~20대 남성을 중심으로 강한 역차별 논란이 제기됐다. 윤석열은 20대 대선에서 여성가족부 폐지를 공약으로 내걸었고, 새로운 부처로 개편하는 작업이 진행 중이다.

인권이 보장되는 나라

대한민국의 20세기는 격동의 시대였다. 무력했던 대한제국이 1910년 일본에 통치권을 빼앗기면서 35년간 식민지배를 당했고, 1945년 해방 후 남북은 3년간 긴 전쟁을 치렀다. 1960~1980년대 민주화를 위한 긴 여정이 시작되기는 했지만 국가의 우선순위는 경제개발이었다. 그 과정에서 조봉암 사법살인(1959년), 동백림 사건(1967년), 통일혁명당 사건(1968년) 김대중 내란음모 사건(1980년) 등 다양한 인권침해 사건이 발생했다. 민주화 과정에서 김대중은 연금과 투옥, 망명, 사형 판결까지 인권을 침해당한 대표적 인사였다. 그랬기에 대통령이 된 그는 인권에 관한 관심이 남달랐다. 김대중은 1998년 3월 법무부 업무보고 자리에서 "인권대통령으로 남고 싶다."고 말했다. 김대중은 1997년 대선 때 공약으로 '인권법 제정 및 국민인권위원회 설립'을 약속했다. 그해 12월 10일 제50회 세계인권선언 기념식 연설에서 인권위원회 설립을 다시 강조했다.

"국민의 정부는 정치, 경제, 사회, 문화 등 모든 분야에서 인권의 가치가 살아 숨 쉬고 민주주의의 원칙이 바로 설 수 있도록 가능한 노력을 다해 갈 것입니다. '인권법'의 제정과 '인권위원회'의 설치를 통해 인권이 법적, 제도적으로 더욱 확고히 보장될 수 있도록 만들어 나갈 것입니다. 우리 모두 함께 힘을 합해서 인권과 민주주의가 들꽃처럼 만발하는 자랑스러운 사회를 건설해 나갑시다."(세계인권선언 50주년 메시지/대통령기록관)

그러나 인권위원회 설립은 쉽지 않았다. 독립적인 인권위원회 출범에 부정적이었던 법무부는 인권위원회를 비정부기구로 하자고 주장했고, 당시 국회 1당이었던 한나라당도 인권위원회 출범에 비협조적이었다. 결국 15대 국회에서 법안은 처리되지 못했다. 김대중은 행정부와 입법부, 사법부에 소속되지 않는 국가기관으로 인권위원회를 만들자며 한나라당을 거듭 설득했다. 법안은 16대 국회에서 통과됐다. 김대중은 2001년 5월 23일 청와대에서 '국가인권위원회법 공포문'에 서명했다. 그는 서명식에서 "과거 군사정권 시절에는 우리가 정치, 언론, 노동운동의 자유 등 정치적 자유를 위해 노력해 왔지만 지금은 사회, 경제적 약자들의 권리를 지켜주는 것이 중요하다"며 "정치적 인권뿐만 아니라 사회, 경제적 인권의 향상을 위해 더욱 노력해야겠다"고 말했다.

전남 목포시 김대중노벨평화상기념관 내 김대중 흉상. 김대중은 민주화 과정에서 연금과 투옥, 망명, 사형 판결까지 받았다. 인권에 관심이 많았던 그는 집권 후 인권위원회를 출범하는 등 한국의 인권 개선을 위해 노력했다.

2001년 5월 마침내 독립기관으로 국가인권위원회가 발족했다. 누구의 간섭이나 지휘받지 않고, 인권보호 향상에 관한 모든 사항을 다루고, 인권침해와 차별행위에 대한 조사와 구제 조치를 맡는 기관이었다. 인권위원회는 2022년 군내 인권침해 관련 사안 조사도 맡았다. 국가인권위원회가 독립기관으로 정부의 눈치를 보지 않고 인권을 챙기면서 우리 사회의 인권의식은 크게 향상됐다. 안기부와 검찰, 경찰, 교정 등 공안 담당 국가기관에서 관행적으로 이뤄지던 인권침해도 김대중 집권 이후 점차 사라졌다. 경찰과 검찰 수사기관에서 툭하면 일어났던 구타 등 고문, 그리고 교정시설에서 발에 채우는 족쇄가 사라졌다.

　재소자도 신문과 텔레비전을 보고 머리도 자유롭게 기를 수 있게 됐고, 소수의 재소자만 누리던 특권이던 종이와 볼펜 사용도 모든 사람에게 허용됐다. 아울러 시위 현장에 늘 등장했던 최루탄 사용도 중단됐다. 경찰은 시위 대응력 약화를 우려해 폐지에 반대했지만, 김대중은 최루탄 사용 중지는 1987년 약속했던 것이라며 경찰의 요구를 일축했다.

4. 국토 개조와 정신 혁명

현재 우리 국토는 나무가 우거진 아름다운 모습이지만 조선 말에는 그렇지 않았다. 한국의 산림은 조선시대인 17세기 후반부터 헐벗기 시작해 20세기 초에는 사실상 전국 마을 주변의 야산이 모두 민둥산으로 변했다. 일제 식민지배가 시작되는 1910년 조선 임야의 26%에는 나무가 없었다. 광복과 6·25전쟁 등 혼란기를 겪으면서 우리 산림은 1953년 역사상 최악의 수준으로 떨어졌다. 이를 바꾼 사람이 강력한 치산치수(治山治水) 정책을 펼친 박정희다. 그가 헐벗은 산에 나무를 심고 화전을 못 하도록 막자 국토는 점차 푸르러졌다. 60여 년이 지난 현재 한국은 세계에서 가장 인공조림에 성공한 나라가 됐다. 박정희가 도시 주변 녹지의 무분별한 확장을 막기 위해 지정한 그린벨트는 다음 세대에게 숨 쉴 공간을 마련한 장기 프로젝트이자 숲을 보호한 일등 공신이다. 김대중은 거세진 개발 압력 속에 그린벨트를 풀면서도 반드시 보호해야 할 1~2등급 보전지역을 따로 지정하는 지혜를 발휘해 녹지를 보호했다. 1970년대 시작된 새마을운동은 농촌의 경제구조를 바꾼 것은 물론 '하면 된다'는 도전정신을 확산시켰다. 특히 중국과 일본에 오랜 기간 억눌렸던 패배 의식을 떨치고, 한국인에게 숨어 있던 '빨리빨리' 유전자를 끌어낸 원동력이었다.

조선 말, 산은 푸르지 않았다

많은 사람이 일제 식민지 시절 산림이 황폐화된 것으로 알고 있지만 조선의 삼림은 조선 중기부터 무려 250년 동안 지속적으로 훼손됐다. 조선 말 전국의 산은 전혀 푸르지 않았다. 산림 황폐화의 기록은 임진왜란 후인 1611년 조선왕조실록에 처음 나온다.

> "'나라에서 금령을 엄히 다스려도 도성 사방에 있는 산들이 볼품없이 벌거숭이가 되어 이미 민둥산이 되어 버렸다.'며 도성 안팎의 산들이 민둥산으로 변한 책임을 한성부(서울) 당상에게 묻고 있다." (전영우, 조선의 숲은 왜 사라졌는가)

조선의 산림정책은 '산림천택(山林川澤) 여민공지(與民共之)'다. 산림천택은 '산과 숲'과 '내와 못'을 여민공지는 '이익을 백성과 함께 누린다'는 뜻이다. 이에 따라 왕실 및 관청을 짓거나 국방을 위해 배 만드는 데 필요한 소나무 벌목은 금표를 설치하거나 봉산으로 설정해 백성의 출입을 제한했지만 나머지 숲의 사용권은 민간에 개방했다. 백성들은 자유롭게 나무는 베어서 땔감으로 썼고, 풀은 소먹이로 이용했다.

'공유지의 비극'은 '주인이 없는 공동 방목장에는 농부들이 경쟁적으로 더 많은 소를 끌고 나와 방목장이 황폐화된다.'는 생물학자 '가렛 하딘'의 이론이다. 18세기 영국에서 산업혁명이 시작될 때 실제로 일

K-민국 이승만 박정희 김대중

어났던 일이다. 이런 공유지의 비극이 조선에서 일어났다. 임진왜란과 병자호란 후 인구가 급증하고, 17세기 후반에 온돌 보급이 정착돼 땔감 수요가 급증했다. 백성들은 산에서 나무를 베었지만 사실상 주인이 없는 땅이라 아무도 나무를 심지 않았다. 그 사이 왕가와 권문세족들은 사사로이 이기적인 사점(私占/개인 점유)을 했다. 이는 17세기 후반부터 칙령으로 목재 이용을 통제하고 나무를 심도록 한 일본과 달랐다. 조선 말이 되자 인가에서 가까운 20~30리 이내 지역은 싸리나무조차 없었다. 산림훼손은 심각한 재앙을 불러왔다. 비가 조금만 와도 홍수가 났다. 1752년 한양 주변 산에서 유출된 토사가 청계천의 하천 바닥을 높여 도성에 물난리가 났다. 1760년 청계천을 준설한 것도 산에서 내려온 흙이 너무 많이 쌓였기 때문이었다. 백성들은 나무가 사라진 산에 뙈기밭을 만들어 농사를 지었다. 현재 북한이 연료와 식량난을 겪고 난 후 다수의 산림이 파괴된 것과 비슷한 일이 조선에서 반복됐다.

당시 조선 산하의 모습은 1903년 영국의 '허버트 폰팅'이나 1904년 오스트리아 사진작가 '조지 로스'가 찍은 사진에 등장하는 인왕산과 북한산을 통해 생생하게 확인할 수 있다. 또 국립박물관이 소장한 일제 강점기 때 찍은 북한산 신라 진흥왕순수비 전경을 보면 비석이 있는 비봉 주변을 비롯해 북한산 전체에 나무가 거의 없는 걸 알 수 있다. 이런 실태를 정확하게 보여 주는 지도가 1910년 통감부(병합 후 조선총독부로 변경)가 임적조사사업(林籍調查事業) 후 제작한 〈조선임야분포도〉다. 50만분의 1의 축적으로 제작된 이 지도를 보면 조선의 산림 상황과 누가 소유하는지를 확연하게 알 수 있다. 다 자란 나무가 있는 성림지가 32.3%, 어린나무만 자라는 치수발생지가 41.8%, 나무가 거의 없는 무립목지가 25.9%였다. 이는 113년 전 조선 산림의 67.7%가 민둥산이었다는 뜻이다. 특히 남한지역은 79%가 무립목지와 치수발생지일 정도로 산림 황폐화가 심각했다.

국립중앙박물관이 소장하고 있는 일제 강점기 때 찍은 북한산 신라 진흥왕순수비 전경. 비석이 있는 비봉 주변을 비롯해 북한산 전체에 나무가 거의 없는 걸 확인할 수 있다. 조선의 산림은 온돌이 정착된 17세기 후반부터 본격적으로 훼손됐다. (출처: 국립중앙박물관)

산림이 무성한 곳은 산이 험하고 도로가 없어 사람이 접근하기 어려운 북한 개마고원과 백두산, 그리고 강원도와 경상도로 이어지는 태백산맥 일대, 지리산 등에 불과했다.

해방, 일제 때보다 더 헐벗은 산

1911년 조선총독부는 삼림령(森林令)을 제정해 임야에 대한 지적과 등기제를 도입했다. 이어 1917년부터 1924년까지 필지별 소유주와 경계를 확정하는 임야조사사업을 벌여 소유권을 정리하고 등기 업무에 필요한 임야도와 임야대장을 만들었다. 조선에서 삼림에 대한 소유권이 정비된 건 이때가 처음이다. 임야조사사업 결과 황해도 이남 서남쪽 지방은 대부분은 민유림으로 편입됐다. 하지만 산이 험해 주민이 거의 살지 않았던 함경남북도의 국유림 비율은 60%가 넘었다. 특히 두만강과 압록강 유역의 삼림은 대부분 국유림이 됐다. 이는 후일 조선총독부가 재정 수입 확대를 위해 대규모 벌채를 하는 근거가 된다. 다만 산 주인이 확정된 건 일부에게는 큰 불만이었다. 그동안 아무 산이나 가서 나무를 벨 수 있었지만 그럴 수가 없게 되면서 다툼이 잦았다. 임목축적 등 산림에 대한 정확한 통계가 확보된 건 1927년이다. 임목축적은 1ha(3천 평) 안에서 나무가 차지하는 부피를 말한다. 당시 단위로는 1정보다. 1927년 평균 임목축적은 16.7㎥/ha였다. 그러나 임목축적은 1938년 13.8㎥/ha, 1943년 13㎥/ha로 떨어졌다. 중일전쟁으로 목재 수요가 늘고 조림사업을 위한 재원 마련을 위해 압록강과 두만강 유역에서 대규모 벌채를 했기 때문이다. 다만 조림지는 1927년 9만 3322ha에서 1943년 20만 3970ha로 두 배가량 증가했다.

한국의 산림은 1945년 해방과 6·25전쟁을 거치면서 더 악화됐다.

치안이 제대로 유지되지 않는 틈을 타 전국에서 나무를 함부로 자르고 훔치는 남벌과 도벌이 성행했다. 해방 전인 1943년 무렵목지는 30.7%였지만 6·25전쟁 중이던 1951년 51%로 약 20% 늘었다. 남한보다 삼림 상황이 좋았던 북한지역 통계가 빠지기는 했지만 해방 전보다 심각하게 훼손된 게 사실이다. 6·25전쟁이 끝난 1953년 임목축적은 5.6㎥/ha로 통계 작성 이래 가장 낮았다.

이는 해방 후 8년 동안 나무를 베기만 하고 아무도 심지 않았다는 뜻이다. 심각성을 인식한 이승만은 1951년 산림보호임시조치법을 제정해 벌채를 금지했다. 또 연료를 나무에서 석탄으로 바꾸려고 탄광개발을 하고, 1955년 12월 영주-철암 등 철도건설을 서둘렀다. 그러나 큰 효과는 없었다. 1960년 4·19로 이승만 정권이 무너졌다. 그해 임목축적은 9㎥/ha였다.

박정희, 20세기의 기적 산림녹화와 숲의 명예전당 1호

5·16으로 정권을 잡은 박정희는 산림훼손을 더 이상 방치할 수 없다고 보고 강력한 대책을 마련했다. 1961년부터 1972년까지 각종 법률과 행정조직 정비가 중점적으로 이뤄졌다. 1961년 임산물 단속법을 제정해 무허가 벌채와 산림훼손, 부정 임산물 유통을 엄중히 단속했다. 12월 건국 이래 처음으로 산림법을 제정했다. 그때까지 한국은 1911년 조선총독부가 제정한 삼림령을 쓰고 있었다. 산림법에는 산림보호와 산림계, 산림조합 등 산림을 보호하고 육성하는 다양한 제

　K-민국 이승만 박정희 김대중

도가 담겼다. 1962년에는 사방사업법이 제정됐다. 사방사업은 산에서 토사가 유실되거나 붕괴하는 것을 예방하기 위한 것으로 산림녹화를 위해 가장 먼저 할 일이었다. 산 소유주가 사방사업을 거부할 수 없도록 강제 규정이 들어갔다. 1963년에는 '녹화촉진에 관한 임시조치법'이 제정됐다. 이 법은 국토녹화사업을 할 때 산림계원, 군인, 공무원, 학생, 공공단체 종사자에게 나무를 심도록 강제할 수 있는 법이었다. 박정희는 산림녹화를 효율적으로 추진하기 위해 1967년 농림부 산하였던 산림국을 산림청으로 확대 개편했다. 이로써 산림보호 및 조림사업을 강력히 추진하기 위한 행정기구가 갖춰졌다.

박정희는 1967년 역사 이래 가장 넓은 면적인 45만 5천ha에 나무를 심는 등 1961년부터 1971년까지 전체 산림 면적의 25%인 171만ha에 나무를 심었다. 하지만 생각만큼 숲은 빨리 푸르러지지 않았다. 무언가 더 특별한 조치가 필요했다. 박정희는 1973년 1월 내무부(현 행정안전부) 국정보고에서 농림부 소속인 산림청을 내무부로 이관할 것을 지시했다. 당시 농림부는 최대 현안인 식량 증산에 매진하고 있어서 산림녹화는 항상 정책의 2순위였다.

더구나 농림부 소속인 산림청은 내무부 소속 시도 산하 산림과나 산림계를 지휘할 수 없어 행정력을 발휘하기 어려웠다. 3월 산림청이 농림부에서 내무부로 이관되면서 본격적으로 내무부의 지방행정조직과 예산이 투입됐다. 각 시도 산림과는 산림국으로 개편돼 힘이 세졌고, 산림녹화에 이바지한 공무원에게 승진 유인책을 부여했다. 산림직 공무원도 승진해서 시장, 군수가 된다고 하자 공무원이 적극적으로 움직이기 시작했다. 나무가 잘 자라는지 확인하는 검목(檢木)도 체계화됐다. 시·군·구가 1차로 나무가 뿌리를 내렸는지 확인하고 2차로 각 시도와 산림청이 다시 확인했다. 내무부는 새마을운동 차원에서 강력한 국민 식수 운동을 벌였고, 내무부 산하 시군구, 그리고 경찰이 함께 대대적인 입산 및 도벌 단속을 벌였다. 마침내 식민지 시절부터 근절되지 않았던 도벌(盜伐)이 없어졌다.

경기도 포천 국립수목원 숲의 명예의 전당 전경. 2001년 산림청은 숲의 명예전당을 만들고 국토녹화사업에 큰 공을 세운 사람을 헌정했다. 숲의 명예전당 1호는 박정희다. 왼쪽 첫 번째 박정희를 시작으로 현신규 박사, 임종국 조림가 등이 순서대로 얼굴 부조와 헌정 이유가 부착돼 있다.

K-민국 이승만 박정희 김대중

산림을 복구하기 위해서는 산에 불을 질러 밭을 일구는 화전(火田)은 반드시 금지해야 했다. 1969년 조사에서 화전으로 생활하는 사람은 13만 6천 가구, 면적은 4만 6천ha나 됐다. 하지만 생활이 곤궁한 산촌 사람들을 산에서 내려오게 하는 건 결코 쉬운 일이 아니었다. '화전정리법'이 제정된 건 1966년이지만 성과는 지지부진했다. 화전이 정리된 건 산림청이 내무부 소속으로 전환되고 대대적으로 행동에 나서면서다. 1973년 박정희는 화전을 정리하라는 특별지시를 다시 내렸다. 화전정리 5개년 계획은 산림청이 수립했지만 실제 집행은 전국 행정을 책임진 내무부가 맡았다. 내무부는 화전민들에게 축산, 잠업, 양봉 등 전업대책을 마련하고 주택 지원 및 취업, 자녀 교육까지 챙겼다. 그러자 화전민들이 화전을 중단하기 시작했다. 1978년까지 30만 796가구가 화전을 그만뒀고, 그들이 내려온 땅에는 나무를 심었다. 화전민이 떠난 자리는 거대한 숲으로 변모했다.

박정희는 산림을 통해 경제적 이익을 얻는 게 장기적으로 산림을 보호하는 길이라고 생각했다. 이를 위해서는 산림의 70% 이상을 소유하고 있는 산주(山主)들의 동참이 중요했다. 1973년 2월 6일 나무에 대한 소유권을 인정하고 등기를 할 수 있도록 한 '입목에 관한 법률'이 제정됐다. 산주(山主)가 나무를 담보로 대출받아 산림경영을 할 수 있는 길이 열렸다. 또 산주대회를 개최해 조림왕을 선정하고 포상하자 숲을 잘 가꿔 사회적으로 인정받는 독림가(篤林家)라는 말이 나올 정도로 사기가 높아졌다. 아울러 나무를 더 이상 연료로 쓰지 않도록 석탄 증산에도 각별한 노력을 했다. 탄광을 개발하고 광부들에게 모범 산업전사 표창을 수여하고 특별 사택을 제공하는 것은 물론 태백-제천, 청량리-묵호 간 전철화 등 철도망을 대대적으로 확충했다. 이밖에 건축과 제지 등 산업용 목재 생산을 위해 해외 산림개발을 지원하고 목재 수입 관세를 감면한 것도 국내 산림보호에 큰 도움이 됐다. 또 박정희는 효과적인 산림녹화를 위해 치산녹화계획을 세워 집행했다. 1차 치산녹화계획은 1973년부터 1978년, 2차 계획은 1979년부터 1987년이었다. 2차 치산녹화계획은 박정희가 숨진 후 전두환이 이어받아 수행했다. 제3차 치산녹화계획은 1997년까지 계속됐다.

임목축적을 잴 때는 나무의 가슴 높이 지름이 6㎝ 이상인 나무로 측정한다. 그래서 1~2년생 어린나무를 심으면 10년 동안은 통계에 잡히지 않는다. 박정희가 심은 나무가 통계에 잡히기 시작하면서 임목축적은 빠르게 높아졌다. 1980년 22.2㎥/ha였던 임목축적은 2000년 63.5㎥/ha, 2020년 165㎥/ha로 급증했다. 2020년 임목축적은 역사 이래 가장 최악이었던 1953년과 비교해 29배가 더 많다. 전 국토가 나무가 자라기 힘든 황폐지에서 반세기 만에 푸른 숲으로 바뀐 나라는 세계에서 쉽게 찾기 어렵다. 한국의 산림녹화 성공은 20세기의 기적이다. 2001년 4월 5일 산림청은 경기도 포천 국립수목원에 숲의 명예전당을 만들고 국토녹화와 임업발전에 큰 공을 세운 사람을 헌정하고, 얼굴을 부조(浮彫)로 조각하고 헌정 이유를 새겼다. 숲의 명예전당 1호는 박정희다. 부조 아래에는 다음과 같은 내용이 기록되어 있다.

"국가 발전과 민족번영의 근본을 치산치수에서 찾았던 대통령 박정희 일제의 식민지 수탈과 한국전쟁 등으로 헐벗은 국토를 푸르게 만들고자 산림녹화 정책을 일관되게 추진하였고 나무를 심고 가꾸는 국민식수운동을 전개하여 국토녹화를 성공시킴으로써 민족적 자긍심으로 세계에 자랑할 수 있는 계기를 만들어 주었다."(국립수목원 박정희 부조)

박정희 외에도 우리나라 국토 전역에 심을 수 있는 리기테소나무, 이태리포플러, 현사시를 개발한 현신규 박사, 임종국 조림가, 김이만 나무할아버지, 민병갈 천리포수목원장, 최종현 SK그룹 회장, 손수익 제3대 산림청장, 진재량 모범독립가 등 7명이 추가로 숲의 명예의 전당에 헌정됐다. 명예의 전당에 오른 사람들은 대부분 산림녹화 과정에서 박정희와 깊은 인연을 맺었다.

그린벨트, 도시를 숨 쉬게 하다

그린벨트(greenbelt)는 도시팽창을 억제하고 도시 주변 지역의 개발행위를 제한하기 위해 설정된 녹지대다. 1923년 영국에서 버밍햄 지역에 처음 도입됐고, 이후 수도인 런던 주변 10~16㎞에 설정하면서 확대됐다. 영국에 이어 프랑스, 일본, 미국에서도 속속 그린벨트를 도입했다. 우리가 그린벨트 정책을 도입한 건 1971년이다. 우리나라는 1960년대 이후 경제개발로 급속한 산업화와 도시화가 진행되면서 대도시로 인구와 산업이 집중했다. 특히 서울로 집중이 심화돼 매년 30만 명씩 이주했다. 1970년 인구주택총조사 결과 서울의 인구는 543만

198명이었다. 정부는 늘어나는 인구와 난개발로 골치를 썩이고 있었다. 변두리에 즐비한 판자촌은 안양, 의정부, 성남 등 서울 외곽으로 마구 뻗어나가고 있었고, 일부 기업과 부유층에 부동산 투기 열풍이 불었다. 무언가 특별한 대책이 필요했다. 1971년 6월 12일 청와대 대통령 집무실에서 처음으로 그린벨트 설정 지시가 있었다. 중앙일보가 게재한 '실록 박정희 시대'에 이 내용이 있다.

> "박정희는 양택식 서울시장, 김태경 경기도지사, 김용석 건설부 도로국장의 보고를 받았다. 보고 후 도로 재정비 지시를 끝낸 박정희가 배석했던 건설부 국토계획종합담당관 김의원을 쳐다봤다. '김 국장, 그린벨트란 거 있지, 그린벨트' 영어로 Green Belt라고 쓴 박정희는 자신이 금방 스케치한 수도권 도로망 외곽에 두 줄로 띠를 두른 뒤 말을 이었다. '이렇게 한번 빙 둘러쳐 봐. 빨리 계획 짜서 가져와.' 이것이 박정희의 그린벨트와 관련한 첫 지시였다." (실록 박정희 시대/1997. 9. 25. 중앙일보)

건설부가 최초 마련한 시안에는 서울 북부 창릉천 주변은 빠져 있었다. 이를 본 박정희가 다시 설정할 것을 지시했다. 그는 도시 문제 해결과 함께 안보적 측면을 고려했다. "참 답답한 친구들이네, 남북이 다시 맞붙어 불행히도 우리가 서울까지 후퇴했다고 치자. 그러면 (인민군) 2, 3개 사단을 이 계곡에 몰아넣고 북한산에서 공격하면 섬멸시킬 수 있단 말이야. 그러니까 여기에 시가지를 조성하면 안 돼." 건설부는 7월 30일 우리 역사상 처음으로 서울 세종로에서 반경 15㎞의 원형을 따라 도넛 모양의 폭 2~10㎞에 영구 차단 녹지를 지정했다.

이어 1977년 4월 18일 전남 여천까지 총 8차례에 걸쳐 전 국토의 5.4%인 5379㎢가 그린벨트로 지정됐다. 그린벨트는 쉽게 건드리기 어려운 성역이었다. 박정희는 그린벨트 관리규정을 결재할 때 겉표지에 "건설부장관이 개정할 수 있으되 개정 시에는 반드시 대통령의 결재를 득(得)할 것."이라고 써놓았다. 주무장관이었던 태완선 당시 건설부 장관조차도 선친으로부터 물려받은 서울 남태령고개 부근 임야 5천 평이 그린벨트에 묶여 재산권을 행사할 수 없었다. 그린벨트는 인구집중과 산업개발 등 도시화에 따른 산림파괴를 막고 녹지를 지키기 위한 극약 처방이었다. 현재 대도시 주변에 시민들이 숨 쉴 공간이 있는 건 박정희의 이런 선견지명이 있었기 때문이다. 그린벨트를 설정함으로써 무분별한 개발을 막고 도시 외곽지역에 녹지공간을 보존할 수 있었다.

김대중의 '그린벨트 선언'

개발제한구역은 1997년 이후 커다란 변화를 겪게 된다. 그린벨트는 대도시가 무제한으로 팽창하는 것을 막았지만 사유재산을 제한해 그린벨트 안에 사는 주민들의 반발이 컸다. 실제로 20년이 넘게 개발이 금지돼 낙후된 주택에서 살아야 하는 주민들의 불편이 큰 것도 사실이었다. 주민들은 지속적으로 그린벨트 해제나 보상, 규제 완화를 요구했다. 1997년 대선에서 그린벨트 해제를 공약으로 내놓은 김대중은 선거에 승리하자 구역조정에 착수했다. IMF 외환위기 후 서민층의 주거 안정, 그리고 외국인 투자 유치를 위해서도 그린벨트 조정은 필요했다. 하지만 1998년 11월 한국갤럽 조사에서 그린벨트를 현재 상태로 유지하거나 확대하자는 사람이 62.8%나 되는 등 국민의 여론은 좋지 않았다. 그린벨트 안에 사는 사람들의 불만과 일반 국민 간 조정이 필요했다. 1999년 7월 22일 마침내 개발제한구역제도 개선방안, 이른바 그린벨트 선언이 나왔다. 환경적 가치 등을 고려해 그린벨트 지역을 5개 등급으로 나눴다. 1~2등급은 보전지역, 3등급은 도시여건에 따라 보전 또는 도시용지로 활용하고 4~5등급은 도시용지로 바꾸기로 했다. 이를 근거로 평가한 결과 상위 1~2등급 보전지역이 전체의 60%를 차지했다. 또 개발제한구역을 해제하더라도 보전 가치가 높은 곳은 보전녹지로 지정하는 보완책을 마련했다.

김대중은 이를 토대로 782㎢의 그린벨트를 풀었다. 도시 주변 환경훼손 우려가 적다고 본 제주, 춘천, 청주, 여수, 전주, 진주, 충무권은 전면 해제하고, 환경관리 필요성이 큰 수도권, 부산권, 대구권, 광주권, 울산권, 마산·창원·진해권은 광역도시계획을 세워 부분 조정했다. 김대중 이후 모든 정권이 집값 안정 등을 이유로 그린벨트를 풀었다. 노무현은 654㎢, 이명박은 서울 강남·강동권 약 5㎢를 포함해 총 88㎢, 박근혜는 중산층 주거 단지인 '뉴스테이' 사업을 진행하면서 총 32.8㎢를 해제했다. 문재인도 고양 창릉지구 건설, 태릉 육사 골프장 등 주택건설을 목적으로 다수의 그린벨트를 해제했다. 윤석열도

K-민국 이승만 박정희 김대중

경기 용인에 세계 최대 '시스템반도체 클러스터' 구축 등 전국 15곳에 4076만㎡ 규모의 국가산업단지를 조성하기로 하고 농지와 개발제한구역 규제를 풀기로 했다.

그린벨트를 유지하는 건 쉬운 일이 아니다. 일본은 우리보다 13년 빠른 1958년 영국의 대런던계획을 모델로 도쿄 외곽에 폭 10㎞의 녹지대를 설정했지만 인구가 늘고 개발 압력이 가중되자 이를 모두 풀었다. 현재 우리나라 국민 중 도시에서 사는 비율은 90%에 달한다. 그동안 많은 정권이 그린벨트의 기능을 긍정평가하면서도 그린벨트를 허물어 집을 공급해야 한다는 유혹에서 벗어날 수 없었다. 이는 개발압력을 피하기 쉽지 않다는 뜻이다. 1977년 5379㎢였던 그린벨트는 2020년 7월 기준 3837㎢로 줄었다. 당초 그린벨트로 지정됐던 면적의 약 30%가 해제됐다. 하지만 현재 도시화가 진행된 곳을 제외한 주요 녹지대는 여전히 그린벨트로 관리되고 있다. 김대중 시대에 마련된 그린벨트 내 1~2등급 보전지역 지정은 개발압력을 낮추는 기준이 됐다. 이 기준이 없었다면 서울 남부 등 수도권 일대 낮은 산지들은 모두 개발됐을 가능성이 높다.

새마을운동과 박정희의 '할 수 있다'

이승만의 농지개혁으로 농민들은 자기 땅을 갖게 됐지만 6·25전쟁을 겪은 한국 농촌의 사정은 어려웠다. 농민들은 분배받은 농지 대금으로 수확한 쌀이나 보리를 국가에 내야 했고, 임시토지수득세, 수십

종의 잡부금도 부담이었다. 더구나 1950년대 중반 미국의 잉여농산물 원조는 한국 경제에는 도움이 됐지만 농산물 판로가 줄어든 농촌에는 악재가 됐다. 농촌 경제가 피폐해지면서 농가 부채는 1956년부터 1959년까지 약 50% 상승했다. 당시 보리가 수확되기 전인 4월 무렵 식량사정이 극히 어려워지는 보릿고개라는 말이 농촌에서 일상적일 정도로 상황은 나빴다. 1961년 5·16으로 정권을 잡은 박정희는 국민의 배를 굶지 않겠다고 약속하고 강력한 경제개발 정책을 시행했다. 울산에 석유화학단지, 포항에 제철소가 건설됐고, 경부고속도로와 소양강댐 등 국토개발도 가속화됐다.

경북 청도 새마을운동 발상지에 세워진 박정희 동상과 오른쪽에 재현된 청도역사 전경. 박정희는 1969년 8월 경상도 지역 수해복구 현장을 방문 중이었다. 주민들이 협심해서 작업을 하는 걸 보고 새마을운동을 구상했다.

K-민국 이승만 박정희 김대중

그러나 산업화가 빠르게 진행되면서 농촌의 발전은 상대적으로 더 뎠다. 도시와 농촌 균형발전의 시급한 현안이었다.

1969년 8월 박정희는 경상도 지역 수해복구 현장을 살피기 위해 기차를 타고 부산으로 향했다. 그러다가 철길 옆에 있는 경북 청도군 신도1리 사람들이 함께 수해복구를 하는 걸 봤다. 이들은 기왕 하는 김에 힘을 합쳐 살기 좋은 마을을 만들자며 자발적으로 일하고 있었다. 말끔하게 개량된 지붕과 잘 닦인 마을 길도 주민들이 함께 조성한 것이었다. 이를 본 박정희는 큰 감동을 받았다. 1970년 4월 22일 박정희는 전국지방장관회의에서 신도마을의 사례를 소개하며 "하늘은 스스로 돕는 자를 돕습니다. 농민들이 자발적으로 나서서 4000년 묵은 가난을 몰아내도록 의욕을 불러일으켜야 합니다. 먼저 농촌의 생활환경을 바꾸는 새마을을 가꾸는 사업부터 벌여봅시다."라고 말했다. 이렇게 시작된 새마을운동은 농촌 근대화 운동이었다. 생활환경 및 위생 개선, 지역사회개발과 농촌 경제 발전을 위한 인프라 구축, 소득 증대 사업 등 다방면에 걸쳐 개발이 진행됐다. 박정희를 정점으로 내무부, 시군구 그리고 마을로 이어지는 체계가 확립됐다. 박정희는 1973년 11월 22일 전국 새마을지도자 대회 유시에서 새마을운동을 이렇게 정리했다.

"새마을운동이란 무엇이냐, 쉽게 말하여 잘살기 운동이라고 풀이했습니다. '서로 협동하여 서로서로 도와서 땀 흘려가면서 나도 잘살고, 우리 이웃도 잘살고, 우리 고장도 잘살고, 우리나

라도 잘사는 것이다', 이렇게 나는 강조했습니다. 우리 세대뿐
만 아니라 우리 후손들에게 자랑스러운 유산을 물려줄 수 있는
부강한 나라, 살기 좋은 나라 만들어서 자손들에게 물려주는
것, 이것이 참되게 잘 사는 것입니다."

박정희는 근면(勤勉), 자조(自助), 협동(協動)이라는 새마을정신을
만들어 독려했다. 개인·마을·국가에 각각의 책임을 강조하고, 정부
가 돕는 방식이었다. 이 가운데 핵심은 "우리도 할 수 있다.", "하늘은
스스로 돕는 자를 돕는다."는 자조(自助)다. 자조는 '남의 탓'이 아니
라 '내 탓'을 강조한다. 비가 오지 않으면 하늘 탓을 하기보다는 우물
을 파는 게 자조였다.

새마을운동은 1979년 박정희 사후 해체 위기를 맞는다. 그러나 국
내에서 철퇴를 맞은 새마을운동은 아이러니하게도 외부의 도움으로
되살아났다. 유엔은 새마을운동을 농촌 소득증대와 더불어 주민의
의식개혁, 역량개발 및 의사결정 권리까지 포괄하는 농촌사회 전반에
걸친 개혁운동으로 판단했다. 유엔 아시아태평양지역 경제사회이사
회는 2000년 제57차 총회에서 새마을운동을 농촌지역 개발모델로 채
택했다. 이어 세계의 교육, 과학, 문화 보급과 교류를 위해 설립된 유
엔 전문기구인 유네스코(UNESCO)는 2013년 6월 약 2만 2000여 건의
새마을운동 관련 기록을 세계기록유산으로 등재했다. 유네스코는 새
마을운동을 주민 스스로 촌락 개발방안을 만들고 농가 소득을 끌어올
린 공동체 운동으로 평가하고, 새마을운동 과정에서 생산된 연설문과

결재문서, 성공사례 원고와 편지 등을 모두 기록물로 지정했다.

유엔개발계획(UNDP)은 2014년 새마을운동을 개발도상국의 빈곤 탈피와 농촌개발을 위한 협력모델로 삼았다. 유엔개발계획은 개발도 상국에 대한 유엔의 개발 원조계획을 정하는 곳이다. 이에 따라 새마을운동은 캄보디아, 라오스, 네팔 등 아시아 국가, 콩고, 가나 등 아프리카 여러 나라에 보급됐다. 새마을운동이 외국으로 퍼져나가면서 70여 개 나라 2천여 명이 새마을연수원에서 정규교육을 받았고, 160여 나라 4만여 명이 견학했다. 새마을운동은 사업을 진행하는 과정에서 유신체제 지지기반 마련이라는 정치적 목적이 가미된 것도 사실이었다. 그러나 새마을운동은 현재 시작된 지 53년이 넘도록 명맥을 유지하고 있다. 많은 사람이 새마을운동이 단순한 관제(官制)운동이었다면 박정희가 숨진 후 2~3년, 반관반민(半官半民)이었다면 5~10년 안에 소멸했을 것이라고 한다. 이는 새마을운동이 박정희의 일방적인 관제운동이 아니었다는 걸 의미한다.

빨리빨리로 바뀐 한국인 유전자

구한말 조선을 방문한 외국인의 방문기를 보면 한국 국민은 대단히 게으른 것으로 묘사돼 있다. 영국 왕립지리학회 소속 이사벨라 버드 비숍은 1894~1897년 4차례 조선에 와서 말을 타고 전국을 돌아보고 《한국과 그 이웃 나라들(Korea and her Neighbours)》이란 책을 출간했다. 그녀는 '조선인들은 잘생기고 힘이 세며 대단히 명민하고 똑똑한 민족인데도 불구하고 왜 그렇게 게으르고 더럽고 가난하고 무기력하게 살아가는 걸까?'라고 생각했다. 의문은 두만강 너머 러시아 연해주 땅에 정착한 풍요롭고 근면한 조선인 마을을 보고 풀렸다. 상대적으로 착취가 없는 곳에서 사는 조선인들은 대단히 근면했다. 비숍은 "나라 지도층은 자신들의 측근과 친척, 친구 부양을 위해 할 일이 없는데도 새로운 관직을 계속 만들어 내 국고를 축냈으며, 이들 '기생충' 관료들은 흡혈귀처럼 인구 5분의 4인 하층민 평민계급의 피를 빨아먹었다."라고 주장했다.

　조선시대는 전형적인 반상(班常) 계급사회였다. 지배계층은 백성들이 잠재력을 발휘할까 두려워 제대로 교육도 하지 않았다. 대부분 백성은 글자를 모르는 문맹으로 평생을 살아야 했다. 이런 계급사회에서는 개개인이 가진 능력과 창의력이 제대로 발휘될 수 없었다. 박정희는 새마을운동을 하면서 철저하게 좋은 성과에 더 인센티브를 주고 나쁜 성과에는 벌을 주는 성과보상주의를 택했다. 주민들의 자발적인 참여와 주도로 좋은 성과를 낸 마을은 시멘트 등 각종 지원을 더 많이 주고 성과가 부진한 마을은 지원에서 배제해 경쟁심을 유발했다. 그러자 주민들은 함께 초가지붕을 걷고 하천을 정비했고, 마을별로 유망한 소득사업은 무엇인지 고민했다. 또 박정희는 새마을운동을 통해 한국인의 빨리빨리 유전자를 깨웠다. 박정희가 작곡해 보급한 '새마을노래'는 "1절: 새벽종이 울렸네 새 아침이 밝았네! 너도나도 일어나 새 마을을 가꾸세 /2절: 초가집도 없애고 마을길도 넓히고 푸른 동산 만들어 알뜰살뜰 다듬세/ 후렴: 살기 좋은 내 마을 우리 힘으로 만드세"라는 가사로 되어 있다. 가사에는 '새벽종', '새 아침', '새 마을', '일어나'처럼 빨리 일어나 움직이게 하는 단어가 수두룩하다.

성과보상주의와 빨리빨리가 결합하자 서로 잘하려는 경쟁이 붙었다. 1970년대 중반 새마을운동은 농촌을 넘어 공장과 학교, 도시로 확산했다. 수출을 잘하는 기업에 인센티브를 주자 더 많은 기업이 경쟁하고 노력하면서 전체 파이가 커졌다. 박정희가 '빨리빨리'와 '성과보상주의'를 통해 수백 년간 잠자고 있던 한국인의 정신을 일깨우자 한국인은 세계에서 가장 부지런하고 역동적인 국민이 됐다. 현재 한국인을 상징하는 대표적인 단어가 '빨리빨리'다. 그러나 같은 민족이지만 북한은 세계에서 가장 생산성이 낮은 곳으로 남아 있다. 조선 말 북한의 향촌사회가 남한보다 훨씬 평등했던 것과 비교하면 상황이 더 나빠진 것이다. 마치 구한말 조선을 방문했던 비숍 여사가 조선을 게으르고 더럽고 가난하고 무기력은 곳이라고 묘사한 것과 비슷하다. 그렇지만 북한에서 살던 사람도 탈북해서 한국에 오면 저절로 빨리빨리 민족으로 바뀐다. 박정희의 성과보상주의는 조선 500여 년, 일제 식민지 35년 동안 억눌렸던 국민을 일으켜 세운 시발점이 됐다. 새마을운동은 한민족의 유전자를 바꾼 정신계발이자 혁명운동이었다.

3장

이승만, 박정희, 김대중의 화해

이승만과 박정희, 김대중은 사는 동안 가까운 관계는 아니었다. 이승만은 박정희가 남로당에 연루됐고 부산정치 파동 당시 반정프로젝트 당사자 중 한 명이었던 것을 알았음에도 조선경비사관학교 동기 중 처음으로 소장으로 승진시켰다. 박정희는 이승만의 통치 방식을 지지하지 않았다. 하지만 박정희는 이승만이 건국의 지도자라는 걸 잊지 않았다. 대한민국 현대사에서 건국은 굉장히 중요한 의미가 있다. 박정희는 이승만 장례식 조사에서 3차례에 걸쳐 이승만을 건국 대통령, 건국인이라 부르며 예우했다. 박정희와 김대중은 1971년 대통령 선거에서 맞붙은 후 정적이 됐다. 김대중은 박정희를 독재자라고 부르며 유신체제를 비판하다 일본에서 납치돼 국내로 끌려왔고, 1976년 3.1절 구국선언 후에는 감옥에 갇혔다. 그러나 김대중은 박정희가 한국 경제를 발전시킨 공로자라는 걸 인정했다. 그는 1997년 대선공약으로 박정희도서관 건립을 약속했고 22년 만인 2019년 약속을 지켰다. 두 사람의 화해는 박정희의 딸 박근혜를 통해 간접적으로 이뤄졌다. 2004년 김대중을 찾은 박근혜는 부친의 과오에 대해 사과했다. 박정희와 김대중은 대한민국의 역사를 상징하는 서울현충원에 사실상 가장 가까운 이웃으로 묻혀 있다.

조선경비사관학교(육사) 2기 첫 소장 진급자 박정희

이승만은 군 통수권자였고, 박정희는 그의 지휘를 받는 군인이었다. 나이나 경력으로 볼 때 박정희는 이승만의 적수가 될 수 없었다. 그래서였는지 박정희에 대해 특별하게 언급한 기록은 없고, 1955년 11월 3일자 대한뉴스에 이승만이 강원도 인제 5사단을 방문해 사단장 박정희를 격려하는 영상만 확인할 수 있다. 그렇다고 해서 이승만이 박정희의 존재를 가볍게 생각한 것은 아니었을 것이다. 박정희는 1952년 부산정치파동 당시 이승만을 몰아내려던 이른바 '반정(反正)' 프로젝트의 주역이었다. 육본 작전차장이었던 박정희는 육군참모총장 이종찬, 육본 작전국장 이용문을 도와 병력동원 계획을 수립했다. 앞서 박정희는 1948년 말 남로당에 연루된 혐의로 체포돼 사형 판결을 받았다가 극적으로 목숨을 건진 적이 있다. 이승만 경호책임자였던 박영주 경무관은 이를 이유로 박정희를 소장 진급 대상에서 누락시키려 했다. 그러자 육군대학 총장 이종찬, 국방부 장관 김정렬 등이 박정희를 적극 엄호했다. 이승만은 박정희가 자신에 반기를 든 것은 물론 남로당 전력이 있는 것을 알았음에도 능력을 보고 승진시키는 걸 주저하지 않았다. 이승만은 박정희를 소장으로 승진시켰고, 이는 조선경비사관학교 2기 동기 중 가장 빠른 것이었다.

'건국(建國)'이 3번 들어간 박정희의 이승만 추모사

건국이라는 용어는 우리나라 현대사에서 아주 중요한 의미가 있다.

좌파·운동권 출신 들은 대체로 남한 단독정부 수립을 주장했던 이승만을 분단의 원흉으로 본다. 따라서 이승만을 건국대통령으로 인정하지 않는 것은 물론 건국이라는 단어에 대해서도 부정적이다. 2012년 진보성향 역사단체 민족문제연구소는 4·9통일평화재단의 지원받아 다큐 '백년전쟁'을 만들었다. '두 얼굴의 이승만' 2편, 박정희 편인 '프레이저 보고서' 2편 등 총 4편으로 제작됐고, 시민방송에서 2013년 1~3월간 총 55차례 방영했다. 제목인 '백 년'은 일본에 강제 병합된 1910년부터 다큐가 제작된 2011년까지의 기간이다. 핵심은 대한민국은 지금까지 외세에 영합하는 세력과 자주독립을 하려는 세력이 싸우고 있다는 것이다.

백년전쟁에서 이승만은 광복 후 미군정과 함께 친일파 척결에 반대했고 일제 때 다른 독립운동가와 마찰을 일으켰다는 이유로 친일파이자 기회주의자로 나온다. 그의 독립운동도 사적 권력욕을 채우기 위한 것으로 봤다. 좌파의 이런 시각은 2023년 5월 박민식 국가보훈부장관 후보자 인사청문회에서도 표출됐다. 진보당 강성희 의원은 이승만기념관 건립을 추진하겠다는 박민식 후보자에게 "이승만은 내란목적 살인죄를 저지른 범죄자로 내란죄의 수괴를 민주공화국에서 기념하는 것은 용납할 수 없다"고 반대했다.

1945년 8월 15일 우리가 일본 식민지배에서 해방됐지만 우리 손으로 만든 정부가 출범하기까지는 3년의 미군정을 거쳐야 했다. 1948년 8월 15일 대한민국 정부가 출범한 게 진정한 독립국가의 출발이었다.

그러나 국민 대부분은 8월 15일을 광복절로만 알지 대한민국 정부가 수립된 날이라는 건 기억하지 못한다. 1989년 정부는 임시정부 수립일인 1919년 4월 11일을 대한민국 기념일로 지정했다. 그후 역대 정부에서는 임시정부 수립일을 성대하게 기념했다. 그러는 사이 8월 15일이 대한민국 정부 수립일이라는 사실은 사라져 갔다. 물론 3·1운동의 정신, 임시정부의 법통과 역사적 의미를 기린다는 점에서 임시정부를 기념하는 의미는 적지 않다. 그러나 그 이면에는 남한 단독정부 수립은 잘못이라는 생각, 또 이를 주도한 이승만에 대한 부정적 시각이 깔려 있는 게 사실이다. 그래서 좌파는 물론 자칭 보수 정치인들도 이승만을 건국대통령이라고 부르는 것을 꺼리는 경향이 있다.

이승만의 시신을 실은 미 공군기가 1965년 7월 23일 도착했다. 박정희는 이날 국회의장 이효상, 대법원장 조진만, 국무총리 정일권 등 3부요인을 대동하고 김포공항에서 이승만 박사의 유해를 영접했다. 영결식에서 박정희는 이승만을 건국대통령이라 부르는 등 건국이란 단어를 세 차례 사용했다. (출처: e영상역사관)

그러나 박정희는 집권 후 김구를 민족의 영웅으로 되살리는 등 국정 전반에 걸쳐 이승만의 흔적을 지웠지만 나라를 세운 독립투사이자, 건국대통령이라는 점은 잊지 않았다. 1960년 7월 19일 하와이에서 사망한 이승만의 시신이 7월 23일 미 공군 수송기를 통해 국내로 운구됐다. 이날 박정희는 국회의장 이효상, 대법원장 조진만, 국무총리 정일권 등 3부요인과 함께 김포공항에 직접 나가 이승만을 맞았다. 이어 7월 27일 서울 정동교회에서 이승만 영결식이 거행됐다. 이날 국무총리 정일권이 대독한 박정희 추모사에는 '초대 건국대통령', '건국인' 등 건국이라는 단어가 3번 나온다. 박정희는 자신의 이름으로 된 추모사가 역사적으로 어떤 의미가 있는지 잘 알았다. 그는 수려하고 격조 높은 문장으로 이승만을 독립과 건국의 선구자, 건국대통령이라고 명확하게 썼다.

"조국 독립운동의 원동이요, 초대 건국대통령이신 고 우남 리승만 박사 영전에 정성껏 분향하고 건숙(虔肅/정숙하고 엄숙)한 마음으로 삼가 조의를 드립니다. 일찍이 대한제국의 국운이 기울어가는 것을 보고 용감히 뛰쳐나가서 조국의 개화와 반제국주의투쟁을 감행하던 날, 몸을 철쇄로 묶고 발길을 형극(荊棘/가시나무)으로 가로막던 것은 오히려 선구자만이 누릴 수 있는 영광의 특전이었던 것입니다. (중략) 마침내 70노구로 광복된 조국에 돌아와 분단된 국토 위에서 안으로는 사상의 혼란과 밖으로는 국제의 알력 속에서도 만난(萬難/온갖 어려움)을 헤치고 새 나라를 세워 민족과 국가의 방향을 제시하여 민주한국독립사의 제1장을 장식한 것이야말로 오직 건국인만이 기록할 수 있는 불후의 금문자였던 것입니다.

이같이 박사께서는 선구자로 혁명아로 건국인으로 조국의 개화, 조국의 독립, 또 조국의 발전만을 위하여 온갖 노역을 즐거움으로 여겼고, 또 헌신의 성과를 스스로 거두었던 것입니다. 평생 견지하신 민족정기에 입각하여 항일반공의 뚜렷한 정치노선을 신조로 부동자세를 취해 왔거니와, 그것은 어디까지나 박사의 국가적 경륜이었고 그중에서도 평화선의 설정, 반공포로의 석방 등은 세계를 놀라게 한 정치적 과단력의 역사적 발휘였던 것입니다." (우남 이승만 박사 서거에 대한 조사/대통령기록관)

박정희의 혁명 동지였던 김종필 전 총리도 중앙일보와의 대담에서 박정희가 이승만을 건국의 아버지라고 생각했다고 밝혔다.

"세간에 '박정희 대통령이 이승만 박사의 환국을 막았다'는 얘기들이 있는데 이는 과장됐거나 잘못이다. 박 의장은 그와 반대로 이 박사의 환국을 원했고 추진했다. 그때 정부 내부뿐 아니라 4·19 세력과 언론 등에서도 이 박사의 귀국을 반대하는 의견이 강했지만 박 의장과 나는 그렇지 않았다. 박 의장은 우남 이승만 박사를 건국의 아버지로 생각했다. 적당한 때에 이 대통령을 서울로 모실 생각을 하고 있었다. 그때가 1962년 말

이었다."(김종필 증언록/2015. 7. 17. 중앙일보)

다만 박정희는 4·19의 도화선이 된 3·15 부정선거에 대해서는 비판적이었다. 박정희는 추모사 마지막에 "이른바 정치적 과오로 인하여 살아서 역사의 비판을 받았던 그 쓰라린 기록이야말로 박사의 현명을 어지럽게 한 간신배들의 가증한 소치였을 망정 일생에 씻지 못한 오점이 되었던 것을 통탄하는 바."라며 그의 마지막을 아쉬워했다.

김대중에게 사과한 박정희의 딸 박근혜

박정희와 김대중은 평생 반대진영에서 살았다. 두 사람이 처음 접촉한 건 1958년 5월 4대 총선 강원도 인제 국회의원 선거다. 당시 선관위의 투표 방해로 출마가 무산된 김대중이 7사단장이었던 박정희를 찾아가 억울함을 호소하려고 했지만 박정희가 자리에 없어 만나지 못했다. 그다음은 1961년 5월이다. 5월 13일 인제 보궐 선거에서 처음으로 국회의원이 된 김대중이 16일 의기양양하게 군 연락기를 타고 서울로 왔지만 공교롭게도 그날 박정희가 주도한 5·16쿠데타가 성공했다. 박정희는 국회를 해산했고, 김대중은 의원직을 수행할 수 없었다. 그 후 두 사람은 대통령 대 국회의원으로 만나게 된다. 박정희는 군정 최고 책임자인 최고회의 의장을 거쳐 1963년 10월 대통령 선거에서 승리해 5대 대통령이 됐다. 김대중도 같은 해 11월 실시된 6대 총선에서 목포에서 당선됐다. 박정희는 1967년 5월 6대 대통령 선거에서 재선에 성공했고, 김대중도 6월 7대 총선에서 이겼다. 초창기 대통령 박정희와 국회의원 김대중의 관계는 그리 나쁘지 않았다. 2005년 11월 15일 한나라당 대표 박근혜가 방문했을 때 김대중은 이렇게 말했다.

> "1967년 목포 선거에서 이긴 후 청와대 신년하례회에 갔을 때, 박정희 대통령이 너무 반가워하셔서 그 수많은 사람을 제치고 약 7분여 동안 이야기했던 추억, 그리고 육영수 여사가 마치 친동기간처럼 정이 뚝뚝 흐르게 자신을 살갑게 대해 주셨던 이야기를 했습니다."

김대중은 야당 의원치고는 좀 특이했다. 김대중은 박정희의 한일수교와 월남전 파병을 비판했지만 윤보선 등 야당 주류와 달리 무조건 반대한 것은 아니었다. 한일수교와 관련해 김대중은 "경제대국으로 성장한 일본과의 관계 정상화는 국가를 위해 필요한 일."이라며 수교의 불가피성을 인정했다. 월남(베트남)전 파병도 당의 방침에 따라 국회 표결에는 불참했지만 파병 후 박순천, 고흥문, 김상현 의원과 함께 위문대표단의 일원으로 월남에 가 장병들을 격려했다. 1966년 12월 김대중, 이만섭 등 13명이 발의한 '과학기술진흥법'이 국회를 통과했다. 당시 박정희는 한국과학기술연구소(KIST) 설립 등 과학기술 육성을 위해 다각적인 노력을 기울이고 있었다. 1967년 1월 16일 박정희는 '과학기술진흥법'을 공포했다.

서울 김대중도서관 전경이다. 김대중과 박근혜는 2004년 이 곳에서 만났다. 도서관 앞 건물은 김대중·이희호의 집이다. 박정희의 딸 박근혜는 김대중에게 아버지 당시 고초에 대해 사과했다.

하지만 1971년 7대 대통령 선거를 계기로 두 사람은 정적이 된다. 김대중은 1969년 3선 개헌 반대투쟁과 40대 기수론을 내세워 1971년 신민당 대통령 후보가 됐다. 상대는 3선에 도전하는 현직 대통령인 민주공화당의 박정희였다. 박정희는 7.94%p 차이로 승리했지만 김대중의 선전은 박정희에게 위기감을 주기에 충분했다. 박정희는 1973년 10월 17일 "국가안보를 강화하고 지속적인 경제 성장과 평화통일을 위해 필요하다."며 이른바 10월 유신을 선포했다. 비상계엄

선포, 국회 해산, 정당 및 정치활동이 금지됐다. 이어 대통령 중임 제한을 없애고 대통령 권한을 대폭 강화한 유신헌법이 제정됐다.

일본에 있던 김대중은 이 소식을 듣고 박정희를 강하게 비판하며 민주화 투쟁을 시작했다. 1973년 8월 8일 중앙정보부는 일본에서 김대중을 납치해 서울로 압송했다. 국제적 파문이 일면서 5일 후 풀려났지만 자택에 연금됐다. 김대중은 1976년 3월 1일 명동성당에서 박정희 정권을 비판하는 구국선언을 발표한 후 구속돼 징역 5년을 선고받고 수감됐다가 1978년 12월 형집행정지로 풀려났다. 1979년 10월 26일 박정희가 부하의 총격으로 갑자기 숨졌다. 두 사람은 살아서 다시는 만날 수 없었다. 두 사람의 화해는 박정희 맏딸 박근혜를 통해 간접적으로 이뤄진다. 25년 후인 2004년 8월 12일, 당시 제1야당 한나라당 대표였던 박근혜가 김대중을 찾아 사과했다. 김대중은 자신의 자서전에 이런 기록을 남겼다.

"그녀는 거대 야당인 한나라당의 대표였다. 2004년 8월 12일 김대중도서관에서 박 대표를 맞았다. 나는 진심으로 마음을 열어 박 대표의 손을 잡았다. 박 대표는 뜻밖에 아버지 일에 대해서 사과했다. '아버지 시절에 여러 가지로 피해를 당하고 고생하신 데 대해 딸로서 사과 말씀드립니다.' 나는 그 말이 참으로 고마웠다. '세상에 이런 일도 있구나.' 했다. 박정희가 환생하여 내게 화해의 악수를 청하는 것 같아 기뻤다. 사과는 독재자의 딸이 했지만 정작 내가 구원을 받는 것 같았다."

2005년 11월 15일 박근혜가 다시 방문하자 김대중은 "박정희 대통령이 1971년 선거에서 전라도에서 35만 표를 얻어 대선에서 이긴 적이 있다. 선친께서 못하신 지역화합을 위해 일해 달라."며 동서화합을 주문했다. 이에 박근혜는 "전라남도 도청을 최근에 다녀왔으며 지지받지 못했던 지역에서 지지를 얻기 위해 예산 반영 등 꾸준히 관심을 두고 노력하고 있다."고 답했다. 두 사람은 대화를 이어갔다. 당시 친북단체들이 인천 맥아더 장군 동상 철거를 시도하고, 동국대 교수 강정구가 '6·25는 통일전쟁이면서 동시에 내전이었다.'는 글을 쓴 게 사회적 논란이었다. 김대중은 "맥아더 장군 동상 훼손 등으로 몸살을 앓고 있던 한국사회가 반미 등 과격주의로 흐르는 것을 경계하고 한미동맹을 중시해야 한다."고 말했다.

22년 만에 지킨 약속 박정희기념관

1997년 10월 김대중은 박정희의 저서 《국가와 혁명과 나》 재출간 기념식에 참석했다. 이날 김대중은 박정희가 이룩한 성과와 공을 인정했다. "박정희 전 대통령은 국민에게 할 수 있다는 의욕을 불어넣어 세계 11번째 경제대국의 기틀을 닦았다. 설사 잘못이 있더라도 역사에 맡기고 그분의 정신적, 현실적 공로만은 마음에 새기고 높이 평가해야 한다." 김대중은 대선공약으로 박정희기념관 건립을 약속했다. 12월 18일 15대 대선에서 김대중은 박정희의 측근인 김종필 전 총리, 박태준 포항제철 회장의 도움을 받아 대통령이 됐다. 김대중이 박정희기념관 건립을 공식화한 것은 1999년 5월 14일 대구광역시 행정개혁 보고회의 자리에서다.

"나는 어제, 돌아가신 박 전 대통령과 진심으로 화해했습니다. 사실 지난 대선 구미 생가를 방문했을 때는 절반은 화해하고 절반은 표를 의식한 것이었는데 이번에는 진심으로 화해했습니다. 박정희 전 대통령 기념관 지원은 그분을 지지했던 사람이 하는 것보다 지지하지 않고 대결했던 사람이 하는 것이 더욱 의의가 있습니다."

7월 26일 박정희기념사업회가 출범했다. 박정희 시절 경제부총리였던 신현확 전 국무총리가 회장을 맡았고 김대중은 명예회장을 맡았다. 현직 대통령이 명예회장을 맡은 건 말 그대로 사업에 힘을 실어주겠다는 걸 대외적으로 보여 준 것이었다. 여·야 유력인사들이 속속 기념사업회에 참여했다. 당시 집권당 국민회의 실력자인 권노갑 고문, 공동여당인 자민련 김용환 수석부총재, 박정희의 큰딸인 제1야당 한나라당 부총재 박근혜가 부회장을 맡았다. 강몽규 전 새마을운동 회장, 구상 시인 등 박정희와 인연이 있던 사회 원로급 인사가 참여했다. 박정희기념사업회는 박정희기념관 건립과 업적 발굴, 각종 자료의 보전과 전시, 출판사업을 벌이기로 했다. 김대중은 사업회가 기부금 500억 원을 모으면 208억 원의 국고보조금을 지급하기로 했다. 기념사업회는 2001년 박정희도서관 설립 허가를 받았다. 이어 서울시와 서울 상암동 터를 무상 임대받는 대신 건물을 지으면 서울시에 기부채납하고 시설의 절반 이상을 도서관으로 운영한다는 내용의 협약을 체결했다.

2019년 3월 1일 개관한 서울 상암동 박정희대통령기념관·박정희도서관 전경. 박정희기념관은 김대중이 1998년 대선공약으로 약속한 지 22년 만에 완전히 개관했다.

2002년 1월 박정희기념관 공사가 시작됐다. 그러나 12월 19일로 예정된 16대 대선을 앞두고 기업들이 눈치를 봤다. 레임덕에 들어간 김대중은 이빨 빠진 호랑이 신세였다. 민간 기부금 모금액은 108억 원에 불과했다. 대선에서 노무현이 승리하자 박정희를 기념하는 도서관을 국민 세금으로 지어서는 안 된다는 목소리가 나왔다. 노무현 정부는 2005년 3월 "기부금을 조달하지 못하면 보조금 교부를 취소할 수 있다."는 협약을 근거로 국고보조금 지급을 전격 취소했다. 3년간 진행된 공사는 전체 공정의 16%에 불과했다. 기념사업회가 행정소송

K-민국 이승만 박정희 김대중

으로 맞서면서 재판은 지지부진하게 진행됐다. 2007년 12월 대선에서 한나라당 이명박 후보가 승리하자 분위기가 바뀌었다. 2009년 4월 대법원은 "국고보조금 취소는 부당하다."고 판결했다. 기념사업회는 전국경제인연합회 등을 통해 270억 원을 모아 2010년 3월 공사를 재개했고, 2012년 2월 지상 3층, 연면적 5290㎡의 박정희기념관·도서관이 완공됐다.

하지만 2011년 11월 서울시장 재보궐 선거에서 박원순이 당선되면서 다시 제동이 걸렸다. 박정희대통령기념재단은 서울시에 기부채납 의사를 밝혔지만, 서울시는 시민단체의 반발 등을 이유로 서류를 받지 않았다. 서울시는 박정희대통령기념재단에 도서관 부지를 파는 게 낫겠다고 판단해 2014년 매각을 결정했다. 그러자 일부 시민단체들은 "기념재단에 토지를 매각하면 독재 미화 등 재단 측이 편향된 시각으로 도서관을 운영할 것"이라며 거세게 반대했다. 결국 서울시는 계획을 전면 철회했다. 우여곡절 끝에 서울시는 박정희대통령기념재단이 공공도서관 성격의 기념도서관을 지어 서울시에 기부하는 조건으로 상암동 부지를 기념재단에 영구적으로 무상 임대하기로 했다. 마침내 박정희대통령기념재단은 2019년 3월 1일 기념관과 도서관, 어린이를 위한 어깨동무도서관이 들어선 복합시설 박정희기념·도서관을 전면 개관했다. 이로써 1960~1970년대 근대화사업에 관련된 다수의 자료와 박정희 저서, 사진, 영상자료, 생애기록물, 박정희 평전 등이 세상으로 나왔다. 김대중이 1997년 대선에서 박정희기념관 건립을 약속한 지 22년, 그가 숨진 지 10년 만이었다.

서울현충원 이웃사촌 이승만, 박정희, 김대중

　서울 동작동 국립 서울현충원은 대내외적으로 대한민국을 상징하는 곳이다. 누가 대통령이 되든 이곳을 참배한다. 정당에 새 지도부가 출범해도 마찬가지다. 2022년 5월 바이든 대통령, 2023년 5월 기시다 총리처럼 한국을 찾는 외국 정상들도 한국에 대한 예우 차원에서 이곳을 찾는다. 서울현충원의 첫 이름은 국군묘지다. 이승만은 휴전 두 달 후인 1953년 9월 29일 이곳을 국군묘지로 확정했다. 1954년 3월 1일부터 6·25전쟁 때 전사한 군인이 묻혔다. 박정희 정권 시절인 1965년 국군묘지는 '국립묘지'로 승격했다. 이때부터 여기저기 흩어져 있던 순국선열이나 국가유공자 안장이 가능해졌다.

　현재 국립 서울현충원에는 4명의 전직 대통령이 묻혀 있다. 1965년 묘지를 조성한 이승만이 처음으로 '국가원수 묘역'에 묻혔고, 국립묘지로 승격시킨 박정희가 1979년 그 뒤를 따랐다. 이어 2009년 김대중, 2015년 김영삼이 각각 서울현충원에 묻혔다.

　이승만의 묘는 국립현충원 중앙에 있는 관악산 공작봉으로 가는 중간 지점, 왼편 등성이에 있다. 국군묘지가 조성되기 전부터 있던 창빈 안씨(1499~1549)묘 근처다. 창빈 안씨는 조선 11대 왕 중종의 후궁으로 14대 왕 선조의 할머니다. 박정희는 국립현충원에서 가장 높은 공작봉 정상 바로 아래 묻혔다. 국가원수 묘역 중에서 가장 넓다. 김대중의 묘는 공작봉 기슭의 해발 45m 지점, 국가유공자 제1묘역 근처다.

박정희 묘소 방향을 알려주는 이정표. 바로 뒤에 김대
중 묘소 버스 정류장 표지판이 있다. 살아 정적(政敵)이
던 박정희와 김대중은 국립현충원에서 가장 가까운 이
웃이다.

　이승만과 박정희, 김대중의 묘는 가까운 거리에 모여 있다. 살아서
정적(政敵)이던 박정희와 김대중은 국립현충원 내 가장 가까운 이웃
이다. 김대중 묘는 이승만과 100여m, 박정희와 350m가량 떨어져 있
어 직선거리로는 이승만 묘가 가깝지만 빽빽한 나무를 헤치고 산을
넘어갈 수는 없기에 실제로는 차이가 없다.

　박정희 묘와 김대중 묘는 큰 도로로 연결돼 있다. 이를 잘 보여 주
는 게 가로등 이정표와 버스 정류장 표지다. 김대중 묘역 입구 가로등

에는 박정희 묘 방향을 안내하는 직진 표시가 있는 이정표가 부착돼 있고, 바로 뒤에는 '김대중 대통령 묘소' 버스 정류장 표지판이 세워져 있다. 이는 두 사람이 가까이 있음을 잘 알려 준다.

김영삼의 묘는 다른 3명과 한참 떨어진 국립현충원 충혼당 쪽에 있다. 국립현충원 전체로 보면 오른쪽 흑석동 방향이다. 다른 사망한 전직 대통령 중 최규하는 국립 대전현충원, 윤보선은 충남 아산의 해평 윤씨 묘역에 묻혔다. 노무현은 경남 김해 봉하마을, 노태우는 파주시 동화경모공원을 택했다. 전두환은 "북녘땅이 내려다보이는 전방 고지에 백골로라도 남아 통일의 날을 맞고 싶다."는 유언에 따라 경기도 파주 장산리에 안장될 예정이다.

4장

K-민국, 조선에서
대한민국으로

우리는 K-팝, K-뷰티, K-방산처럼 한국이 자랑하거나 경쟁력이 있는 분야에 K를 붙인다. 한국은 분단과 전쟁을 겪은 가난한 나라에서 세계 10대 경제 강국, 민주화된 나라, 이른바 K 문화를 꽃피우는 선진국이다. 이는 세계에 자랑할 수 있는 성공한 역사이자 경쟁력 있는 체제다. 우리 스스로를 K-민국이라 불러도 될 만큼 충분한 자격이 있다. 20대 대통령 윤석열은 2022년 5월 10일 용산 대통령실에서 집무를 시작했다. 대통령이 청와대(경무대)를 떠난 건 1948년 8월 15일부터 2022년 5월 9일까지 73년 8개월 25일 만이다. 언론은 이를 용산시대(龍山時代)의 개막이라 했다. 그럼, 이전 74년은 무슨 시대일까? 초대 이승만부터 19대 문재인까지 역대 대통령은 청와대와 현재는 철거된 중앙청, 정부서울청사 등 광화문 일대에서 국정을 수행했다. 저자는 이를 광화문시대(光化門時代)라 부르고자 한다. 광화문시대는 대한민국 현대사 1기, 용산시대는 현대사 2기의 시작이다. 통상 광화문사거리부터 광화문광장, 광화문까지의 공간을 광화문거리라 부른다. 광화문거리는 대한민국 현대사, K-민국을 상징하는 개선문이다. 하지만 아쉽게도 이곳의 주인공은 여전히 망국(亡國) 조선이다. 이제 광화문거리는 이승만, 박정희, 김대중 등 K-민국의 주역들에게 문을 열어야 한다.

K-민국 이승만 박정희 김대중

천 년 권력의 터 청와대

청와대의 역사가 시작된 건 고려의 11대 왕 문종 때다. 조선을 대표하는 왕이 세종이라면 문종은 474년 고려 역사를 대표하는 왕이다. 문종은 1046년부터 1083년까지 37년간 재임하면서 여진을 격퇴해 국방을 튼튼히 했고, 문화 전반에 걸쳐 큰 발전을 이뤄 동아시아 최고의 문화 황금기를 구현했다. 문종은 1067년 양주(楊州)를 남경(南京)으로 고쳤다. 이어 다음 해에 현 청와대 자리에 신궁(新宮)을 건설했다. 남경에 수도였던 개성 수준의 왕궁을 건설한 사람은 문종의 셋째 아들 15대 숙종이다. 숙종은 조선의 세조와 행적이 비슷한 왕이다. 숙종은 병약했던 조카 헌종에 이어 왕이 된 후 고려의 전성기를 열었다. 문벌 귀족들이 판치는 개성을 떠나고 싶었던 숙종은 1101년 남경개창도감(南京開創都監)을 만들어 궁궐을 짓기 시작했다. 1104년 완공된 궁궐에 숙종은 10여 일을 머물렀다. 숙종 이후 예종, 인종도 남경을 자주 이용했다. 1392년 조선을 세운 태조 이성계는 고려의 귀족이 많은 수도 개경을 떠나고 싶었다. 그는 1394년 남경 남쪽을 새 도읍지로 정했다. 이로써 현재 서울이 탄생했다. 조선의 정(법)궁인 경복궁이 완공되면서 남경은 자연스럽게 경복궁의 후원이 됐다. 조선 초 남경은 신하에게 충성 약속을 받는 회맹(會盟)의 터였다. 왕은 이곳에 공신(功臣) 및 그들의 아들, 손자를 불러 짐승을 잡아 하늘에 제사 지내고, 피를 나누어 마시며 단결(團結)을 맹세했다.

1592년 임진왜란으로 경복궁이 불탔다. 전쟁이 끝난 후 창덕궁이

조선의 정궁이 되면서 경복궁은 270년이 넘도록 빈 땅이 됐다. 남경
도 육상궁 등 후궁들의 사당, 회맹단 등 일부를 제외하고 대부분이 사
라졌다. 경복궁이 역사의 무대로 복귀한 건 흥선대원군 이하응의 둘
째 아들 이희가 조선 26대 왕 고종이 되면서다. 흥선대원군은 12살이
던 이희를 대신해 섭정을 맡았다. 그는 조선 왕조의 권위를 높이기 위
해 경복궁 중건을 결정한다. 1865년 시작된 복원 공사는 1868년 끝났
다. 경복궁이 재건되면서 현재의 청와대 지역은 북원(北苑) 즉, 북쪽
에 있는 정원이 됐다. 이곳에는 모두 488칸의 건물이 들어섰다.

중심 건물은 왕이 경치를 보고 휴식을 취하는 오운각(五雲閣), 왕이
농사를 짓는 시범농장인 경농재(慶農齋), 그리고 연회나 글을 짓고
문과 과거시험을 보는 융문당(隆文堂), 활쏘기, 군사들의 훈련 및 사
열 장소, 무과 과거 시험장인 융무당(隆武堂)이었다.

융문당과 융무당을 합쳐 경무대(景武臺)라 불렀다. 경무대에는 '무
예를 구경하는 높은 곳'과 '큰 계책으로 나라의 난리를 진압한다'는 뜻
이 있다. 처음에는 무예를 구경하던 곳이라는 뜻으로 쓰이다가 의미
가 바뀌었을 가능성이 높다. 이승만은 '큰 계책으로 나라의 난리를 진
압한다'는 뜻으로 경무대를 썼다.

2022년 5월 일반에게 개방된 청와대 전경. 윤석열은 이곳을 떠나 용산에서 집무를 시작했다. 청와대에는 이승만부터 문재인까지 모두 12명의 대한민국 대통령이 살았다. 조선총독부 관저부터 따지면 일본 총독이 6년, 미군정사령관이 3년, 대한민국 대통령이 74년간 생활했다.

1910년 대한제국이 일본에 강제 합병되면서 후원은 위기를 맞는다. 1929년 조선총독부 통치 20주년 기념 조선박람회가 경복궁과 옛 후원 자리에서 열렸다. 후원에 있던 시설은 이때 대부분 철거됐다. 후원 자리에 총독 관저를 짓기로 한 건 7대 총독 미나미 지로(南次郞)였다. 그때까지 조선총독은 현 서울시 남산 유스호스텔 진입로 부근에 있던 총독 관저에서 살았다. 조선총독부가 설치되기 전 일본의 조선 내 행정기관이었던 통감부가 사용하던 건물이었다. 미나미 총독은 1937년부터 1939년까지 약 3년에 걸쳐 경복궁 후원에 지하 1층, 지상 2층 규모의 새 총독 관저를 지었고, 지붕에는 푸른색 기와를 얹었다. 부지는 현재 북악산 아래 근처 주변 야산을 포함한 17만 1900㎡다. 새 관저에는 7대 미나미 지로(南次郎), 8대 고이소 구니아키(小磯國昭), 9대 아베 노부유키(阿部信行)가 살았다. 기존 남산에 있던 총독 관저는 역대 총독 등을 기념하는 시정기념관으로 바뀌었다.

일본이 태평양전쟁에서 지자 아베 총독은 1945년 남한 주둔 미군사령관 하지 중장에게 관저를 넘겼다. 하지는 3년여 동안 이곳에서 살았다. 1948년 7월 24일 대통령에 취임한 이승만은 8월 15일 대한민국 정부 출범을 선포했다. 이승만이 하지가 살던 관저에 입주한 건 8월 22일이다. 이승만은 옛 이름에 착안해 관저를 경무대라 불렀다. 그때부터 경무대는 대통령 집무실 겸 관저가 됐다. 1층은 집무실로, 2층은 대통령과 가족의 생활공간이었다. 1960년 4·19로 이승만이 물러난 후 새 대통령으로 윤보선이 선출됐다. 윤보선은 12월 관저 지붕이 푸른색 기와라는 점을 고려해 평범하고 평화적이라며 경무대를 청와대(靑瓦臺)로 바꿨다. 1961년 5·16으로 집권한 박정희는 이를 그대로 썼다. 1989년 집권한 노태우는 1990년 관저와 기자실인 춘추관을, 그리고 1991년 본관을 새로 지었다. 대통령 집무실과 관저가 분리됐고 기존 청와대 본관은 구본관으로 바뀌었다. 1993년 2월 김영삼이 14대 대통령으로 취임했다. 그해 10월 김영삼은 민족의 자존심과 정기를 되살린다며 구본관을 철거했다. 이로써 조선총독 3명, 미군정사령관, 1948년부터 이승만, 윤보선, 박정희, 최규하, 전두환, 노태우 등 대한민국 대통령 6명이 54년간 집무실 겸 관저로 사용했던 공간은 역사에서 사라졌다. 현재 이곳에는 '청와대 구본관 터'라는 표지석과 함께 1993년 건물 철거 당시 구본관의 위치를 표시한 '절병통(節甁桶)'이 남아 있다. 절병통은 지붕 꼭대기에 올려놓은 호로병같이 생긴 장식 기와다.

2022년 5월 10일 대통령에 취임한 윤석열은 청와대 집무실 및 관저에 들어가지 않고 용산 대통령실에서 업무를 시작했다. 한남동 외교부장관 공관을 고친 새 대통령 관저에는 11월 입주했다. 이로써 고려시대부터 천 년 권력의 터였던 청와대는 용산에 자리를 내주었다. 청와대(경무대)에는 초대 이승만부터 19대 문재인까지 모두 12명의 대한민국 대통령이 74년간 생활했다. 앞서 일본 총독이 6년, 미군정사령관이 3년간 관저로 사용했다.

조선총독부 청사와 대한민국 중앙청

조선이 망하기 전 통감부 등 일본의 주요 행정시설은 남산을 중심으로 을지로와 명동, 회현동 일대에 있었다. 통감부 청사는 현 남산유스호스텔 입구 쪽 기억의 터에 있었다. 용산 쪽에는 군이 주둔하면서 대규모 군사시설이 건설됐다. 1907년 통감부가 현 애니메이션 센터 자리에 왜성대(倭城臺)를 신축해 이전했다. 기존 통감부 청사는 총독 관저가 됐다. 1910년 대한제국이 일본에 병합돼 망했다. 식민지배에 본격화되면서 왜성대 건물도 조선총독부 청사로 쓰기에는 좁고 불편했다. 조선총독부는 새 청사를 짓기로 했다.

1926년 준공된 조선총독부 청사 전경. 중앙 구리 돔이 인상적인 건물이다. 중앙청 건물은 완공 후 총 70년간 존재했다. 조선총독부 청사로 19년, 미군정 청사로 3년, 대한민국이 중앙청과 국립중앙박물관으로 48년간 사용하다 김영삼 정권 당시 철거됐다. (출처: 국립중앙박물관)

　　장소는 고종이 아관파천 후 경운궁(덕수궁)에 자리 잡으면서 사실상 비어 있던 경복궁으로 결정됐다. 경복궁 내 근정전(勤政殿)과 광화문 사이에 있던 홍예문과 행각은 헐고 그 터에 청사를 지었다. 1916년 6월 25일 시작된 공사는 10년 만인 1926년 10월 1일 끝났다. 네오바로크 양식으로 지어진 청사에는 조선에서 세 번째로 엘리베이터가 설치됐다. 당시 최신 공법인 철근 콘크리트를 사용해 지었고, 시간이 지나면서 청동색 지붕으로 바뀐 정중앙 구리 돔이 인상적이었다. 일본이 조선총독부 건물을 사용한 기간은 약 19년, 제3대 사이토 마코토(齋藤實)를 시작으로 제9대 아베 노부유키(阿部信行)까지 7명의 총

K-민국 이승만 박정희 김대중

독이 있었다. 1945년 8월 15일 태평양전쟁에서 일본이 패했다. 1945년 9월 9일 미 육군 제24 군단장 존 리드 하지 중장이 조선 주둔군(군정) 사령관으로 서울에 진주했다. 하지 중장은 조선총독부에서 조선총독 아베 일본 육군 대장에게 항복 문서를 받았다. 미군은 일장기를 내리고 성조기를 걸었다. 미군정은 청사를 캐피탈 홀(Capital Hall)이라 불렀다.

　3년의 미군정이 끝난 후 1948년 8월 15일 대한민국 정부가 출범했다. 청사의 주인은 대한민국이 됐다. 당대의 유명한 학자였던 정인보는 캐피탈 홀을 직역해 중앙청(中央廳)이라 불렀다. 중앙청은 초창기 대한민국 주요 역사가 이뤄진 현장이었다. 1948년 5월 10일 남한에서 총선거가 실시돼 198명의 제헌의원이 선출됐다. 이들은 5월 31일 당시 국회의사당으로 쓰던 중앙청에서 첫 의회를 열었다. 이어 헌법을 제정해 7월 17일 중앙청 1층 메인 홀에서 제헌헌법을 공포했다. 7월 20일 대통령으로 선출된 이승만은 24일 중앙청 광장에서 대통령에 취임했다. 이어 8월 15일 이승만은 중앙청에 태극기를 걸고 대한민국 정부 수립을 세계에 알렸다. 그러나 2년 후 중앙청의 주인은 다시 바뀐다. 1950년 6월 25일 북한이 남침해 서울을 빼앗기면서 북한에 넘어갔다. 인천상륙작전 후 9월 28일 서울을 수복한 해병대 장병들은 가장 먼저 중앙청에 태극기를 걸었다. 하지만 중공군 참전으로 1951년 1월 4일 서울을 다시 빼앗겼다가 4월 21일이 되어서야 재탈환했다. 중앙청에 태극기 대신 인공기가 걸려 있던 기간은 약 7개월이었다.

전쟁 당시 임시수도는 부산이었다. 현 동아대 박물관이 임시수도 정부청사, 임시수도기념관이 대통령 관저인 임시 경무대였다. 1953년 7월 휴전이 되면서 그해 8월 15일 부산의 임시수도 역할이 끝났다. 서울로 돌아온 정부는 중앙청에서 업무를 재개했다. 중앙청은 1960~1970년대 한강의 기적이라는 경제개발을 만든 역사의 현장이었다. 이곳에서 수많은 공직자가 밤을 새워 일했다. 다만 국력이 커지면서 더 이상 중앙청 건물로는 늘어나는 행정 수요를 감당하기 어려워졌다. 1970년 완공된 광화문 정부중앙청사로 많은 부처가 이전했고, 1982년 정부과천청사로 법무부 등 5개 부처가 이전하면서 중앙청은 정부청사로서의 기능을 마쳤다. 중앙청은 개보수를 마치고 1986년 8월 21일 국립중앙박물관으로 재탄생했다. 하지만 국립중앙박물관으로 있던 기간은 9년에 불과했다. 14대 대통령 김영삼은 일제의 잔재를 없앤다며 중앙청 해체를 결정했다. 1995년 8월 15일 시작된 철거공사는 1996년 11월 끝났다. 건물 첨탑과 첨탑 아래 석조장식물, 건물 기초에 설치 연월일을 적은 작은 돌인 정초석(定礎石), 정면 중앙부 석조장식물 등 수십 개는 역사교육자료로 활용하기 위해 천안 독립기념관 겨레의 집 좌측으로 옮겼지만 나머지는 모두 부쉈다. 중앙청 건물은 1926년 완공 후 총 70년간 존재했다. 조선총독부 청사로 19년, 미군정 청사로 3년, 대한민국 중앙청과 국립중앙박물관으로 48년간 사용했다.

육조거리, 광화문통, 광화문거리

조선을 건국한 이성계는 경복궁 정문인 광화문 앞에 자신의 통치를 도와줄 관청을 한성부대로(大路) 양쪽에 배치했다. 광화문 앞에서 현 광화문사거리인 황토현(黃土峴)까지다. 현재는 이곳을 세종로라 부른다. 한성부대로는 당시 조선에서 가장 넓은 길이었다. 6개 중앙관청이 있어 통상 육조거리라 불렀다. 광화문을 중심으로 삼정승과 재상들로 구성된 최고 의결기관이자 심의기관인 의정부, 한성부(서울시청), 이조(인사혁신처), 기로소(耆老所/70세 이상 고위직 예우 기관)가 오른쪽에, 반대편에는 국가행사를 주관하는 예조, 사헌부(감사원), 병조(국방), 형조(법무), 공조(농업·상업·공업 관장)가 배치됐다. 육조거리는 임진왜란 때 경복궁과 함께 불탔고 전쟁 이후 일부 재건됐다. 육조거리가 완전히 본 모습을 다시 찾은 건 흥선대원군이 경복궁을 중건하면서다.

흥선대원군은 예조 자리에 왕권을 강화하기 위해 삼군부를 세웠다. 삼군부는 중앙부대이자 왕권(王權)과 수도를 방위하는 병력을 지휘·감독하는 최고 지휘부였다. 반대편에는 국정 최고기관인 의정부가 들어섰다. 의정부는 대한제국 말기 청사를 새로 신축하면서 해체됐다. 그 자리에는 대한제국 경기도청이 들어섰다. 현재 정부서울청사 자리가 삼군부, 정면 맞은 편 발굴이 진행되고 있는 곳이 의정부 및 경기도청 자리다.

조선의 육조거리는 일제 식민지 시절 광화문통이 됐다. 광화문통에서 태평통으로 이어지는 거리는 식민통치의 상징 구간이었다. 해방 후 이곳은 현재의 10대 강국 대한민국을 만든 정부기관이 대거 입주했다. 왼쪽에 세종문화회관, 외교부청사, 정부서울청사가, 오른쪽에 KT, 미 대사관, 대한민국역사박물관이 보인다.

서울 거리는 1910년 일본이 식민지배를 시작하면서 대대적으로 바뀐다. 1910년 남대문에서 남대문 정거장(현 서울역)에 이르는 도로가, 1911년에는 황금정(현재 을지로) 도로가, 1912년에는 태평통(현 태평로) 도로 개보수 작업이 진행됐다. 현재 삼성본관이 있는 곳이 태평통이다. 태평이라는 말은 중국 사신 숙소였던 태평관에서 유래했다.

1914년 조선총독부의 행정구역 개편으로 육조거리는 광화문통이 됐다. 광화문통에서 태평통으로 이어지는 거리는 식민통치의 상징 구간이다. 광화문통에는 조선총독부를 중심으로 경기도청, 경찰관강

K-민국 이승만 박정희 김대중

습소, 체신국 등이 들어섰다. 1926년 경성부 신청사(현 서울도서관)가 준공됐고, 경성복심법원 및 경성지방법원(현 서울시립미술관), 부립극장(현 서울시 의회)도 이곳에 자리를 잡았다. 중앙은행인 조선은행(현 한국은행)은 남대문로, 식민지 경영의 선봉인 동양척식주식회사(현 을지로 하나은행)와 조선식산은행(현 롯데호텔 신관)은 을지로에 청사를 마련했다. 조선에 전기를 공급하는 경성전기(현 한전 서울본부)는 을지로, 경성방송국은 정동, 경성일보는 태평통에 청사를 세웠다.

해방 후 광화문거리의 이름은 다시 바뀐다. 미군정은 1946년 10월 1일 일제식 거리 명칭을 한국의 위인이나 성현(聖賢)의 이름으로 바꿨다. 광화문통은 조선의 위대한 임금 세종대왕에서 유래한 세종로, 황금정은 고구려 을지문덕 장군의 이름에서 딴 을지로, 일본인 집단 거주지인 남촌(혼마치)은 이순신 장군의 시호인 충무공에서 유래한 충무로로 바뀌었다. 세종대로사거리에서 서울역까지 이어지는 태평통은 태평로로 변경됐다. 식민기관 청사도 인수해 이름을 바꿨다. 조선총독부는 중앙청, 경성부 청사는 서울시청, 경성복심법원과 경성지방법원은 대법원, 부립극장은 국회가 됐다. 정부 수립 후 광화문 일대에는 공공기관이 추가로 들어섰다. 현 대한민국역사박물관 건물에는 국가재건최고회의, 경제기획원, 재무부, 문화부가 차례로 입주했다. 삼군부 자리에는 1970년 정부서울청사가 신축됐다. 1961년 세워졌던 서울시민회관이 화재로 소실되자 그 자리에 1978년 세종문화회관이 건립됐다. 외교부청사, 주한 미 대사관도 광화문거리에 들어섰다. 이밖에 KT, 교보, 현대해상화재보험 등 민간 소유 건물도 광화문거리에 자리를 잡았다.

경복궁과 망국(亡國) 조선

태조 이성계가 지은 경복궁은 조선의 법(정)궁이다. 그러나 조선 왕조 개국 3년인 1395년에 완공됐지만 법궁의 지위를 온전히 누린 건 조선 518년의 역사 중 2백여 년에 불과하다. 2대 정종은 개경으로 환도했고, 그다음 왕인 태종은 한양으로 왔지만 창덕궁을 지어 그곳에 주로 있었다. 경복궁은 4대 세종 즉위 후에야 법궁 역할을 했다.

하지만 경복궁은 1592년 임진왜란으로 불에 타면서 빈터가 됐다. 174년 후인 1868년 고종의 아버지 흥선대원군이 경복궁을 재건하면서 다시 법궁이 됐지만 그 지위를 다시 누린 건 불과 28년이었다. 경복궁의 주인 고종은 경복궁을 좋아하지 않았다. 1896년 고종은 경복궁에서 탈출해 러시아공사관으로 가는 아관파천(俄館播遷)을 단행한다. 아관은 러시아공사관, 파천은 임금이 도성을 떠나 난리를 피한다는 의미다. 1년 후 고종이 러시아공사관에서 나와 간 곳은 경복궁이 아닌 경운궁(덕수궁)이었다. 고종은 유사시에 대비해 러시아와 미국 공사관이 가까운 경운궁을 선택했다. 1981년 러시아공사관과 경운궁을 연결하는 비밀통로가 발견돼 세간의 추측이 빈말이 아니라는 사실이 확인되기도 했다. 1897년 10월 대한제국을 선포한 고종은 경운궁을 중심으로 서울 도심 설계를 새로 했다. 고종은 1907년 7월 퇴위

K-민국 이승만 박정희 김대중

후 1919년 숨질 때까지 경운궁에서 살았다. 고종의 아들 순종 황제는 1907년 11월 거처를 창덕궁으로 옮겼다. 법궁(황궁)은 창덕궁이 됐지만 1910년 대한제국이 망하면서 다시 지위를 잃었다.

경복궁은 고종이 떠난 후 훼손되기 시작했다. 먼저 손을 댄 건 주인이었던 고종. 경운궁 건물을 짓기 위해 일부 전각을 허물어 사용했다. 조선이 망한 후 경복궁은 본격적으로 훼손됐다. 조선총독부 청사를 짓고, 1929년 조선박람회를 개최하느라 많은 건물이 해체됐다. 경복궁 중건 당시 세워진 전각 중에서 약 7%만 남았다.

고종이 통치했던 조선은 백성과 영토를 보호할 의지와 군사력도 없었다. 부국강병을 등한시한 고종은 나라보다 자신의 안위를 먼저 생각했다. 처음에는 청나라, 아관파천 후에는 러시아, 마지막에는 일본에 기댔다. 조선이 일본에게 외교권을 넘기는 1905년 을사늑약 때 고종은 일본에서 2만 원, 현재 가치로 25억 원의 돈을 받았다. 1910년 일본이 조선을 병합할 때 조선황실과 고위 관료 등이 받은 돈은 3천만 엔, 현재 가치로 6천억 원이었다. 그런데도 우리 사회 일각에서는 고종 황제를 개명군주(開明君主)라 부르고, 부인 민비를 위해 〈명성황후〉라는 뮤지컬을 만들 정도로 대한제국 시기를 자주(自主) 의지가 충만한 나라로 그린다.

조선 말 나라를 지키려는 우리 선조들의 몸부림에는 여러 갈래가 있었다. 초기 선각자들은 왕이 절대 권한을 갖는 전제정의 나라 조선을 영국처럼 의회가 실권을 갖는 입헌군주제로 바꾸려 했다. 그렇지만 그들은 1910년 조선이 일본에 합병되는 것을 보면서 봉건국 조선 대신 국민이 주인이 되는 공화국을 꿈꿨다. 공화주의자들은 1919년 3·1운동을 기점으로 주도권을 잡았다. 이들은 공화정을 표방한 임시정부를 수립했고, 8·15해방을 거쳐 자유민주공화국 대한민국을 세우는 주축이 됐다. 사회주의나 공산주의를 따르는 사람들은 3·1운동 후 임시정부에 참여했다가 이탈해 사회주의의 나라 북한(조선민주주의 인민공화국)을 만들었다.

또 다른 사람들은 전제왕권국가 조선을 지키려 했다. 이들은 조선 왕조를 수호하기 위해 의병 활동을 벌였고, 조선이 망한 후에는 나라를 되찾아 군주정을 회복하자는 복벽주의(復辟主義) 독립운동을 했다. 이들은 1919년 3·1운동을 계기로 공화주의자에게 밀려 세력을 잃고 점차 사라졌다. 복벽주의자들의 사상적 기반은 개방과 개화에 반대했던 위정척사(衛正斥邪)였다. 이들의 생각은 조선 중·후기 기득권을 독점했던 성리학적 세계관과 맞닿아 있다. 변질된 조선 후기 성리학은 절대적 가치이자 독선, 사상적 독재로 정적을 찾아 책임을 지우고 공격하는 데 사용됐다.

현대사의 개선문 광화문거리

세계 많은 나라가 나라를 세우거나 발전의 계기를 마련한 인물을 선양해 국민통합의 계기로 삼고 있다. 미국은 링컨이 죽은 지 57년 되는 해인 1922년 국민통합의 상징으로서 워싱턴 DC에 극치의 균형미를 갖춘 상앗빛의 링컨기념관을 지었다. 그 안에는 링컨 대통령의 거대 좌상이 있다.

미국 워싱턴DC 링커기념관 내 링컨 좌상. 링컨은 국민통합의 상징이다. (출처: The Lincoln Memorial/미 국립공원)

또 미국은 역사적 업적을 남긴 대통령의 이름을 항공모함 이름으로 쓰는 전통이 있다. 세계 최대 규모 항공모함으로 비행기를 75대 이상 탑재할 수 있다는 미 해군의 차세대 항공모함은 미국 38대 대통령을 지낸 제럴드 포드의 이름을 딴 '제럴드 R. 포드'다.

다른 핵추진 항공모함 로널드 레이건호는 40대 대통령을 지낸 로널드 레이건에서 유래했다. 튀르키예의 수도 앙카라에는 무스타파 케말 아타투르크의 기념관이 있다. 튀르키예인들은 1차 세계대전 패전 후 술탄제를 폐지하고 터키공화국의 초대 대통령이 된 무스타파 케말의 동상을 세워 그를 국부(國父)로 기린다. 프랑스에 가는 관광객들은 대부분 파리에 있는 에투알 개선문을 방문한다. 개선문은 프랑스 혁명과 나폴레옹 전쟁 당시 숨진 전사자들을 기리기 위해 세웠다. 벽면에는 공을 세운 지휘관의 이름과 승전보가 가득하다. 프랑스인들은 개선문을 보며 자부심을 느끼고 관광객들은 개선문을 보며 프랑스라는 나라를 이해하게 된다.

광화문거리는 세계 10대 강국 한국 현대사를 보여 주는 개선문이다. 한국을 찾는 외국인 관광객 중에서 80% 이상이 서울에 오고 대부분은 광화문거리를 방문한다. 광화문거리는 한국인들에게는 자부심을, 외국 관광객에게는 한국을 이해하고 느낄 수 있게 하는 창이다. 이곳을 찾는 외국인들은 현대 한국에 흥미를 느끼고 오는 사람이 대부분이다. 하지만 광화문거리는 엉뚱하게도 계속해서 망국(亡國) 조선을 지향하는 방향으로 꾸며지고 있다.

해방 후인 1955년 구황실재산사무총국이 경복궁사무소를 설치해 관리를 시작했다. 해방 후 경복궁 복원을 시작한 사람은 박정희다. 그

　　　　　　　　　　　　　　K-민국 이승만 박정희 김대중

는 1929년 현재 국립 민속박물관의 남동쪽 건춘문 근처로 이전됐던 광화문을 1968년 12월 11일 중앙청 앞으로 다시 옮겼다. 석축은 그대로 이전하고 6·25전쟁으로 불에 타 사라진 상단 목조 건축물은 철근 콘크리트로 만들어 복원했다. 경복궁 복원이 본격적으로 시작된 건 노태우 시절이었다. 일제에 의해 훼손된 궁궐을 다시 복원시켜 민족의 자존심을 살리겠다는 의도였다. 1990년부터 2010년까지 21년 동안 경복궁 1차 복원 사업이 진행됐다. 1차 복원 사업을 통해 총 89동의 전각이 복원됐다. 이어 경복궁 2차 복원 정비 사업이 2011년부터 2045년까지 진행되고 있다.

현재 광화문거리의 중심은 완전히 조선이다. 광화문사거리 교보문고 옆에는 고종 즉위 40년을 기념하는 칭경비가 있고, 오른쪽 광화문광장에는 이순신 장군 동상, 그 뒤는 세종대왕 동상이다. 광화문광장 왼쪽에는 세종대왕의 이름 딴 세종문화회관이, 광화문광장 지하는 세종대왕과 이순신 장군 기념관이다. 발굴과 복원이 진행 중인 의정부 터는 국가지정문화재 사적이다. 2022년 개장한 광화문광장에도 현대사와 관련된 시설은 사실상 없다. 오히려 광화문광장에 사헌부 터 발굴지를 추가해 조선의 역사를 하나 더 보탰다. 그러나 담장, 우물, 배수로만 남아 있는 유적지가 역사적으로 어떤 의미가 있는지 그 배경을 알 수 없다.

2023년 10월 15일 광화문 앞에 월대(月臺)가 복원됐다. 월대는 궁궐 등 중요 건물 앞에 돌 등으로 높이 쌓은 단이다. 월대는 조선을 건국한 이성계가 경복궁을 지을 때부터 있던 게 아니다. 1866년 대원군이 경복궁을 복원할 때 만든 월대는 1923년 철거될 때까지 57년 동안 있던 시설이다. 월대를 복원하느라 도심의 중추 교통로인 광화문 앞 세종대로와 율곡로~사직로는 기어가는 뱀의 몸통처럼 휘어졌다. 이 때문에 국민들은 교통 불편을 감수해야 하는 후조선(後朝鮮) 백성 처지가 됐다.

광화문 앞 도로는 월대를 새로 만드느라 기어가는 뱀의 몸통처럼 휘어져 있다. 그 앞에는 의정부 터를 복원하는 공사가 진행되고 있다. 월대가 존재했던 기간은 57년. 대한민국 정부가 출범한 지는 2023년 현재 75년째다. 과도한 경복궁 복원은 제2의 위정척사, 복벽주의와 밀접한 관련이 있는 것은 아닌지 궁금하다.

복원된 월대 앞 오른편은 조선시대에 있던 의정부 터다. 이미 발굴을 끝내고 의정부 건물들을 복원하는 기초공사가 진행되고 있다. 조

K-민국 이승만 박정희 김대중

선의 건물들이 속속 들어서는 사이 대한민국을 만든 현대사의 흔적은 사라지고 있다.

광화문거리에서 유일하게 현대사를 볼 수 있는 곳이 대한민국역사박물관이다. 그러나 시설의 규모나 전시물은 빈약하다. 특히 문재인 집권기 대한민국역사박물관은 이승만, 박정희 등 특정인을 소홀히 취급하고 부정적인 면만 부각시켰다. 대통령 이명박이 쓴 표지석은 3·1운동 100주년 전시회 대형 구조물을 설치한다는 이유로 3년간 수장고에 처박히는 수모를 당하기도 했다.

자유민주주의 공화국 대한민국에 왕은 없다. 그런데도 경복궁 전각을 모두 다시 짓고 월대, 의정부까지 복원하는 건 무슨 이유일까? 현대사를 무시한 과도한 경복궁 복원은 과한 욕심이다. 이는 국민의 자존심을 이용해 제2의 위정척사(衛正斥邪), 대한제국 복원을 목표로 투쟁을 했던 복벽주의 독립운동의 맥을 잇는 것과 다름없다.

《해방전후사의 인식》과 《반일종족주의》를 넘어 K-민국으로

1945년 해방 후 한국은 분단과 전쟁을 겪은 가난한 나라에서 세계 10대 경제 부국이 됐다. 2021년 국제통화기금(IMF)에 따르면 한국의 GDP(국내총생산)는 1조 8천억 달러로 미국, 중국, 일본, 독일, 영국, 인도, 프랑스, 이탈리아, 캐나다에 이어 세계 10위다. 2022년에는 달러 강세에다 원자재 가격이 급등하면서 자원대국인 러시아, 호주 등

이 치고 올라오면서 13위로 떨어졌다. 한국의 순위는 환율, 국제 사정 등에 따라 10~13위를 오르내린다. 연간 무역액은 1조 2596억 달러로 세계 8위, 반도체와 가전, 철강, 자동차, 조선 등에서 세계적 경쟁력을 갖춘 산업국이다. 대한민국은 진정한 선진국이라 불리는 인구 5000만 명 이상, 1인당 국민소득 3만 달러 이상 '30~50클럽'에 들어간 세계 7번째 나라다. 미국, 일본, 독일, 영국, 프랑스, 이탈리아, 한국만 여기에 해당한다. 1, 2차 세계대전 이후 독립한 수많은 국가 중에서 이른바 중진국 함정을 빠져나와 선진국 대열에 합류한 나라는 한국과 이스라엘, 아일랜드, 대만 정도에 불과하다. 멕시코나 브라질, 아르헨티나 등 많은 나라들은 중진국에서 탈출하지 못했다. 중국과 인도, 러시아가 우리보다 인구가 많고 땅이 넓어서 국력은 강하지만 이들을 선진국이라고 부르지는 않는다.

또 대한민국은 자유롭게 국민 손으로 대통령을 뽑는 민주화된 국가, 그리고 언론·종교·사상의 자유를 마음껏 누리는 세계에서 흔치 않은 나라다. 우리는 K-팝, K-뷰티, K-푸드, K-방산, K-조선처럼 한국이 자랑하고 세계적으로 경쟁력이 있다고 생각하는 분야에 K라는 글자를 쓴다. 즉, K는 한국을 상징한다. 그렇기에 세계 10대 경제대국, 정치적으로 민주화된 나라, 자유로운 시민사회, 과학, 문화, 스포츠가 융성한 대한민국은 K-민국이라 불릴 충분한 자격을 갖고 있다. 지난 75년간 K-민국을 만든 사람들은 당연히 대한민국 국민이다. 다만 '칭기즈 칸'이라는 걸출한 지도자가 있었기에 몽골제국은 탄생했고, 같은 한민족이지만 사실상 왕조국가로 전락한 북한을 보면 지도자의 역할이 얼마나 중요한지 알 수 있다.

역사는 성공한 자와 실패한 자를 구분한다. 518년의 역사를 가진 조선에는 태조 이성계부터 순종까지 모두 27명의 왕이 있었다. 나라의 기틀을 다진 태종, 한글을 창제하고 조선의 영토를 넓힌 세종, 부국강병책을 펼친 세조는 유능한 왕이지만 일본과 청나라에 국토를 유린당한 선조와 인조, 조선을 멸망으로 이끈 고종은 무능한 왕이었다. 미국도 초대 워싱턴부터 현직인 조 바이든까지 모두 42명의 대통령이 있지만 성공했다고 불리는 사람은 워싱턴, 링컨, 루스벨트, 레이건 정도다. 워싱턴은 영국과의 독립전쟁에서 승리해 미국의 기틀을 다졌고, 링컨은 남북전쟁을 통해 분단을 막아내고 노예제를 폐지해 국민을 통합했다. 루스벨트는 2차 세계대전을 승리로 이끌었고, 레이건은 소련과의 냉전에서 승리해 미국을 세계 최고의 강국으로 만들었다. 반면 우리에게 이름도 낯선 쿨리지, 하딩, 카터, 닉슨은 실패했거나 무능한 대통령으로 불린다.

광화문시대에는 이승만(1~3대), 윤보선, 박정희(5~9대), 최규하, 전두환(11~12대), 노태우, 김영삼, 김대중, 노무현, 이명박, 박근혜, 문재인 등 모두 12명의 대통령이 재임했다. 우리는 흔히 대통령의 업적을 평가할 때 정치와 도덕을 위주로 판단하는 경향이 있다. 즉, 집권이나 통치과정에서 도덕적 문제가 있다면 그가 남긴 업적도 그냥 깎아내리는 경우가 많다. 하지만 도덕을 무시할 수는 없지만 가장 중요한 건 역시 성과다. 집권 때 도덕과 정의를 외쳤던 사람이 국가를 위기에 빠뜨리거나 분열시킨 사례를 찾는 건 어려운 일이 아니다.

 개인적으로 광화문시대를 대표한다고 생각하는 사람은 이승만, 박정희, 김대중이다. 이승만과 박정희는 나라 잃은 설움, 보릿고개의 고통, 전쟁의 공포, 힘의 중요성을 알았기에 경제력과 국방력을 중시하고 실용적으로 나라를 이끌었다. 이승만은 1948년 8월 대한민국을 세우고 6·25전쟁에서 한국을 지킨 지도자였다. 그가 현대판 로마제국이라는 미국과 동맹을 맺음으로써 오랜 중국의 대륙문명권에서 벗어나 미국을 중심으로 한 해양문명권에 편입했다. 이로써 오늘날 대한민국은 집단주의적, 전체주의(全體主義)가 아닌 개인의 자유가 중시되는 체제를 갖게 됐다. 박정희는 경제개발을 통해 한강의 기적이란 대역사를 만들었다. 대한민국 곳곳에는 박정희의 손으로 만든 공업도시, 과학기술단지, 원자력발전소, 고속도로, K-방산으로 생산된 무기, 울창한 산림이 그득하다. 서생적 문제의식과 상인적 현실감각을 강조한 김대중은 가치를 지키면서도 실용적으로 접근했다. 김대중은 인권·복지국가로 가는 기틀을 놓았다. 그는 IMF 외환위기를 극복하고 정보화 사회, 문화 강국으로 가는 길을 열었다. 이들이 만든 법과 제도, 문화는 우리 사회에 뿌리를 내렸다. 이들이 만들고 싶었던 나라는 대통령 취임사에 잘 나와 있다. 이승만은 새 나라 건설, 박정희는 가난 탈출과 단합, 김대중은 민주주의와 화해였다. 우리는 우리도 모르는 사이에 그들이 꿈꾸고 만든 나라에서 살고 있다.

 이들은 성리학을 기반으로 수백 년간 이어 온 오랜 사회체제와 정

K-민국 이승만 박정희 김대중

신세계를 바꾼 주인공이었다. 조선은 양반과 상놈이라는 신분제, 관료 중에서도 문관만 우대받고 공인과 상인이 천대받는 사농공상(士農工商), 그리고 남자와 여자가 다르게 대우받는 남존여비(男尊女卑)의 나라였다.

이승만, 박정희, 김대중은 이런 공고했던 질서를 깨는 데 결정적으로 기여했다. 조선 말인 1895년 갑오경장 때 법적으로 신분제가 폐지됐지만 천여 년을 이어 온 신분질서는 쉽게 없어지지 않았다. 향촌사회에는 소수의 양반층이 상민층을 '인간 부스러기'로 취급하는 전근대적인 전통질서가 엄연했다. 신분제는 일제 식민지 시절 사민평등(士民平等)을 강조한 조선민사령과 조선형사령(1912년), 토지개혁, 6·25전쟁을 거쳐 서서히 해체됐다. 이승만의 토지개혁으로 농촌의 오랜 지주·소작관계가 깨지자 땅 주인이 된 농민 출신 군인들은 6·25전쟁 때 자신의 토지를 지키기 위해 공산군과 목숨을 걸고 싸웠다. 하지만 문관만 우대하고 상인과 공인을 천대하는 사농공상(士農工商)의 정신세계는 그대로 살아 있었다. 조선시대에 무관이 정권을 잡거나 고위 관료가 되는 건 사실상 불가능했고, 특히 조선 후기에는 갈수록 더 심했다. 이런 오랜 불문율은 군인 출신 박정희가 집권하면서 깨졌다. 이병철, 정주영 같은 상인들이 큰 부자가 되고, 과학자들이 나라를 주름잡고, 공고 출신이 중산층이 되는 걸 보면서 사농공상의 정신세계는 서서히 허물어졌다. 남존여비(男尊女卑)라는 조선의 오랜 폐습은 식민지, 전쟁, 경제 발전기를 거치며 서서히 사라졌지만 김대중 때 법과 제도적으로 차별적 요소를 대거 없애면서 그 속도는 훨씬 빨라졌다. 이제는 남성 역차별이라는 이야기가 나올 정도로 개선됐다.

 물론 이들이 성인(聖人)이 아닌 만큼 오점도 적지 않다. 많은 사람
이 이승만을 남북분단을 가져온 원흉, 박정희를 민주주의를 파괴한
독재자, 김대중을 북한에 돈을 퍼다 준 사람이라고 비판한다. 이런 지
적이 잘못된 것도 아니다. 이승만은 대통령 연임 제한을 철폐한 '사
사오입 개헌'은 물론 조봉암 사형 등 사법살인에서도 자유롭지 않다.
4·19 때는 부정선거로 인해 국민의 손에 의해 대통령직에서 내려와
야 했다. 5·16으로 집권한 박정희는 유신헌법을 통해 민주주의를 파
괴한 당사자라는 지적을 피하기 어렵다. 김대중은 대북 불법송금에
책임이 있다. 이유가 뭐든 그 돈이 핵무기 개발자금이 돼서 현재 안보
위기를 초래했다는 비판을 피할 길이 없다. 또 한편으로는 이들의 삶
곳곳에서 배신과 기회주의적인 면도 보인다. 그러나 세 사람은 대한
민국 역사를 상징하는 국립 서울현충원에 묻혔다. 이는 대한민국 사
회가 이들을 우리 역사의 주역으로 인정했다는 걸 의미한다.

 1948년 8월 15일 대한민국 정부 수립 이후 지난 75년 동안 우리는
민족사에 뚜렷한 발전과 번영의 금자탑(金字塔)을 쌓아 올렸다. 대한
민국은 국민 개개인의 자유를 중시하는 자유민주공화국이다. 대한민
국은 봉건국이자 전제왕권의 조선, 대한제국과는 전혀 다른 나라다.
이는 단순히 왕이 없다는 것만이 아니다. 조선의 신분차별, 사농공상
의 직업차별, 남존여비라는 남녀차별이 대한민국에는 없다. 이는 3대
세습을 넘어 4대 세습을 향하는 사실상의 왕정국가인 북한과도 명백

K-민국 이승만 박정희 김대중

히 다른 점이다.

1979년 발간된 《해방전후사의 인식》, 그리고 2019년 이를 비판한 《반일종족주의》는 한국 현대사를 대표하는 책이다. 이제 대한민국의 미래를 위해 이를 뛰어넘어 화해와 통합의 큰 발걸음을 옮겨야 한다. 정통성과 과거사 시비, 분노와 한, 자학적 역사관, 위정척사(衛正斥邪)적 사고, 친북적 역사관으로 우리 현대사를 바라보는 데서 벗어날 때가 됐다. 또 한국이 희망이 없는 사회라는 의미로 헬조선이라고 부르는 건 지나친 자기 비하다.

광화문거리가 더 이상 조선의 거리로 바뀌는 건 바람직하지 않다. 대한민국은 후조선(後朝鮮)이 아니다. 이를 위해 K-민국을 만든 주역인 이승만, 박정희, 김대중에게 광화문거리를 내주어야 한다. 그 방법은 동상, 광장의 이름 등 여러 방법이 있을 것이다. 대통령의 권력이 천 년의 터 청와대에서 나와 용산으로 이동한 지금이 이를 시작할 때다.

참고문헌

도서

커크 도널드, 《김대중 신화》, 정명진 옮김, 부굴북스, 2010.

강준식, 《대한민국의 대통령들》, 김영사, 2017.

김경재, 《박정희와 김대중이 꿈꾸던 나라》, 도전과 미래, 2016.

문소영, 《박정희 혁명: 쿠데타에서 혁명으로》, 나남출판, 2013.

송창달, 《박정희 왜 위대한 대통령인가》, 그린비전코리아, 2012.

오인환, 《이승만의 삶과 국가》, 나남출판, 2013.

김삼웅, 《독부 이승만 평전》, 책보세, 2012.

김성진 편저, 《박정희시대 그것은 우리에게 무엇이었나》, 조선일보사, 1994.

박명수, 《조만식과 해방 후 한국정치》, 북코리아, 2015.

오인환, 《젊은 날의 이승만》, 연세대학교 출판부, 2002.

유현종, 《걸어서라도 가리라 돌아온 이승만》, 2012.

이승만연구원, 《우남 이승만 전집 1》, 2019.

이정식, 《이승만의 청년시절》, 동아일보사, 2002.

이한우, 《우남 이승만 대한민국을 세우다》, 해냄, 2008.

전인권, 《박정희 평전》, 이학사, 2006.

조갑제, 《한강의 새벽, 박정희 소장은 왜 일어났는가?》, 조갑제닷컴, 2011.

김용삼, 《박정희의 옆얼굴: 사람을 사랑한 대통령》, 기파랑, 2018.

문갑식 외 4인, 《그리운 박정희》, 조선뉴스프레스, 2017.

김대호, 《7공화국이 온다》, 타임라인, 2020.

주성영, 《박정희와 김대중: 한국 문명사의 두 거인》, 누벨끌레, 2022.

K-민국 이승만 박정희 김대중

장신기, 《성공한 대통령 김대중과 현대사: 김대중 재평가》, 시대의 창, 2021.

이희천, 《반대한민국 세력의 비밀이 드러나다》, 대추나무, 2022.

김은희, 《신양반사회: 586, 그들이 말하는 정의란 무엇인가》, 생각의 힘, 2022.

김형곤, 《국민을 행복하게 만든 대통령들》, 한올출판사, 2021.

하워드 리드, 《광화문의 부활, 잃어버린 빛을 찾다》, 중앙북스, 2010.

하상복, 《광화문과 정치권력》, 서강대 출판부, 2010.

기무라 간, 《대한제국 패망과 그림자》, 제이앤씨, 2017.

김용삼, 《박정희 혁명: 쿠데타에서 혁명으로 1, 2》, 지우출판, 2019.

최정수, 《고독한 결단: 내 무덤에 침을 뱉어라》, 한솜미디어, 2013.

윤종성, 《박정희 리더십 스토리》, 시아출판, 2010.

김성진, 《박정희》, 살림, 2007.

좌승희, 《동반성장의 경제학》, 기파랑, 2017.

김삼웅, 《박정희 평전: 개발독재자: 절대권력은 절대 타락한다》, 앤길, 2017.

송철원, 《박정희 쿠데타 개론》, 현기연, 2020.

신동준, 《역사는 반복된다》, 푸른길, 2017.

석성환, 《원자력발전소 뒤안길 이야기》, 정음서원, 2021.

이춘근, 《미국에 당당했던 대한민국 대통령》, 글마당, 2022.

이희호, 《이희호 평전, 고난의 길 신념의 길》, 한겨레출판, 2016.

장인순 외 4인, 《아톰 할배들의 원자력 60년 이야기》, 지식과 감성, 2019.

김용호, 《민주공화당 18년, 패권정당 운동 실패의 원인과 결과》, 아카넷, 2020.

최병택, 《한국 근대 임업사》, 푸른역사, 2022.

전영우, 《조선의 숲은 왜 사라졌는가》, 조계종출판사, 2022.

정재용, 《대통령과 한미동맹: 동맹은 왜 무너지지 않았나?》, 바른북스, 2022.

김동호, 《대통령경제사》, 책밭, 2012.

권용우 외 3인, 《그린벨트, 개발제한구역연구》, 박영사, 2013.

이경준 외 《한국의 산림녹화 70년》, 한국학중앙연구원, 2017.

지만원, 《전두환 리더십》, 시스템, 2022.

조영길, 《자주국방의 길》, 플래닛미디어, 2019.

유성상 외 2인, 《한국교육은 왜 바뀌지 않는가?》, 학지사, 2002.

차석기, 《한국교육사》, 한국학술정보, 2020.

이동형, 《영원한 라이벌 김영삼 VS 김대중》, 왕의 서재, 2011.

조재희, 《김대중의 꿈, 노무현의 노래 너머》, 지와수, 2019.

좌승희, 《새마을운동 왜 노벨상감인가?》, 청미디어, 2020.

최재식, 《인생은 생각보다 길고 연금은 생각보다 쓸모 있다》, 크레파스북, 2018.

최수일, 《대한민국 의료보험 이렇게 만들어졌다》, 대한민국CEO연구소, 2018.

김태호, 김근배, 《과학대통령 박정희 신화를 넘어》, 역사비평사, 2018.

이윤섭, 《박정희정권의 핵무기 개발 비사》, 출판시대, 2019.

김대중, 《나의 삶 나의 길》, 산하출판사, 1997.

김형문, 《金大中, 그는 누구인가》, 금문당, 1987.

박상진, 《청와대의 나무들》, 눌와, 2022.

이순우, 《용산, 빼앗긴 이방인들의 땅》, 민족문제연구소, 2022.

강원택, 《한국 정치의 결정적 순간들》, 21세기북스, 2019.

조남현, 《거짓의 역사와 위선의 한국 사회》, 미래사, 2021.

강준식, 《대한민국의 대통령들》, 김영사, 2017.

오정환, 《세 번의 혁명과 이승만》, 타임라인, 2022.

김준형, 《영원한 동맹이라는 역설》, 창비, 2021.

스콧 로젤, 내털리 헬 공저, 《보이지 않는 중국, 무엇이 중국의 지속적 성장을 가로
막는가》, 롤로코스터, 2022.

허은, 《냉전과 새마을》, 창비, 2022.

남시욱, 《한국 진보세력 연구》, 청미디어, 2018.

김형아, 《박정희의 양날의 선택》, 일조각, 2005.

이한우, 《우남 이승만, 대한민국을 세우다》, 해냄, 2008.

이영훈 외, 《박정희 새로 보기: 오늘에 되살릴 7가지 성공모델》, 기파랑, 2017.

송복 외, 《박정희 새로 알기: 우리가 알아야할 9가지 진실》, 기파랑, 2017.

최진석, 《최진석의 대한민국 읽기》, 북루덴스, 2021.

은동진, 《화폐한국사》, 브레인스토어, 2022.

이영훈 외, 《반일종족주의와의 투쟁》, 이승만학당, 2020.

이대근, 《귀속재산 연구》, 이숲, 2015.

김대중, 《옥중서신, 김대중이 이희호에게 1. 2》, 시대의 창, 2019(개정판).

안동만 김병교 외 1, 《백곰 도전과 승리의 기록》, 플랫미디어, 2016.

이주영, 《이승만이 대한민국이다》, 북앤피플, 2022.

김세진, 《한국군의 뿌리》, 호밀밭, 2022.

오인환, 《박정희의 시간들》, 나남, 2023.

최영태, 《빌리 브란트와 김대중》, 성균관대, 2022.

김하중, 《증언》, 비전과 리더십, 2015.

이순자, 《당신은 외롭지 않다》, 자작나무숲, 2017.

이덕희, 《하와이 대한인국민회 100년사》, 연세대 대학출판문화원, 2013.

염인호, 《또 하나의 한국전쟁》, 역사비평사, 2010.

정안기, 《충성과 반역》, 조갑제닷컴, 2020.

주인식, 《1952 부산, 이승만의 전쟁》 기파랑, 2018.

기고문 및 논문, 자료집, 신문기사, 블로그

신인호, '1982년 9월 9일 F-5F 제공호 1호기 출하', 국방일보, 2017. 9. 3.

이상흔, '박정희가 뿌린 핵무기 개발의 씨앗 원자력발전소', 월간조선, '한국원자력연구원 설립 50주년', 대전일보, 2009. 2. 1.

조성호, '1995년 서울지방검찰청의 12·12-5·18 사건 再조사 기록에 나타난 김대중 내란음모사건', 월간조선, 2019. 7.

문재용, '의료보험의 아버지 박정희부터 전 국민 적용 노태우까지 12년 역사', 매일경제, 2021. 8. 15.

이정훈, '韓·日·佛 원자력 삼국지', 신동아, 2008. 1. 25.

김경수, '김경수의 광주땅 최초 이야기(51) 농산기관과 대지주', 광주매일신문, 2022.

7. 21.

이희제, '식민지시대 조선인 대지주의 자본축적 메카니즘: 정경유착과 시장확대', 연세대학교 대학원 사회학과, 2000.

김자중, '갑오·광무개혁기 정부의 고등교육기관의 설립 구상과 실현', 한국교육사상학회, 2018.

배재수, 노성룡, 김태현, '일제강점기 산림정책과 산림자원의 변화', 국립산림과학원 연구신서 122호, 2021.

특별취재팀, '실록 박정희시대 20. 그린벨트', 중앙일보, 1997. 9. 25.

편집부, '경상북도 새마을세계화 10년사', 한국지방정부학회, 2015.

백석, '한국의 정보통신혁명 성공열쇠-국가행정전산망 사업과 주전산기 국산화 사업: 성공비화', 국가과학기술연구회 블로그.

고정일, '롯데의 영원한 연인 신격호, 난 언제나 한국인이었다', 주간조선, 2015. 12. 20.

김용삼, '대일 청구권자금, 어디에 썼나?', 미래한국, 2016. 6. 28.

김동일, '김대중은 왜 '빨갱이'로 불렸나', 뉴스타운, 2018. 2. 15.

조명래, '돌아온 산, 남산 식민지배층의 특권적 공간 남촌', 한겨레 21 제781호, 2009. 10. 15.

김광모, '박정희의 핵개발 정책, 극비 친정사업 강력도전', 이코노미톡스, 2016. 12. 23.

강재규, '때 아닌 '김대중 사형선고' 논쟁', 충청헤럴드, 2019. 5. 12.

김대중과 분열의 한국정치 '김대중의 초기활동/방공간에서의 활동', blog.naver.com/lys1917

김대중 내란음모 조작사건 재심 판결문(2004. 1. 29. 선고 2003재노 19판결).

국가 및 공공기관 홈페이지 및 포털 사이트

국가기록원 https://www.archives.go.kr/next/viewMainNew.do

대통령기록관 https://www.pa.go.kr/index.jsp

국가보훈부 https://www.mpva.go.kr/mpva/index.do

박정희기념도서관 https://www.presidentparkchunghee.org/index.php

김대중도서관 https://www.kdjlibrary.org/

이승만기념관 이승만기념관.com

국립중앙박물관 https://www.museum.go.kr/site/main/home

서울역사박물관 https://museum.seoul.go.kr/www/NR_index.do?sso=ok

한국전력 https://home.kepco.co.kr/kepco/main.do

국사편찬위원회 우리역사넷 http://contents.history.go.kr/front/nh/view.do?level
Id=nh_052_0030

키스트 https://www.kist.re.kr/ko/index.do

네이버 인물 사전

K-민국
이승만 박정희 김대중

ⓒ 이상도, 2023

초판 1쇄 발행 2023년 12월 12일

지은이	이상도
펴낸이	이기봉
편집	좋은땅 편집팀
펴낸곳	도서출판 좋은땅
주소	서울특별시 마포구 양화로12길 26 지월드빌딩 (서교동 395-7)
전화	02)374-8616~7
팩스	02)374-8614
이메일	gworldbook@naver.com
홈페이지	www.g-world.co.kr

ISBN   979-11-388-2584-9 (03340)